高能量姿势

[美] 埃米·卡迪（Amy Cuddy）著　陈小红 译

中信出版集团·北京

图书在版编目（CIP）数据

高能量姿势 /（美）埃米·卡迪著；陈小红译. --
北京：中信出版社，2019.1（2025.5重印）
书名原文：Presence: Bringing Your Boldest Self to Your Biggest Challenges
ISBN 978-7-5086-9813-7

I.①高… II.①埃… ②陈… III.①身势语—通俗读物 IV.①H026.3-49

中国版本图书馆CIP数据核字（2018）第265296号

Presence: Bringing Your Boldest Self to Your Biggest Challenges
By Amy Cuddy
Copyright © 2015 by Amy Cuddy
This edition published by arrangement with Little, Brown and Company, New York, New York, USA. All rights reserved.
Simplified Chinese translation copyright © 2019 by CITIC Press Corporation
ALL RIGHTS RESERVED
本书仅限中国大陆地区发行销售

高能量姿势

著　者：[美]埃米·卡迪
译　者：陈小红
出版发行：中信出版集团股份有限公司
　　　　　（北京市朝阳区东三环北路27号嘉铭中心　邮编 100020）
承　印　者：河北鹏润印刷有限公司

开　　本：880mm×1230mm　1/32　　印　张：10.5　　字　数：267千字
版　　次：2019年1月第1版　　　　　印　次：2025年5月第16次印刷
京权图字：01-2017-0139
书　　号：ISBN 978-7-5086-9813-7
定　　价：58.00元

版权所有·侵权必究
如有印刷、装订问题，本公司负责调换。
服务热线：400-600-8099
投稿邮箱：author@citicpub.com

谨以此书献给，我生命中的挚爱乔纳和保罗
谢谢你们一遍又一遍地耐心
提醒我

"
从冲浪板上站起来
"

目 录

推荐序一
/ V

推荐序二
/ VII

前 言
我自己的改变
/ XI

—01—
存在的力量：
战胜突如其来的窘境

制造临场影响力 / 009

少关注他人对你的印象 / 015

行为和认知同步 / 023

—02—
认同并表达真实的自我

表达真实自我的正反馈 / 043

先从学会放松开始 / 046

真实自我的行动力 / 049

—— 03 ——
为信任赋能

如何接近和影响你想认识的人 / 064

别再摇摆不定 / 069

放下评判心理，认真倾听 / 070

让存在力自己发声 / 078

—— 04 ——
假装成功直至真正成功

战胜冒名顶替综合征——我不属于这里 / 087

我也曾是"冒充者" / 099

如何掌控焦虑 / 102

—— 05 ——
自我心理助推：
机会感知能力大于威胁感知能力

同时驾驭心态和行动 / 110

摆脱焦点效应，远离弱势心理 / 114

建立强势心理，提升应对复杂情况的能力 / 121

"优势激素"增强沟通力和行动力 / 125

—06—
如何利用肢体语言制造影响力

姿势决定你是谁 / 143

正确使用肢体语言的性别差异 / 153

建立关系而非震慑对方 / 158

—07—
从冲浪板上站起来！

肢体语言影响大脑和心理状态 / 171

是表情影响情绪还是情绪影响表情？ / 173

身心干预法：迅速提升自信 / 178

如何掌控情绪：调整表情、呼吸和姿势 / 183

—08—
让身体决定心理

准备好你的高能量姿势 / 199

思考：改善认知过程 / 214

行为：激活行为取向 / 218

身体：增强自我引导能力 / 220

痛感：增强疼痛耐受力 / 222

电子设备的大小会影响个人能量的高低吗？ / 223

力量就在你的大脑中 / 229

09
小姿势，大改变

面对挑战时，以扩展性的姿势"热身" / 244

正确使用肢体语言的力量 / 245

时刻注意自己的姿势 / 248

10
习惯的力量：从量变到质变

有效助推心理 / 256

持续成长心态 / 260

强化积极效果 / 262

建立长期习惯 / 269

结语
有一套自己的方式
/ 275

致　谢
/ 303

注　释
/ 310

推荐序一

姿势决定你是谁

刘　轩

心理学者、作家、哈佛大学人类发展心理学硕士、
《我是演说家》总冠军

你是否常常觉得自己不够好，缺乏自信心？或自认为能力配不上自己的成就，觉得自己就是个冒牌货呢？心理学中有一个名词用以形容这个其实很常见的心理状态：imposterism，即"冒牌者症候群"。根据一些研究推论，有高达七成的人在自己的事业或成长过程中，曾经有过冒牌者症候群的负面心态。

2012年，哈佛商学院教授，社会心理学家埃米·卡迪的演讲成为TED演讲上第二位受欢迎的演讲。在这个被许多人誉为改变人生的演讲中，台上的埃米·卡迪相当亮眼、自信，你可能会觉得她是一个天生丽质的科学家，是人生赢家，但我相信，当你看过她的演讲和她的这本《高能量姿势》之后，你会有所改观。她在上大学期间，经

历过非常严重的车祸，大脑受到损伤，智商下降了整整30分，她曾在很长一段时间里深受冒牌者症候群所苦。幸运的是，她没有放弃，开始研究非语言行为——肢体语言。她发现，做什么动作和个人情绪有直接的关联。改变姿势也能改变内分泌和脑神经的状态，让人变得更有自信，更有力量，而且短短两分钟时间内就能有效果。这些动作非常简单，比如，双手叉腰，想象自己是神奇女侠；想象自己是一个海星；或者在发表演讲、做提案的时候像士兵一样收紧小腹，微微抬起下巴，可以的话，尽量四处走动。神奇的是，这些开放性的动作可以增强你的个人权力感，持续做2分钟，就能增加你体内的睾丸素浓度，同时降低你的压力荷尔蒙皮质醇浓度，这两种改变加在一起的效果就是让你更加自信，抗压能力也更强。你的身体告诉你，你有主动权，你可以主导情势，并在高压的环境中胜出。

不过，可能你会觉得，就算做出这些动作后克服了当下的挑战，迟早会有人拆穿你的冒牌行为。对于这一点，埃米·卡迪的建议是：不是要假装到你过关为止，而是要假装到内化为真。

你担心自己是一个冒牌？也许，答案就是先从假装开始。用开放性的姿势得到力量，让你的身体说服心理，用体态和心态增加你的正能量，有一天你会发现，这些正能量和自信全是来自你自己。

让姿势决定你是谁，你不是一个冒牌货！

推荐序二

谁说姿势可以决定我是谁？

谢亚芳

凤凰卫视知名主持人、长江商学院香港校友会副会长

埃米·卡迪，这位年轻的哈佛商学院教授，曾经创造了TED演讲史上点击率第二位的一场精彩演讲。不会有人想得到，埃米的大脑曾经遭受过重创，一度被医生认定无法继续大学学业。而在这其中起到关键作用的神奇秘方就在这本书中。

你是否觉得压力过大，认为自己不够优秀，缺乏自信心？或是经历感情、工作上的挫折，正在努力重建自我？还是眼前刚好有一个大好机会，但你却因为犹豫是否做得到，而裹足不前？你或许只是普通的上班族、学生，没有权力和特殊地位，但每天努力生活，朝着自己理想的目标前进？不管你处于怎样的状态，我并不是想用埃米的故事来安慰你说"一切都会好的"，更不想劝服你接受现实，而是要用她的神奇秘方，教你如何涨"姿势"！

首先,什么是最佳状态?埃米通过对各界人士的采访以及进行学术研究,最终得出结论:展现最佳状态就是"当你所有的感受同时反应同一种感觉",也就是情绪、思维、身体、面部表情、行为都体现出和谐一致的同步状态。展现最佳状态是从相信我们自己的故事而来。当我们不相信自己的故事时,我们就变得不真实。某种程度上来说,也就是欺骗,骗自己,也骗别人。而这种自我欺骗其实很容易被看穿,因为我们会变得没有自信,我们的语言和非语言行为会不协调。展现最佳状态不是假装拥有某种能力,而是相信并展露自己本来就拥有的能力,是打破阻挡你流露真实自我的障碍,是巧妙地让你自己知道你真的有办法做到。

其次,什么是高能量姿势(high-powerpose)?决定我们是否能展现最佳状态的是一种叫作"高能量姿势"的身体语言。高能量不仅能增强我们的心智,它也能使我们的身体得以扩张。扩张性的、开放性的肢体语言跟高能量紧密相连。不仅是肢体语言,我们所有的表情、眼神、手势、声音等非口语语言都能展示主导性,即高能量。

从古至今,不分地域,权力的展现姿态几乎是完全一致的。研究表明,视力正常的人和有先天视觉障碍的人在赢得比赛之后的庆祝姿势是完全一样的:向上45度角张开双臂,昂首挺胸。那么,当我们感到无助的时候呢?我们就会做完全相反的姿势,也就是"低能量姿势"——缩起身体,恨不得把自己蜷缩起来,让自己变得小一点儿。

我们知道,心理认知会影响生理及身体表现,那么生理及身体表现是否会反过来作用于心理呢?通俗来说,如果当我们觉得无助、害怕、没有自信的时候,反过来逼自己做出这些"高能量姿势",是否真的就可以让自己获得力量呢？能不能先假装，然后装着装着就成真了呢？埃米和她的全球顶尖的人类心理及行为学家同事们，通过多年的实验和研究，坚定地告诉我们：完全可以！

这本书描述了通过一组实验，观测高能量姿势对实验对象产生的生理及心理的影响。结果证明，高能量姿势能够激发出你脑袋里的果断、自信和自在感，同时击退紧张、犹豫和退缩感。

可能有人会问，这样的练习，是否依然是假装，它们所产生出来的力量以及最佳状态是否难以长久？埃米给出了有力的否定。她说，我所说的那种最佳状态是渐进式的改变，你不需要展开长途的朝圣之旅，体验精神上的奇迹；或者试图通过一次努力来全面改造内在。这些事都没有什么不对，只是他们听来让人却步，因为它们很"庞大"，对很多人来说，它们太难以理解、太抽象、太理想化。埃米给出的方案是，我们只聚焦在每个片刻上，只需要达成一种心理上的最佳状态，只需要维持到度过最具挑战性、压力最大、有最多事情要处理的情况就好，像是面试、做报告、寻求协助、公开演说等。所以展现最佳状态是每天都可以做的事，是可以变得再寻常不过的事。

运用你的肢体语言，让它成为一把钥匙，打开束缚你（你的能力、创意、勇气乃至宽容）的枷锁。它不会赋予你原本不具备的技巧与天分，但是它会帮助你把你已拥有的充分挥洒。它不会让你更聪明或学识更丰富，但它会让你更有适应性，心胸更开阔。它不会改变你，但它能让你成为更好的自己。

前　言

我自己的改变

在波士顿我最喜欢的那家书吧里,我坐在长桌边打开笔记本电脑,写着自己的书。10分钟前,我点了一杯咖啡和一块松饼。一个头发乌黑的女服务员笑容可掬地向我走了过来,她停顿了一下,平静地对我说:"我只想告诉您,您的TED演讲对我来说有多么重要,给了我多么大的鼓舞。几年前,我的教授在课堂上推荐了这个演讲。目前,我正在申请攻读医学院。我想告诉您,我在参加美国医学院入学考试(MCAT)之前,在洗手间里摆了一个神奇女侠的姿势——这个姿势对我的帮助很大。虽然您并不认识我,但却帮我弄清楚了我这一生真正应该做的事情——学医,同时您帮助我了解到为实现这个目标应该做哪些准备。谢谢您!"

我的眼眶湿润了,我问她:"你叫什么名字?"

"法泰妮。"她说。在接下来的10分钟里,我们谈到了她过去经历的挑战以及她对未来的憧憬。

我遇到的每个人的经历都各不相同，令人难忘，但这种与陌生人互动的频率远远超出了我的预期：常常会有陌生人热情地和我打招呼并分享他们的故事，告诉我他们如何成功地克服了某个困难，并且向我表示感谢，这仅仅是因为我对他们产生的微不足道的影响。这其中有男有女，有老有少；有人腼腆拘谨，有人开朗大方；有人不名一文，有人富甲一方。但他们有一个共同的特征：都曾在承受巨大压力和深感焦虑的时候束手无策，却又都找到了（至少在那一刻）一种极其简单的方式，使自己摆脱了这种处境。

大多数作家都是先出书，然后才得到读者的反馈，而我恰恰相反。我做了一系列实验，因此有机会在 2012 年的 TED 全球大会上发表演讲。在那次演讲中，我根据自己和其他人在"肢体语言对大脑和行为的影响"方面的研究结果，介绍了一些有趣的发现。（于是出现了前面法泰妮提到的关于"洗手间里的神奇女侠"的那一幕，即能够在强大的压力下迅速增强自信心、消除焦虑的方法，我将在后面的章节中反复阐述。）同时，我也分享了自己曾患有严重的冒充者综合征（impostor syndrome）的经历，以及我如何欺骗自己，让自己感觉更自信，并最终变得更加自信的过程。我把这个过程称为"假装做到直到真正做到"（顺便提一下，在这次演讲中，关于我个人的奋斗历程的内容几乎完全是随机提到的，并没有事先准备。我不知道当时是从哪里来的勇气，能够在几百名观众面前说出自己如此隐秘的想法）。一开始我也不知道这些话题能否引起人们的共鸣。这 21 分钟的演讲视频被上传至网上没多久，我就陆续收到人们写来的邮件，他们是真的愿意和我探讨这个话题。

当然，我的演讲不是魔法，不能帮助法泰妮顺利通过MCAT考试。但我的演讲可能帮助她摆脱了恐惧的束缚，因而她能够从容地表达自己熟知的内容。

无力感不但会吞噬我们所有的信念和感知能力，还会屏蔽真实的自我，使我们成为"隐形人"，甚至让我们背离了真实的自我。

与"无力"相对应的一定就是"有力"吗？在某种程度上是这样的，但绝非这么简单。几年来，我做了很多的调查，使得研究的项目进入了一个新的阶段，我称之为"存在力"（presence）阶段。存在力量源于相信并认可自己真实的情感、价值观和能力。这一点至关重要，因为如果连自己都不相信自己，他人又如何能够信任你呢？无论是在2个人或5 000人面前讲话，还是参加工作面试、争取被提拔的机会，或是向潜在的投资者阐述自己的商业理念，抑或为自己和他人争取权益，我们都会经历令人胆怯的时刻。如果想自我感觉良好、改善生活的品质，在这些时刻就必须表现得从容不迫。而存在力可以让我们在这些场合中临危不乱。

虽然TED演讲之路历经波折，我今天取得的成绩也并非一蹴而就，但那次演讲至少是一个明确的开始。

我还清楚地记得朋友们在白板上留下的那些卡通画和暖心的祝福。那是大学二年级的时候，我在病房中醒来，发现自己被鲜花和祝福卡片包围。但当时我心情烦躁，身体疲惫不堪，很快就又睡着了。我从来没有过那样的感觉，不知道是怎么回事，也没有力气想是怎么回事。

这样的情形重复了很多次。

对于醒来之前发生的事情，我只记得自己和两个好朋友（也是室友）一起驱车从蒙大拿州的密苏拉市（Missoula）回科罗拉多州的博尔德市（Boulder）。我们到密苏拉是为了协助蒙大拿州的大学生们组织一次大会，同时和我们的朋友见个面。星期日傍晚6点左右，我们离开密苏拉，想在第二天早上赶回博尔德上课。从密苏拉到博尔德的车程要十三四个小时，现在回想起这件事的时候，我才知道这个想法有多么愚蠢。

我们有一个自认为非常完美的计划：每个人开1/3的路程，再安排一个人不睡觉，专门负责监督司机，确保她清醒，而另一个人则在切诺基的后座上睡觉。我们把后座放平，铺上睡袋，这样就可以躺在里面休息。我开了第一段路程，然后监督司机，让她集中注意力开车。那真是一段令人难忘的记忆。一路上安静极了。我爱西部的广袤，也爱旷野的寂静，更爱和我同行的两个伙伴。路上没有其他车辆，只有我们独自前行。再后来，就轮到我去后座休息了。

接下来发生的事情我是后来才知道的，接替我开车的朋友开了最糟糕的一段路程。夜越来越深了，渐渐地你感觉自己或许是这个世界上唯一清醒的人了。午夜时分本来就容易使人昏昏欲睡，更何况我们当时是在一片漆黑、渺无人烟的怀俄明州，很难保持清醒的状态。大概在凌晨4点的时候，车子偏离了方向，撞到了路肩警示带。我的朋友在调整方向时用力过猛，车身翻转了几圈后，车顶着地停了下来。坐在前排的两位朋友都系着安全带，睡在后面座椅上的我则被甩出到车外。套着睡袋的我右前额重重地磕在地上。

我的脑外伤很久才痊愈。这种脑外伤被称为弥漫性轴索损伤（diffuse axonal injury，DAI）。这种伤在车祸中很常见，通常是由发生交通事故时产生的旋转加速度造成的。我们可以想象一下汽车在高速行驶时发生碰撞的过程：汽车撞击障碍物的一刹那，速度突然发生了巨大的改变，你的身体突然停下来，但是你的大脑随着惯性仍在按照撞击之前的方向和速度运动，这不是大脑正常运转的状态。因为头部遭受严重撞击，导致我的颅骨骨折，这可能对大脑造成了损害。正常情况下，大脑由几层脑膜包裹，这些脑膜受颅骨保护，颅骨内的脑脊液可以起到缓冲作用。可以说，颅骨充当了大脑的保护者，但两者互不接触。当头部受到重创时，"剪切力"会撕裂整个大脑的神经元细胞和纤维，也称轴突裂。轴突的内部结构和电缆相似。轴突外部是发挥保护作用的髓鞘，它会缓冲一部分受力。髓鞘受损后，即使轴突未被撕裂，也会大幅度降低神经元之间的信息传递速度。

大脑受到局灶性脑损伤后，如枪伤，创伤只集中在某个具体的部位，而大脑受到弥漫性轴索损伤后，情况就大不相同了。大脑的所有工作都依赖于神经元的活动，当整个大脑的神经元都受损后，神经元之间的连通就不可避免地受到阻碍。所以，大脑受到弥漫性轴索损伤后，医生不会告诉伤者"你的运动神经受损，所以你以后的行动会不太方便"，或者"你的语言神经受损，你以后说话会不太利落"。因为医生们既不能确定伤者能否康复，也不能确定康复的程度，更不能确定伤者的大脑的哪一部分功能会受到影响：记忆力？情绪？细微动作？鉴于人类目前对弥漫性轴索损伤知之甚少，医生能提供准确预估信息的可能性几乎为零。

大脑受到弥漫性轴索损伤后，伤者在很多方面的言论都会和从前不同。他的思维方式、对事物的感知、表达方式、反应速度、与他人的互动方式等各个方面都会受到影响。最重要的是，自我认知能力也会受到影响，因此，伤者并不知道自己究竟发生了哪些变化，也不知道未来会变成什么样。

下面我来具体解释一下我在经历了这次事故之后发生的改变，这些都是我后来才了解到的情况。

我住进了医院，不得不因此休学，医生也对我的认知能力究竟能否康复、能否重返大学校园表示怀疑。鉴于我脑部受伤的严重程度，以及参照脑部受到同等创伤的病人的相关数据，他们告诉我，我会痊愈的，至少在功能上会有一个理想的预后，但是完成大学学业的事情就不要再考虑了。我还了解到，我的智商（IQ）下降了30个点，即下降了2个标准偏差值。这一点并不是医生告诉我的，而是每两天他们就会给我做一套心理测试题，我收到了一份很长的报告，报告里提到了这个结论。

医生们没有向我解释这个结论。也许他们认为这不重要，或者认为以我当时的智力水平根本理解不了。但那时我了解到自己已经不再聪明，并且深刻地体会到了这一点。

我先后接受了多种治疗，包括职业治疗、认知治疗、语言障碍治疗、物理治疗、心理咨询等。事故发生大约6个月后，我在家过暑假。我的两个最亲密的朋友明显地开始躲避我，并告诉我："你已经和从前不一样了。"为什么看似最了解我的两个人会说我已经不再是从前的我了呢？现在的我和从前的我有多大的区别呢？那时不要说她们不了解我,连我自己也不了解自己。

人在脑部受伤后会感到心烦意乱、焦虑不安、灰心丧气。当医生告诉你,他们不知道你之后会怎样;当你的朋友告诉你,你变得和从前不一样了,你会因此更加烦躁、沮丧和焦虑。

在接下来的一整年里,我一直处于懵懂状态,焦虑、迷茫,不确定接下来该做什么。之后,我重返校园,但为时尚早——我还不能正常地思考,不能很好地处理语言信息。这种感觉就像在听别人说着一种我似懂非懂的语言,这让我更焦虑,更沮丧。后来,因为无法跟上学习进度,我不得不再度休学。

通常,脑外伤很难被外人们看出来。尽管在车祸中我身上多处骨折,还留下了几处难看的疤痕,但表面上看起来我似乎已经痊愈了。因此人们会说:"你真的是太走运了!否则颈椎都有可能被撞断!"走运吗?我不以为然。然后我又会因为自己无法接受他人的善意的问候而感到羞愧。

我们并不希望自己的思维方式、理解能力、情感和个性发生变化,我们认为这些都是与生俱来的。我们担心一场事故会导致身体瘫痪,使我们丧失行动能力,或者失聪、失明,但我们从没想过遭遇事故之后还会失去自我。

在受伤后的很多年里,我一直在努力做回从前的自己……尽管我也无从知道从前的我究竟是怎样的一个人。我感觉自己像一个隐藏在躯体里的冒牌货,而非真实的自己。我不得不重新学习如何适应学业。我继续尝试学习大学课程,因为我无法接受自己不能继续学习的事实。

我的学习进度远远落后于其他人。但是最终,我的大脑渐渐康复，这让我感到无比欣慰。在我受伤前的大学同学毕业4年后，我也完成了学业。

我发现自己能坚持下来的一个重要原因是我酷爱心理学。大学毕业之后，我找到了一份需要全力开动脑筋的工作。正如阿纳托尔·法朗士（Anatole France）在书中所写的："所有的变化……都值得悲叹，因为它意味着我们的一部分已经离我们而去，我们必须在旧的生命中死去，才能进入新的生命。"在这个过程中，我逐渐把所有关于存在力、自信与疑虑的问题看得至关重要。

由于受伤的缘故，我开始研究与存在力相关的科学，而我的TED演讲让我认识到人们对存在力这门科学的渴望。大多数人每天都在应对各种挑战。世界各地、各行各业的人每天都在尝试鼓起勇气在班级里发言、参加求职面试、参加角色试镜、应对日常生活中的困难、坚持自己的信仰，或者仅仅是安于现状。无论是无家可归的流浪者，还是传统意义上杰出的成功者，这都是他们真实的生活状态。从《财富》（Fortune）杂志评选的世界500强的高管、叱咤风云的律师、有天赋的艺术家和演员，到遭受欺压、歧视和性侵的受害者、政治流亡者，以及精神疾病患者，或者身受重伤的病人……无一例外都要面对这些挑战。而致力于为他们提供帮助的人们，他们的父母、配偶、孩子、顾问、医生、同事、朋友等，同样也在承受着各种压力。

这些人（绝大多数都不是科学家）促使我以一种全新的视角来看待自己的研究：既让我抛开科学来审视他们的经历，又让我更加相信科学的力量。听着他们的故事，我不得不思考社会科学的真理是如何在现实世界中体现出来的。我开始专注于研究如何从积极的方面影响人们的生活，也开始思考一些基本的问题，思考一些我待在实验室里研究文献时永远都不会意识到的问题。

一开始，我不知所措。一方面是由于我的TED演讲反响太热烈，另一方面是我感觉自己可能在分享自己的研究和个人隐私时犯了一个严重的错误。我从未预料到会有这么多陌生人观看这个节目，也没有料到自己的脆弱和被暴露在公众面前的处境会让自己不知所措。对于任何一个通过互联网的传播而一夜之间变得家喻户晓的人来说，这种情形都是难以避免的——有人会在公共场所一眼就认出你。因此，无论是遇到陌生人邀请我以神奇女侠的姿势和他们合影，还是听到有人在人力三轮车上大喊"看！这是TED演讲的那个姑娘"，我都需要调整心态让自己适应这样的转变。

但总的来说，我感到非常幸运——能够和这么多人一起分享我的研究、我的故事，更幸运的是，有这么多人与我分享他们的故事。我喜欢有学术氛围的环境，但我在实验室和教室之外找到了更多的灵感。在哈佛商学院工作时最令人鼓舞的是：学院鼓励我做跨专业的研究，因此我已经开始和一些机构的成员就"如何应用研究成果""什么方法有效""症结在哪里"等事宜进行了探讨。但我没有预料到，在我的TED演讲发布以后，世界上会有如此多的陌生人在经过慎重考虑之后向我敞开心扉。

这些人让我感到亲近，让我感觉自己永远和他们心灵相通、永远忠实于他们。我想向他们致敬：感谢他们主动尝试、不轻言放弃；感谢他们鼓励他人不断尝试；感谢他们愿意坐下来把自己的奋斗历程写下来，发给我这个陌生人，或者在机场、在书店里当面讲给我听。现在我知道，演讲可以和歌曲一样发挥作用：能让产生共鸣。

正如戴维·格鲁曾经说过的那样："音乐最大的魅力在于——你为8.5万人唱一首歌，你将会听到8.5万种不同的唱法。"有一次，我在一个青年流浪者之家演讲，我问住在那里的人，他们面临的最大的挑战是什么。一位少年说："站在流浪者之家门前的台阶上。"在另一家流浪者之家，一位女士说："打电话请求帮助或资助的时候。因为需要等很长时间，而且知道电话另一端的人会很反感，并且态度恶劣。"对此，另一位女士回答道："我曾经在电话中心工作，我那时会为自己辩解，'总是接听同样的诉求电话会让人变得沮丧和愤怒，他们也许等候了很长时间，而在他们等待的时间里，我一直在不停地处理其他人打来的电话'。"

成千上万的人给我写信，告诉我他所经历的重重困难，那些困难超乎我的想象，那些场景我也从来没有想过能应用到研究中。以下是我从一些邮件中摘录的内容，主题大都以"您的演讲是如何……"之类的表达作为开头：帮助阿尔茨海默病患者的家人、帮助消防队队员、帮助脑外伤幸存者、帮助我做成有生以来的最大的一笔生意、帮助我在房产交易中讨价还价、帮助我顺利通过大学面试、帮助残疾的成年人、帮助那些失去自尊心的"二战"老兵、帮助外伤病人康复、帮助运动员争夺世界帆船锦标赛冠军、帮助受欺负的孩子、帮助服务人员树立了自信、帮助五年级的学生克服了对数学的恐惧、帮助我那患自闭症的儿子、帮助歌剧演员完成了一次艰难的试镜、帮助我向老板提了一个新建议、在我不得不表达自己的观点的时候帮助我树立自信等。以上列举的仅仅是一小部分内容。

TED演讲后收到的所有反馈，对我来说都是珍贵的礼物，它们帮助我更好地了解到这项研究产生了怎样的共鸣，以及为何能产生如此多的共鸣。简而言之，这些故事不但转化为我写书的动力，而且给我以启发，让我知道应该怎样完成本书的写作。给我写信的人们身处世界各地，从事的行业各不相同，在本书中，我将会和大家分享他们的故事。也许在这些故事中，你也能找到自己的影子。

—01—

存在的力量：
战胜突如其来的窘境

我们因自身的存在而信服。

——沃尔特·惠特曼(Walt Whitman)

我们看到事物、感知到事物，就知道事物是存在的。存在力很难界定。然而，大多数人更善于描述缺乏存在力是怎样的状态。下面是我的故事——芸芸众生中的一个人的故事。

我希望能像所有优秀的博士生那样成为一名教授。怀揣着这个梦想，2004年秋天，我开始在学术领域找工作。一般来说，如果一名社会心理学博士足够幸运的话，他的导师会给他安排一次在小型年度学术会议上崭露头角的机会。通常情况下，全球知名的社会心理学家都会参加这种会议。这也是即将毕业、颇具竞争力的博士生集体亮相的舞台，标志着他们已经成长到不容小觑的阶段了。而这个舞台也最大限度地引发了学生们的"冒充者综合征"的心理。

学生们身穿自认为最合适的学术服，和资深导师们齐聚一堂。很多导师来自顶级的研究型大学，而这些大学明年很可能会招人。资深的教员们则穿着他们平日里的衣服，来这里物色新人。但多数情况下，他们来这里是为了交流彼此的近况。

从某种意义上讲，学生们在大学接受整整4年或5年的训练，就是为了迎接这一时刻。他们有备而来，准备用大约90%的时间阐述自己的研究项目和目标。他们阐述的内容简明扼要，足够有吸引力，并且绝不占用导师们过多的时间，因为拖延时间意味着对导师的不尊重。同时，他们都接受过被学术界内外称为"电梯演讲"的训练。

我对这次会议的紧张程度却远远超出了正常范围。

在一座不太知名的中型城市的一家很不起眼的中型酒店里，会议如期召开。我和3名与会者同时从大厅乘电梯参加开幕式晚宴，他们都是业内颇有建树的教授，也是我仰慕多年的偶像。当时我觉得自己像是独立摇滚乐队的一名吉他手，来自一个不入流的大学城，手里拿着在鼓手家地下室里录制的CD，和吉米·佩奇[①]、卡洛斯·桑塔纳[②]、埃里克·克莱普顿[③]一起走进了电梯，他们都是大名鼎鼎的人物，而我是唯一一个不起眼的人。

电梯里没有人做自我介绍，于是其中一位"摇滚明星"随口说道："既然已经在电梯里了，就让我们听听你的演讲吧。"他来自一所知名的大学，如果能去那里工作，我一定会非常开心。

我的脸开始发烫，嘴唇发干。尽管我非常清楚，在这个狭小的空间里，我面对的是3位杰出的学者，我必须要表现好，但我一张嘴就变得颠三倒四。刚说完第一句话，我就意识到自己说错了。我说着："所以……哦……等一下，在我解释这部分之前……"，我几乎想不起来自己接下来该说什么了。一想到自己的演讲马上就要以失败告终，我就更紧张了，瞬间丧失了思考的能力。毫无疑问，虽然我完全符合这些学校的用人标准，但因为无法克制紧张的情绪，我正在断送自己

[①] 吉米·佩奇（Jimmy Page），英国著名的吉他手、作曲家、音乐制作人。——译者注

[②] 卡洛斯·桑塔纳（Carlos Santana），美国音乐艺术家。——译者注

[③] 埃里克·克莱普顿（Eric Clapton），英国音乐人、歌手及作曲人。曾经获得过格莱美奖。——译者注

去这3所大学工作的机会……同时也失去了与这3所大学的学者共事的机会。我一直在尝试从头开始演讲,但是显然没有机会了,因为开幕式晚宴将在20层举行,而我本该在电梯到达20层之前结束演讲。我急切地看着我的偶像们,企图从他们那里得到些许理解,哪怕是一丝一毫的支持……

电梯门终于开了,其中的2位学者低着头快速走出电梯。剩下的那一位(鼓励我演讲的那位)走出电梯,又停了下来,转过身对我说:"这是我听过的最糟糕的电梯演讲。"

电梯门再次关上,我斜靠着电梯缓缓蹲下,像胎儿那样蜷作一团,心情也随着电梯一起下沉,一直下到一层大厅。除了深深的自责,我还隐约感觉到了瞬间的解脱。

但等我回过神来:我的天啊!我都干了些什么?研究了4年多的课题,我怎么一点儿有价值的东西都说不出来呢?这怎么可能呢?

走出电梯,我逐渐厘清了混乱的思路,此前练习过多次的演讲内容慢慢地回到我的脑海中,我全都记起来了!我突然有一股冲动,想跑回电梯,追上那3位教授,恳请他们让我再演讲一次。

但是我没有这样做。在接下来的3天会议期间,我的大脑在不断地回放那天的情形,重新演绎各种可能的、可取的演讲方式,这使我沉浸在备受折磨的嘲讽之中——或许那3位教授会觉得我的电梯演讲根本就是个笑话。我不停地、近乎残忍地剖析着这段记忆,将其拆成尽可能小的片段,时刻提醒自己:为了带我参加这次会议,导师多年来对我悉心培养,而我不仅没能发挥出自己应有的水平,也没能为导师争光,甚至影响了她的声誉。一次、一次,又一次,90秒失败的演讲经历在我脑海中循环出现，挥之不去。会议中的每一天，我都因此事而表现得心不在焉。

我把自己的痛苦经历讲给好友伊丽莎白听，她说："这就是楼梯底部的精灵！"

"什么？"

于是她给我讲了下面这个故事，这是她上大学的时候在哲学课上听到的。

18世纪的法国哲学家、作家丹尼斯·狄德罗（Denis Diderot）有一次在晚宴上与人辩论自己熟悉的话题。但或许是那天晚上他状态欠佳——有点儿紧张，担心受到嘲讽，因而精力不够集中。当他的观点受到质疑的时候，狄德罗发现自己竟一时语塞，无法巧妙地作答。于是他很快便离开了宴会。

出来之后，他一边下楼一边不停地在脑海中反复回想刚才的尴尬情形，极力想着怎么才能反驳对方。但直到他走到一楼的时候，他才想起来。他会不会转身走上楼梯，重新回到宴会上反驳他人呢？当然不会，他知道已经太迟了。特定的机会只属于特定的时间，时间一旦过去，机会就没有了。他感到非常懊恼，要是当时能保持镇定，他就能应对自如了。

1773年，狄德罗回忆这次经历时写道："敏感的人在与人争辩时，一旦被对方的强势震慑，就会变得不知所措。只有经过一段时间（这段时间与他走到一楼的时间大致相当）之后，他才能恢复正常的思考。我自己就是这样。"

于是他创造了这个新词——"楼梯精灵"，在意第绪语中被称为

"事后聪明"，德国人把它叫作"楼梯智慧"，这种理论也被称为"电梯智慧"，这让我有了情感上的共鸣。我喜欢把它叫作"事后诸葛亮"。总之，意思是一样的，即姗姗来迟的真知灼见。这也是一种思绪短暂受阻并能很快恢复的现象。而事后假想中的反驳，附带着深深的遗憾、失望和羞辱感。我们都希望重新来过，但是永远也不会有这样的机会。

每个人都有过类似我的电梯演讲的痛苦经历，就连18世纪的法国哲学家也不例外。

发表了TED演讲后，我收到了很多陌生人的来信，拉吉夫（Rajeev）是最早给我写信的人之一。他在信中写道："可以说，很多时候我感觉自己在离开之前不能把该说的话完全表达出来。事后当我一遍又一遍地分析自己当时的表现时，我就会很痛苦，感觉自己懦弱又失败。"

大多数人在面试、试镜、与人约会、发表演说、在会上或班里发言，以及在晚宴上与人辩论之后，都会有这种词不达意的感受。

为什么会这样呢？或许我们只是太在意他人如何评论我们，而不是认为我们已经了解了他们的想法；或许我们会感觉自己无能为力，并认同了这种感觉；或许我们过于看重结果，而不是专注于过程。种种担忧积聚在一起就变成了一杯有毒的鸡尾酒。这才是原因所在。

因此，在机会的大门向我们敞开之前，我们已经被深深的恐惧和焦虑所包围了。在这种心境下进入一个让人高度紧张的环境，我们注定会沮丧地离开。

"要是我当时记得说这些该多好……要是我这么做该多好……要

是我能从容地表现真实的自己……"当我们忙着事后反思、应付大脑中不停旋转的仓鼠轮（即对当下所发生的一切进行混乱的、狂热的、自我怀疑的分析）的时候，我们就无法做到集中精力与人交流。我们很可能会陷入一种过度敏感的紧张状态，于是变得不知所措。准确地说，在最需要保持冷静的时候，我们表现得最不冷静。

正如阿伦·瓦兹（Alan Watts）在他的著作《心之道：致焦虑的年代》（*The Wisdom of Insecurity*）中所写的那样："要领会音乐的奥妙，你必须用心聆听。如果你听音乐的时候想'我正在听音乐'，你一定没有全身心地投入。"同样，如果你在应聘的时候想"我在面试"，你就无法充分理解面试官提出的问题，就不能表现出你最真实、最敏锐、最果敢和最放松的自我。

瓦兹把这种对未来某些时刻的焦虑描述为：追逐"不断后退的幽灵，你追赶得越快，它就退得越快"。我们任由这些幽灵在事情尚未发生时就跟随我们，自始至终如影随形。

如果下一次你再遇到这样高度紧张的时刻，不要恐慌，而要以自信的态度去迎接它的到来。让自己从担心"其他人会如何看待自己"的想法中解脱出来，想象自己精力充沛，如鱼得水。想象一下自己毫无遗憾、心满意足地离开现场，因为你发挥了最好的水平，结果如何已经不重要了。这样一来，你会发现自己不再被幻影追逐，一楼其实也没有精灵。

蒂娜是新奥尔良本地人，她写信告诉我，她高中辍学影响了她后来的生活：她无法获得稳定、高薪的工作，也感觉自己不配拥有这样的工作。多年来，她多次换工作，每天工作数小时，终于在 34 岁时拿到大学本科文凭。后来她慢慢自学，从小事做起，把最大的困难当作锻炼的机会，证明自己的能力和价值。

想象一下她的个人经历，这听起来就像在追求一种存在力。

制造临场影响力

几年前，我所在的部门召开了一次实验室会议。在会上，我受到启发，对关于剖析心理学对存在力的影响的研究产生了浓厚的兴趣。

那天，访问学者拉克希米·巴拉钱德朗（Lakshmi Balachandra）就一些新的数据征求大家的意见。她那时一直在研究企业家如何通过演讲说服潜在投资客户，以及这些投资客户的反应。她精心分析了185个风险投资演讲的视频后，进行了语言和非语言因素的全面分析，最终得出的结论令她大吃一惊。判定谁会拿到投资，最重要的因素不是演讲者的资质或者演讲的内容，而是演讲者在演讲过程中展现出来的自信、放松的状态和激情。那些演讲者并没有把这短暂而宝贵的时间浪费在担心别人将如何看待自己上，因此也就不会遇到楼梯精灵，因为他们知道自己已经做到了最好。换句话说，这些成功人士都在尽全力地表现自己，人们也通过他们洪亮的声音、极具表现力的手势、自信的表情等真切地感受到了他们的存在。

这一发现让在场的很多人感到十分困惑。那些大规模的投资决策真的仅仅取决于演讲者的表现吗？仅仅是因为他们的个人魅力吗？

我听了拉克希米的发言后有截然不同的看法：我猜想演讲者展现的特质——自信、放松的状态和激情——代表了他的项目的投资价值，比语言更有说服力。这种特质代表他充分相信自己的项目，相信自己将项目付诸实践的能力，而这种能力反过来也印证了这个投资项目本身的价值。

有时候我们很容易做到胸有成竹，表现得热情而自信。正如拉克希米和其他人的相关研究所表明的那样，这一点非常重要。它可以预测哪些人可以获得投资，也可以预测面试官对应聘者的评价，以及应聘者能否接到最终的录用通知。我们如此看重这种个人特质是正确的吗？这是不是过于注重表面了呢？最终的投资决策和录用表明并非如此。事实上，积极的自我认可是获得成功的一项重要指标。研究人员在对企业家们进行调研的过程中发现，通过这种个性特质可以了解他们努力工作的动机与意愿、面对挫折时的毅力、思维的活跃程度、鉴别机遇和创新理念的能力，以及他们的主动精神和创造力。

而且，企业家们的热情具有极强的感染力，能够激励共事者更加努力、更加自信、更加热情、更好地表现。另外，人们通常会认为那些没有表现出这些个性的企业家和应聘者缺乏自信、可信度低、沟通效率低，最终将会导致执行能力差。

我们倾向于信任那些胸有成竹、热情而自信的人，因为个人特性是很难伪装的。当我们勇敢、自信的时候，我们的声音听起来就会很真实、让人放松；当我们顾虑重重、举棋不定的时候，交感神经系统就会处于"战或逃"的高度紧张状态——声带和横膈膜收紧，热情就会受到抑制。如果你曾经唱歌时怯场，你就能体会到这种感觉：你发出的声音又细又尖，和你想象的完全不一样。

当我们试图努力伪装出自信或者热情的时候，其他人就会察觉出异样，虽然他们未必能够准确地说出问题所在。事实上，当应聘者过于用力地通过非语言的策略（如假笑）来赢得面试官的好感时会适得其反，面试官会认为他们虚伪且控制欲强。

我研究的是社会心理学，我积累了大量的证据，它们证明人们不断地因为细微的、有误导性的、错误的第一印象而做出有失偏颇的决定。此前我们已经了解到，第一印象通常是经不起推敲的，是危险的。我并不是要推翻这一论点。事实上，我更注重鉴别和了解这些破坏性的偏见。我想说的是，基于热情、激情和自信的第一印象很可能真的值得相信——准确地说，它是难以伪装的。当你的表现并非发自内心时，人们能感觉到；当你表现出真实的自我时，人们会有所回应。

先暂停一下，我想确认你能否跟上我的思路。到目前为止，本书并不是专门为企业家和高层管理者提供建议的书。你说服一屋子的投资人为你的项目投资的"存在力"，与你在会议上发言、请求加薪以及要求获得更多尊重时需要的"存在力"是一样的。

在写本书期间，我一直没有忘记那些和我分享自己的故事的朋友：斯里兰卡的尼曼缇，作为第一代大学生，她正在努力增强自信；亚拉巴马州的塞德里克在妻子患癌症去世之后，自己的健康也出现了问题，但他尽力少给其他人添麻烦；德国的凯塔琳娜，在结束了一段不健康的恋爱关系后，正在重新调整自己的心态；尼日利亚的乌度富尤正在克服身体的缺陷，尝试着参与班级活动；加利福尼亚州的妮科尔正在寻求更有效的方法与患有唐氏综合征（Down syndrome）的成人学生们沟通；卡拉奇的法丽哈努力把握进修机会，这些机会是她从来都不敢奢望的；巴西的马科斯正鼓起勇气创建一家小型家族企业；罗切斯特市的艾丽塔的脑外伤正在恢复中；印度的卡迈什在痛失亲人后正努力让自己的生活重归正轨。这本书是为你而写的，也是为他们而写的。

给我启发最大的故事，来自那些"需要更大的勇气和尊严来面对新的一天"的人：他们没有资源、权利和地位，很多人在困境中挣扎却无力改变现状。他们为了自己，也为了自己深爱和尊敬的人，正在努力让自己感觉到存在的力量。他们不仅在为获得一份优越的工作和大型风险投资而奋斗，而且他们一直试图通过用自身的力量来沉着应对日常生活中遇到的困难。

现在我们已经有了初步的认识——存在力是非常强大的，但是我们仍然没有回答这个更难的问题：存在力到底是什么？我们如何获得存在力？

存在力可以消除论断、去除隔阂、摘掉面具，以便与他人或者自身建立起一种真实的、深层次的联系。

——帕姆，美国华盛顿州

存在力是要你热爱你身边的人，热衷于帮助他们。

——匿名，克罗地亚

存在力就是无论什么情况下都要做自己，保持自信。

——阿布德贾尼，摩洛哥

我在网上提出了一个问题："你如何定义存在力？"随后收到了大量来自世界各地的回复，以上只是其中的几个回答。虽然不同的人给出了不同的答案，但这些答案又有相似之处，这让我很吃惊。

也许存在力从目前来看还是一个模糊的概念，但显然它对不同的人有着不同的意义。它是关于身体上的、心理上的，还是关于精神上的呢？它关乎独立的个体，还是与他人相关？它是与生俱来的特性，还是一时的体验呢？

永恒的、超越性的存在力的理念发轫于哲学和意识的土壤中。正如玛丽亚·波波娃（Maria Popova）在博客中写到的："存在力的概念源于西方的正念：一种以达观的意念来觉察生活的能力，并以此来应对我们的境遇。"20世纪中期，英国哲学家艾伦·瓦特（Alan Watts）普及了存在力的概念。波波娃解释说，艾伦·瓦特认为"人类的挫折感和日常焦虑源于我们对未来生活的倾向，而未来是抽象的"，并且"我们放弃存在力的主要模式是通过离开身体、撤退到内心世界来完成的。不断地权衡利弊、自我评估；各种想法、预测、焦虑、评判掺杂在一起，思绪万千；不断地探求体验的本质"。

基于诸多现实原因，尽管追求一种持久的、哲学上的存在状态是一个值得称道的目标，但这并不是我所说的和研究的目标。追求持久的"达观的意念"需要我们有一定的方法和自由来决定如何合理地支配我们的时间和精力，如何安排我们的生活。虽然我希望我们都能有那样的自由，但事实上大多数人都没有。这不仅因为我们要养家糊口、负担日常的开支，也因为没有人的大脑能够完全排除杂念，静下心来读完一整页书，或者耐着性子与人交谈5分钟而毫不分神。这真的很难。因此，我们必须找到另一种方式来感受自己的存在和强大。

正如我在前面所提到的，存在力使我们能够领会并能自如地表达我们真实的想法、感受、价值和潜能。它不是一种永久的、卓越的存在模式，而是一种时时刻刻都在变化的现象。

当我们感觉个人力量很强大的时候，存在力就出现了，它让我们敏锐地察觉到自身最真实的感受。在强势的心理状态下，即使身处通常让我们感到有极大压力和无助的环境中，我们也能保持存在力。当我们感觉到存在力的时候，我们说的话、面部表情、肢体动作都浑然一体。这种内在的和谐是可以感知的，因为它是真实的。这也是它让我们难以抗拒的原因。我们寻找存在力不是为了发现自身的领导能力、发掘自己外在的潜力，或者是刻意设计我们给他人留下的第一印象，而是为了和自己建立真实、有效的联系。

我现在所说的存在力源于变化的积累。你不需要走一条朝圣之路，在精神上有所顿悟，或者追求一种彻底的内心转变。这些都没有错，但是这些过于复杂，它们追求的是大转变。对很多人来说，它们过于抽象和理想化。

存在力关乎日常琐事。我敢说，它甚至很普通。所有人都能做到，只是在很多关键的时刻，当它暂时从我们身边溜走的时候，大多数人仍然不知道如何将它召唤回来。

一家权威的科研机构从心理和生理机制的角度对这种短暂的存在力进行了分析。对我们来说最有用的一点是，我们可以调整这些机制。通过自我助推，逐步调整肢体语言和心态，我们就可以获得存在力。也就是说，我们可以通过自我引导获得存在力。从某种程度上讲，这是让你的身体来引导你的想法，我后面会再谈到这一点。

这种存在力可以帮助你获得更多传统意义上的成功机会吗？很有可能。但更重要的是，这种存在力将帮助你在承受巨大的压力时不再焦虑、害怕和恐惧，不必再带着遗憾、怀疑和挫败感离开。相反，你会抱着这样的想法勇往直前：我已经竭尽全力，已经充分发挥出自己应有的水平，并向他人展现出了真实的自我，也向自己展示了真实的自我。

我们总会面临新的挑战、难以适应的新环境、扮演的新角色，这些会导致我们的心态失衡，引发焦虑，迫使我们重新审视自己：我们是谁？我们该如何与他人沟通？为了保持存在力，我们不得不把这些困难当作机遇。存在力不会永远留存或者永远消失，但有时我们也会因失去它而不得不重新开始，这些都很正常。

所以，让我们考虑一下这些理念，看一看它们是如何遵循科学规律的，我们不仅要把它们应用到生活中去，我们还要把它们应用到应聘或者申请学校的面试中，应用于罚点球时，应用到向同事或者朋友提出棘手问题的过程中，应用到我们怀着忐忑不安的心情提出新想法的过程中。这才是我们应该利用存在力的方式，也是我们学习如何获得存在力的最大的意义。

少关注他人对你的印象

存在力使你自信而不自负。

——罗汉，澳大利亚

存在力体现在两个方面：首先，处于存在状态的人们会传递出拉克希米·巴拉钱德朗在关于"风险投资演讲"的研究中发现的各种特质：激情四射、自信满满、热情洋溢、平易近人，或者像澳大利亚的罗汉所描述的那样"自信而不自负"；其次，自信具有同步性，稍后我们会讲到这一点。

我们再回想一下那些风险投资人，他们对存在力非常感兴趣。更重要的是，他们必须迅速判断一个商业项目和项目发起人是否值得投资。那么成功的风险投资人想寻找的是什么样的人呢？当他们权衡大量优秀的商业计划书，又会通过哪些细节来筛选那些寻求投资的企业家呢？

下面是我多年来从许多成功的风险投资人那里得到的建议：

> 我在寻找一些线索，这些线索让我感觉他们并不完全相信自己所说的内容。如果连他们自己都不相信，我当然也不会相信。
>
> 他们应该向我展示自己多么重视所讲的内容，而不是煞费苦心地想给我留下一个好印象。
>
> 他们过于自负，盛气凌人，可能还有点儿固执己见。他们看起来都能言善辩。我并不期待也不希望他们给出所有问题的答案。
>
> 我并不介意他们有一点儿紧张，因为他们正在做的事对他们来说事关重大，所以有点儿紧张也情有可原。

让我们来分析一下这些建议。

我在寻找一些线索，这些线索让我感觉他们并不完全相信自己所说的内容。如果连他们自己都不相信，我当然也不会相信。

如果项目发起人自己都不相信自己的商业计划，投资人为什么要相信呢？管理学者乔纳森·海格（Jonathan Haigh）曾在书中写道："相信自己所说的话是表达的真正核心。"一个不值得信任之人的提议是没有人愿意相信的。

存在力源于你对自己的感情、信念、价值和能力深信不疑。也许有时候，你不得不推销一款自己不喜欢的产品，或者说服某人相信一个你认为不可能实现的计划，但你无法掩饰你内心的绝望和沮丧。人们感觉你不诚实，因为你确实不相信自己所说的。

我认为人们真的不应该学习如何推销连他们自己都不信赖的产品，就算我曾经这样做过，我也不想教任何人如何去做。如果你想学习的是这样的技巧，那么你选错了书。

同样，你也无法让人相信你具备某种你实际上不具备的技能。偶尔会有人误认为我是在告诉大家我们可以假装自己有能力。如何获得存在力不是关于如何假装有能力的，而是关于如何相信并展示你真正具备的能力，关于如何帮助你排除障碍、表现真正的自我，关于如何设法让你认可自身真正拥有的能力。

有时，为了坚持自我，我们不得不跳出自己固有的思维模式。

我和卡罗琳·威尔姆斯、尼可·桑利这两名研究生一起做了一项研究。在这项研究中，实验对象必须耐心地参加一场模拟的、竞争激烈的求职面试。我们让实验对象设想正在应聘一份他们梦寐以求的工作，并指导他们准备 5 分钟的演讲，以便回答通常最有可能被问到的问题（当然也是最让求职者头疼的问题）：我们为什么要聘用你？

我们告诉实验对象不能伪装自己，必须真实地表现自我。然后，他们在两位不徇私情的面试官面前进行了自我介绍，解释了为什么自己应该得到这个工作机会。为了向实验对象施加压力，面试官事先受过训练，他们被要求在实验对象介绍自己的过程中不能回应、鼓励或者激励对方，即在整整 5 分钟内不能做出任何反馈。这听起来也许并没有多可怕，但是当两个人在你自我介绍期间一直安静地观察你、做笔记、评判你，并且始终不苟言笑，可以想象得到这样的人的认同有多难。另外，我们告知实验对象，面试过程将会被录像，由另一组受过训练的评委进行评估。

6 位评委对视频进行了评估。第一组的两位评委以 5 分为标准对实验对象表现出的存在力进行打分，即他们的感染力、亲和力、自信和热情。第二组的两位评委以 5 分为标准对他们的可信度进行打分，即他们有多可靠、多可信、多真实。第三组的两位评委对他们的整体表现和竞聘能力进行打分，即他们做得有多好、他们是否应该被聘用。

与创业演讲的研究结果一致：应聘者表现出的存在力越强烈，评委对他们的评价就越高，他们得到评委推荐聘用的概率就越大。这说明存在力的影响非常大。我们的收获是：对评委们来说，存在力很重要，因为它意味着可靠性、可信度和真实性；它能告诉评委们，他们观察到的都是真实的，他们可以相信这个人……他们清楚地了解所获得的信息。总之，存在力所表现出来的特点（自信、热情、放松、有吸引力）都被认为是可靠的、善意的：我们越善于表现自己，就越能够找到存在力，也就越容易获得他人的信任。

面试结束后，我们询问应聘者是否感觉自己竭尽全力。那些表现出更多存在力的人对自己的表现感觉更好，他们认为自己已经竭尽所能地发挥出了应有的水平。他们在离开面试现场时感到满意，没有遗憾，也不关心面试结果。

在继续讨论之前，我想消除人们对存在力的普遍误解——认为只有性格外向的人才有存在力。我可以清楚地告诉大家：存在力与性格毫无关系。这不仅是因为内向的人和外向的人同样能展现出强大的存在力，也因为过去十年的大量研究结果表明，内向的人有效提升领导力和企业家精神的特征通常会更明显。比如，长期专注于做事情，很少会做出可能毁掉整个团队的错误的决策，较少需要外部对自我的认可，更善于倾听、观察和综合分析。苏珊·凯恩（Susan Cain）是哈佛大学法学院的研究生，也是畅销书《安静：内向性格的竞争力》（ Quiet: The Power of Introverts in a World That Can't Stop Talking ）的作者，她指出："内向的人与生俱来会对一两件甚至三件事情充满热情……受到热情的鼓舞，他们会走出去，与人建立联系与合作，学习专业技能，不惜一切代价来实现自己的目标。"内向的人不需要通过振臂高呼或者善于交际来彰显自己的热情，给人留下深刻的印象。事实上，片刻的沉默似乎对保持存在力非常有益。

他们应该向我展示自己多么重视所讲的内容，而不是煞费苦心地想给我留下一个好印象。

当我们试图掌控自己留给他人的印象时，我们的举手投足就会不自然。掌控自己给他人留下的印象是一件很困难的事情，我们的认知和情感不足以让我们表现得游刃有余，最终可能适得其反。

尽管如此，很多人仍然试图通过预先演练以给他人留下好印象。这种做法的前提是，我们在任何特定的情况下都有比实际大得多的话语权。但是这种操控真的行得通吗？

在面试环节中，事实已经证明了一切。例如，人们会利用每个机会来复述自己所取得的成就，以及通过微笑、频繁的目光接触等方式，试图给面试官留下一种正面的印象。然而，这些方法的效果并不理想，尤其是在面试时间较长、组织严密、面试官受过良好训练的情况下。应聘者越是努力地想给对方留下好印象，用到的技巧越多，面试官越倾向于认为应聘者不诚实，过于刻意，这就意味着他们最终获得工作的机会非常渺茫。

但这种理论并不仅仅适用于被评估的人。在所有的互动中，互动双方既是评估他人的人，也是被评估的人。大多数人认为，在面试过程中，应聘者是被评估的一方，实际上，应聘者同时也在审视他们的面试官。应聘者这样做，部分原因在于人们会无意识地对与之互动的人形成一种印象，同时也有实用性的原因：应聘者也会对面试官进行分析，寻找有用的信息。

因此，面试官往往会"推销"自己以及自己任职的公司，说出他们认为应聘者想听的内容，来迎合应聘者。相对于准确评估和招聘求职者而言，面试官在面试时希望自己和公司具有吸引力的想法是否会影响他们做出的评估和最终的选择呢？最近，两位组织行为学教授珍妮弗·卡森·马尔（Jennifer Carson Marr）和丹·卡伯（Dan Cable）希望通过研究找到答案。结合实验室和实际案例的研究，他们发现，面试官越专注于吸引求职者（即他们越希望被"喜欢"），他们在选择优秀求职者时的判断就越不准确，他们选择的求职者被雇用后，在工作表现、道德修养、符合企业核心价值观等方面越难令人满意。

重要的是，少关注他人对你的印象，多关注你对自己的印象，不要本末倒置。关于这一点，后面我会更进一步地探讨。

> 他们过于自负，盛气凌人，可能还有点儿固执己见。他们看起来都能言善辩。我并不期待也不希望他们能给出所有问题的答案。

不幸的是，人们通常会混淆自信和自负。我调查过的投资者们明确表示：真正的自信不是盲目看好一个投资项目。如果人们真的相信一个项目的潜力和投资价值，他们会希望弥补它的缺陷，使其更加完善。他们会客观地看待这个项目，分析它的优点和缺点。

庞杂的文学作品中或许对自尊这一概念有更多的阐述。通过社会心理干预来提升自尊感曾经被认为是根除所有社会痼疾的灵丹妙药，近年来已经被人们摒弃。其中的一个原因是很难准确地衡量自尊。在那些声称自己拥有积极自尊的人中，有一部分人说的都是事实，而另一部分人表现出的自尊被称为"脆弱的强自尊"——他们看似积极的自我认知要依赖外部不断的认可。这种自尊要比一厢情愿的自尊更加不堪一击。拥有这种自尊心的人不能容忍任何人、任何反馈意见质疑自己极度脆弱的自我认知。拥有脆弱的强自尊的人尽管在某些方面看起来很自信，但是一旦感觉受到威胁，他们就会马上进入自我防御的状态，指责对他们构成威胁的人和环境。

另一方面，安全的强自尊源于内心。这种自尊不需要外部的认可，也不会一遇到威胁就崩溃。一个人对自身价值的看法始终如一，表现在他能够通过正确、有效的方式感知问题，处理人际关系。同时，他感知问题和处理问题的方式也灵活多样。

虽然自尊和自信含义不同，但它们有共同特点。真正自信的人不会表现得傲慢，傲慢仅仅是想与人保持安全的距离而释放的烟幕弹。自信的人了解并相信自己的能力，他们乐于解决问题，而不是攻击他人。自信的人在他人面前能够保持存在力，善于倾听他人的观点，并会用一种对各方都有利的方式整合这些观点。

真正的信念是相信自己、认可自己的理念，这种信念基础扎实，可以战胜一切威胁。

> 我并不介意他们有一点儿紧张，因为他们正在做的事对他们来说事关重大，所以有点儿紧张也情有可原。

当我们非常重视某件事，并向某个人提及此事，而他的意见又对我们非常重要的时候，我们可能会既自信又有点儿紧张。在具有挑战性的环境中，人能够适应适度、可控的紧张。从进化的意义上来说，适度、可控的紧张可以让我们对真正的危险保持警惕。适度的紧张让我们能够及时察觉一些真正的问题，防止灾难性事故的发生。适度的紧张情绪对他人来说也可能是热情的表现，毕竟，你不会为不重要的事情而感到紧张。如果投资人和潜在客户看不出来你重视自己的商业构想，他们也不会轻易相信你。

所以，不要让别人认为你正在试图以某种方式掩饰一切紧张情绪。强迫自己感觉平静对获得存在力没有任何帮助。挥之不去的焦虑会拖垮我们，干扰我们的注意力。你唯一要做的事情就是避免紧张的情绪继续困扰你；即使察觉到了它，也要忽视它的存在。当我们开始对紧张情绪感到焦虑的时候，我们会变得越来越紧张。矛盾的是，焦虑通常让我们变得更加以自我为中心。因为当我们非常焦虑的时候，就会过于关注自己，过于在意他人对我们的看法。

行为和认知同步

存在力能让你所有的感官在同一时间里都集中在一件事情上。

——马基德（Majid），阿拉伯联合酋长国

事实上，所有关于真实的自我乃至存在力的理论，都要求身体感官在某种程度上实现同步。为了获得存在力，人类的情感、意识、身体、面部表情、行为等，必须达到和谐状态。如果我们的行动和自身的价值不能保持一致，我们就会感觉这不是真我；如果我们的身体不能表达自己的情感，我们也会觉得自己虚伪。

卡尔·荣格（Carl Jung）认为，人类发展最重要的阶段就是协调

自我的各个组成部分，即协调有意识状态和无意识状态、与自我一致的部分和不一致的部分。他称这个阶段为个性化过程。荣格说，个性化可以帮助我们直面自己真实的个性。他认为这个过程对身体和心理都有深层的治疗功效。通过个性化引导，"人们变得宽容、冷静、成熟和富有责任心"。荣格的心理分析治疗法的目标就是个性化。而我们的目标是：当我们完成内在心理的调整后，我们距离获得存在力就更近了一步。

在面对挑战时，如果我们真正处于存在状态，我们会自然地运用语言和非语言的方式进行交流。我们的大脑不再处于混乱状态，我们能同时分析我们认为的他人看待我们的方式、我们一分钟之前所说的内容，以及在我们离开之后他们会如何议论我们……与此同时，我们试图调整当前所说的话、所做的事，试图给对方留下一种我们认为他们想要的印象。

通常情况下，语言相对容易控制。我们可以运用学过的词句，在镜子面前反复练习。然而，控制面部表情、肢体语言和整体的行为举止就困难多了。而这些非语言的方式非常重要。

著名芭蕾舞演员玛娅·普丽谢斯卡娅（Maya Plisetskaya）曾经说过："我相信肢体语言的表达先于口头语言，任何人都能理解肢体语言……你只需要运用肢体语言，其他什么也不用说，别人就能领会你的意思。"

尽管有些肢体语言有其独特的文化背景，但普丽谢斯卡娅说的仍然是对的：大量的肢体语言的确为大众所熟知。无论是对说者还是对听者而言，当我们真实地表达一种情感的时候，我们的非语言表达是很容易被理解的。

情绪表达的先驱研究员保罗·艾克曼（Paul Ekman）、心理学家卡罗尔·伊扎德（Carroll Izard）[及华莱士·弗里森（Wallace Friesen）]对情绪表达的普遍性做了一个开创性的试验。他们走遍了世界各地，如婆罗洲、巴布亚新几内亚等地，发现在文化和史前文明相似的地区，人们对面部表情的理解有高度的认知相似性。换句话说，我们不需要有声的语言就可以读懂彼此的表情。

事实上，至少有9种普遍的情绪表达达到了惊人的跨文化一致性，分别是生气、害怕、厌恶、快乐、悲伤、惊讶、轻蔑、羞愧和骄傲。我们的面部表情、声音，甚至姿势和动作，都趋于一致，它们传达了"我们应当信任谁""相信什么""避免什么"等重要的社会信息。这些情感表达具有普遍性，在世界各地都得到了认同。

想象一下这样的场景：你问一位朋友某天的工作进展如何，她告诉了你一些令她非常生气的事情。她的肢体语言会传达出和口头语言相同的信息。她会皱紧眉头、瞪着眼睛，还会撇嘴，她会降低音量，也可能会提高嗓门；她的上半身很可能前倾；她的动作变得局促而紧张。

而正在唱摇篮曲的人，她的肢体语言和声音就很不一样了。否则，她就是在不经意间流露出了内心的冲突（比如，她可能不太愿意唱那首曲子）。无论是积极的情绪，还是消极的情绪，它们都是真实的。因此，语言和非语言的方式所传达的信息是同步的。

还有一种理解同步的方式：当你表现出真实的自我时，你就实现了同步；而当你表现的不是真实的自我时，你就没有实现同步。

反之，通过研究欺骗行为，我们可以了解很多存在力促成同步行为的原因。

我先来提个问题：如果一个人撒谎了，你是怎么发现的？如果你和大多数人一样，你的第一反应会得出诸如"撒谎的人不会与人对视"之类的答案。一项针对 63 个国家的 2 520 名成年人进行的调查显示，70% 的人都给出了上面的答案。人们也倾向于列出其他疑似说谎的迹象，比如坐立不安、紧张、语无伦次等。研究欺骗行为的心理学家查尔斯·邦德（Charles Bond）在接受《纽约时报》的采访时说，对于撒谎者的刻板印象，"如果我们有更充分的理由来解释撒谎者的所作所为的真实性，我们就不会认为他们在撒谎了"。这说明根本没有所谓的"匹诺曹效应"（Pinocchio effect），没有任何一个单一的非语言线索会出卖撒谎者。判断一个人是否诚实，不能仅仅通过其是否"暴露"了某一种典型的行为来鉴别，如坐立不安、回避目光接触等；而要通过多种交流方式做出判断，如面部表情、姿势、动作、声音特质、发言内容等是否同步。

当我们表现出的不是真实的自我（表达虚伪的情感或者掩饰真实的情感）时，我们的非语言和语言的表达开始错位。我们的面部表情和所说的话不一致，动作和声音也不同步。它们彼此不再协调。

很早就有人提出了这个理论。事实上，达尔文就曾提出："人在有一点点生气，甚至愤怒时，这种情绪可能会通过他的肢体动作中体现出来。但是这种情绪对面部肌肉的影响是最小的，有时候面部肌肉不会表现出细微的、瞬间的情绪。"

当人们撒谎的时候，他们是在编造一个复杂的故事：这个故事有真实的部分、有他们希望是真实的部分，以及他们当作事实来说的部分，在叙述每一部分内容的时候，他们的情感中都夹杂着恐惧、愤怒、羞愧和希望。在整个过程中，他们试图让自己成为值得信任的人，但这非常困难。他们的信仰和情感交织在一起、彼此冲突。而人们在试图掌控所有冲突（有意识或无意识的冲突、身心冲突）的那一刻起，就开始分心了。

简而言之，编造谎言或者掩盖真相，并不是一件容易的事。这意味着我们不得不在说一件事的时候掩盖另一件事。让事情变得更加复杂的是，大多数人在撒谎时都会有负罪感，这一点也是我们要竭力掩饰的。我们还没有能力掌控这一切而不露任何痕迹。所以，在撒谎的同时，我们也泄露了心里的秘密。事实上，有一种方法可以揭穿谎言，那就是了解说谎者的典型特征，这些特征很常见，而且很容易辨别。社会心理学家、欺骗行为研究专家琳妮·滕·布林克（Leanne ten Brinke）解释说：

> 骗子必须让他们虚假的情感和谎言表达一致，同时要避免泄露自己真实的情感。比如，一名员工和老板请假，谎称出城去参加姑妈的葬礼，他必须在解释原因的时候表现出令人信服的悲痛之情，同时压抑自己的兴奋，因为他的真正计划是和朋友去度假。

情感专家保罗·艾克曼（Paul Ekman）在他的畅销书《说谎》（*Telling Lies*）中指出，谎言必然会露出马脚，而通过大量的训练，人们可以学会通过观察面部表情和其他非语言行为找到这些漏洞。他认为，我们应该特别留意人们的言行有哪些不一致之处。

为了研究这个问题，滕·布林克和她的同事们对近30万帧的忏悔视频进行了分析，在视频中，人们因自己的违法行为而做出了真诚或者虚假的忏悔。她们通过观察发现，真心忏悔的人通过语言和非言语行为表现出的情绪比较稳定；假装忏悔的人给人的印象是情绪起伏较大、表达混乱，有较明显的矛盾情绪，以及极不自然的停顿和迟疑。她们将这些表现称为"情绪波动"。

哈佛大学心理学家南茜·艾考夫（Nancy Etcoff）和同事进行了一项有趣的欺骗心理学研究。研究发现，准确察觉谎言的机会并不多，尽管大多数人认为这轻而易举。艾考夫推测，这可能是因为当我们试图找到说谎迹象的时候，过于关注语言，即过于关注一个人正在说的话。艾考夫决定研究一下不能用语言表达的失语症人群。

在这项特殊的研究中，所有失语症患者大脑的左半球长期受损，而大脑左半球与语言和言语的理解、加工密切相关。艾考夫将这些患者与一部分大脑右半球（与语言和言语的理解、加工无关）持续受损的患者进行比较，又将他们与大脑没有受过伤的、健康的实验对象进行对比。

所有实验对象都观看了10个陌生人说话的录像带。每个陌生人说2次：他们在一份录像带中说了谎，而在另一份录像带中说了真话。失语症患者不能理解正在忏悔的人所说的话，但挑出撒谎者的准确率远远高于其他两组实验对象。这说明专注于讲话的内容反而会降低我们识别谎言的能力。

和以上发现结果相吻合,在最近的两次实验中,滕·布林克及其同事发现:人类和与他们长得很像的非灵长类动物一样,能够更好地通过大脑的无意识区域识别谎言。可想而知,大脑的意识区域追踪语言,又被谎言所愚弄。这些研究结果表明,我们越下意识地关注语言线索,就越难以注意到真正揭示谎言的非语言信号。

显然,对我们来说,单纯地说谎比结合肢体动作说谎更容易。另外,当我们下意识地寻找证据,对谎言或者事实加以证明时,我们因过于关注语言而忽视了实时的非语言"完形"[①]。同样,当我们选择表达方式的时候也是这样做的:过度关注自己所说的话,却没有注意到身体其他部位的动作,这种做法本身就会使我们无法进入同步状态。只有当我们不再试图控制所有微小细节的时候,非语言"完形"才会同步,这种做法非常有效。这与"要注意肢体语言,这样能使我们的行为看起来更自然"的建议似乎有些自相矛盾,但是,我们后面将会了解到,这两种做法是密切相关的。

通过行为揭示的真相要比通过语言揭示的真相更为清晰。正如著名的芭蕾舞舞蹈家玛莎·葛兰姆(Martha Graham)所说的那样:"身体永远不会撒谎。"虽然令人产生不真实的感觉和蓄意欺骗别人是不一样的,但其结果看起来很相似:因为你的非语言行为不同步,所以你表现出的不真实的自我给观者留下的印象和蓄意欺骗是一样的。我

[①] "完形"一词是一群研究知觉的德国心理学家所提出的。他们发现,人类对事物的知觉并非基于此事物的各个分离的片段,而是基于一个有意义的整体。因此,把各个部分或各个因素集合成一个有意义的整体,即为完形。——编者注

们的存在力越弱，我们的表现就越差。二者是相辅相成的。

　　研究人员通过测试发现，事实上我们还会被"伪不同步"误导，以致在观众面前失去自信，从而表现不佳。音乐家非常依赖自己演奏时的同步听觉反馈——倾听自己弹奏的乐曲，一旦同步听觉反馈被人为地通过耳机操控，他们就会怀疑自己的能力，会努力去理解这种不同步，导致精力分散，影响演奏效果。

　　因此，正如马基德所写的那样，"存在力能让你所有的感官在同一时间里都集中在一件事情上"，即同步共鸣。

　　存在力源于相信自己所说的。若我们不相信自己所说的，我们就变得不真实。从某种程度上讲，我们不但在欺骗自己，也在欺骗他人。显然，由于我们的自信慢慢消失，我们的语言和非语言行为变得不同步，因此他人可能会察觉出这种自我欺骗。人们不是在想"他是个骗子"，而是在想"感觉有点儿不对劲，我不能完全信任这个人"。正如沃尔特·惠特曼所说的那样，"我们因自身的存在而信服"，为了说服他人，我们必须先说服自己。

　　那么我们如何相信自己所说的呢？

—02—

认同并表达真实的自我

存在力是内在自我的外在表现。

——帕迪（Padi）

希望自己留给他人的印象是"真诚可信",这大概是人类基本的需求。也许这就是"真实的自我"(authentic self)这个词最近非常流行的原因。事实上,有时候我感觉这个词用得过于频繁,就像圣诞前夕的五彩绸带那样,随处可见。

但问题是:什么是真实的自我?真实的自我对你而言有什么确切的含义吗?它是你的朋友在鼓励你"做你自己就好"时的初衷吗?它是当我们处于"真实"状态时的感觉吗?我们可以每时每刻、在任何环境中都保持同一个自我吗?我们到底可以有多少个自我呢?我们想表现出哪一个自我呢?

在回答这些问题之前,我们先简单讨论这个更加宽泛的问题:什么是自我?

几千年来,哲学家们一直试图回答这个问题。经过100多年的研究和理论积累,很多心理学家解决了这个问题。在这里,我无法将前人所做的工作逐一罗列出来。在我看来,以下是关于理解自我的最重要的三件事,特别是涉及存在力的时候。

(1)自我是多面的,不是单一的。

(2)自我是通过我们的想法、感觉、价值观和行为来表达和反映的。

(3)自我是动态的、灵活的,不是一成不变的。自我反映了环境的变化，并受环境变化的影响。不是像变色龙那样随环境变化而变化，而是要积极响应，并不断成长。这种变化并不意味着我们的核心价值观也随之变化，但有时候需要经历这样一个过程，即通过选择自己想要体现的核心价值观和特质，让真实的自我适应所处的环境，或者适应自己所担当的角色。

如果自我是多面的、动态的，那我们还能拥有一个静态的真实的自我吗？曾有学者提出了一个不切实际的观点：能。但是，大多数当代心理学家和哲学家则认为，我们不具有完整的、永久的真实的自我。

从现实的角度来看，真实的自我是人的一种体验，即人的一种心理状态，而不是人的个性。心理学家艾丽森·兰登（Alison Lenton）曾这样描述这种短暂的现象："人处于'真我'状态的一种主观感觉""与人们的'真实的自我'相一致的短暂感觉"。我认为这是我们处于最真诚、最勇敢状态的一种体验。人们通过行动自主、诚实地表达自己的价值观。这种体验时有时无，但我们能感知到它。事实上，每个人都有这样的时刻：自我处于真实的状态的时刻，但很少有人说他们一直都有这样的感觉。我们对自我的看法会因不同场景中角色的变化而变化。比如，在为人父母、为人夫、为人妻以及为人师的时候，我们对自我的看法都是不同的。所以，即使你感觉自己处于一种真我的状态，那种特定的自我也会随着环境的变化而变化。

但是，真实的最佳自我和真实的自我是一回事儿吗？我们本身存在一些缺点，我们自己以及了解我们的人并不喜欢，有些特性甚至被认为具有破坏性。很多人都在努力纠正这些缺点，比如无端的恐惧、一触即发的暴脾气等。也有一些缺点我们不愿意公开，并不是因为它们会对他人造成伤害，而是因为我们没有义务和其他人分享这些个人隐私。

此外，还有一些我们觉得没有必要因此而感到羞愧的缺点，虽然对他人不具有破坏性，但我们也试图改变或者隐藏这些缺点，比如下面这封邮件中所说的缺点：

> 我是土耳其的一名医学生，我的成绩非常好，我热爱医学，喜欢思考并探索新的理念。我知道自己的潜力，我有远大的抱负。但是，我口吃……
>
> 因此，我不能去班里上课，不能参与讨论问题，更糟糕的是，我不能提问题……大学4年，我不得不一直保守这些秘密。

我收到了很多人发来的邮件和信息，他们正在与重重困难做斗争，这些困难让他们无法充分相信自己，无法做最勇敢的自己。每个人都会有这样或者那样的缺点，且认为理想中的自己不应该有这些缺点，而应该克服或隐藏这些缺点。

这些困难是真实存在的，并且令人痛苦不堪。但是我们真的可以克服这些困难吗？答案是肯定的。我想说的是，尽管我们憧憬成为理想状态的自我，但这些困难是我们真实的自我的重要组成部分：它们给我们带来痛苦，却是我们自身不可否认的一部分。我的大脑在大学期间受损，但这并没有妨碍我取得今天的成绩，它是真实的我不可或缺的一部分。我的大脑、神经系统受到物理性损伤，由此，我的人生经历了跌宕起伏，我的人际关系、决定、思考方式、学习、感受、世界观等也随之改变。在很长一段时间里，我一直不愿与他人分享这段经历，它困扰了我很长的时间。

来自心理和生理上的压力塑造了我们。我们所经历的磨难丰富了我们的经验，提升了我们的洞察力，而这些经验和洞察力是我们所独有的。我们不但应该接受这些磨难，还要拥抱它们，甚至把它们看作前进的动力。虽然我们或许没有主动选择它们作为自我的一部分，但它们已然在那里，除了承认它们的存在，我们还能做些什么呢？

我们离答案越来越近了，但我们还没有回答这个问题：究竟什么才是真实的最佳自我？当我们需要它的时候，如何找到它？研究如何让人们开心和高效工作的学者也许可以提供一些见解。他们想知道：员工如何才能够在工作场所感受到最快乐、最真实的自我？

组织行为学教授劳拉·摩根·罗伯茨（Laura Morgan Roberts）是广受公众认可的专家，致力于研究职场中如何培养积极、真实的个性。她指出，我们都经历过这样的时期：感觉自己充满活力、忠实于自我、发挥出了最大潜力，而我们关于这段时期的记忆都非常深刻。她和她的同事们写道："随着时间的推移，我们整合了这些信息，描绘出了关于'我们是谁''我们什么时候处于最佳自我的状态'的形象。"

罗伯茨帮助人们辨别促进因素和阻碍因素，指导人们进入最佳自我的状态，发掘最佳自我。例如，我可能会将"我擅长在大量不同的观点中筛选题目"列为促进因素一栏；而将"我特别不擅长预估完成一个项目所需的时间"列为阻碍因素。罗伯茨和其他组织学者通过下面的问题来帮助我们辨别最佳自我的特征。我建议你马上写下答案——提醒自己不需要在工作场所压抑这些特性。

- 哪三个词可以准确形容你的个性？
- 你让自己最快乐、获得最佳表现的秘诀是什么？
- 回想某一个你正在以一种"自然"和"正确"的方式做事的时间点（在公司或者在家里）。你今天会如何重复这种行为方式？
- 你的显著优势是什么？你将如何发挥它们？

但是，仅仅认识到那些代表你真实的最佳自我的价值观、特点和优势是远远不够的，你必须马上认可它们，并对此深信不疑，因为它们是你个人经历的重要组成部分。如果连你都不相信自己做的事，其他人又怎么会相信呢？

我们生活中遇到的最大挑战就是对真实的自我的质疑，更准确地说，是对所谓的真实的自我是否准确地描述了自己的特性的质疑。自我意识是否受到威胁，取决于是否感觉到社会的认可或排斥，比如，没有考上大学、失业、与恋爱对象分手、在观众面前出糗、对某人敞开心扉却被妄加批评。在重重压力包围之下，我们的本能反应就是全力消除对真实的自我的威胁，运用所有的心理资源来保护自己。心理学家杰弗里·科恩（Geoffrey Cohen）和戴维·舍曼（David Sherman）把人类面对这种威胁时的反应描述为"一种内在的报警机制，目的在于重新肯定自我"。

克劳德·斯蒂尔（Claude Steele）教授是斯坦福大学著名的社会心理学家和作家，他将我们在预感到威胁时就试图将其消除的过程定义为：在进入一个有潜在威胁的环境之前，我们首先会肯定自己最深层次的价值观，即自我意识中最优秀的部分。他称之为"自我肯定理论"（self-affirmation theory）。

当我们读到或者听到"自我肯定"这个词的时候，可能会想起综艺节目《周六夜现场》（Saturday Night Live）中的搞笑自助秀——"和斯图尔特·斯莫利（Stuart Smalley）一起每天自我肯定"。剧中人物斯莫利［由艾尔·弗兰肯（Al Franken）扮演］一边照镜子，一边念叨"我是个好人，我很聪明，去你的、人人都喜欢我""我是个非常有用的人"，等等。当然，这些自我肯定的话重复的次数越多，斯莫利的感觉就越差，这导致他会说出一些消极的话，诸如："我出尽了洋相""我不知道自己在做什么""他们会不让我参加演出，我会死于贫困潦倒、身无分文、无家可归，我超重了20磅[①]，永远都不会有人爱我了"。对于这些，我们觉得很可笑，因为根据直觉和经验，我们知道这种自我肯定通常会适得其反。

我在这里所说的自我肯定，即斯蒂尔和其他研究人员研究过的自我肯定，与在镜子前念叨的那些俏皮话毫无关系。它不是自吹自擂，而是提醒自己"对我来说什么才是最重要的"。也就是，我们是谁？这其实是一种建立在自己真实经历基础之上的自我认可。它让我们感

[①] 1磅约为0.45千克。——编者注

觉不大需要他人的认可，甚至如果有人对我们的想法提出异议，我们也能够轻松看待。

数百项研究对自我肯定的效果进行了测试，其中的很多研究是通过对人们进行简单的训练来测试。在一项研究中，试验人员给出了一些常见的核心价值观，比如：家庭观、交友观、健康观，对创造力、努力工作、职业成就、宗教、善良、服务于他人的看法，等等。实验对象需要选择其中的一两项作为自己最核心的价值观，即那些最接近本人个性的价值观；然后写一篇短文，说明这些价值观对他们而言非常重要的原因，以及它们的重要性得以证实的特定时间。

比如，一个认为服务非常重要的人可能会写道："对我来说，为他人服务是最重要的事情。我对服务他人充满热情。我相信，如果大家彼此能互相关照，整个社会风气就会变得更好。为他人服务同时给我带来了满足感，让我感到充实，我很喜欢为他人服务，这项工作对我来说很容易做到。读高中的时候，我在本地的一家养老院待了很长一段时间，那里的老人大多都很孤独，因为他们失去了伴侣。我愿意花时间陪伴他们，倾听他们的故事，也许还会握着他们的手。那段时间我过得很开心，因为我做的事情非常有意义。"

为了弄清自我肯定到底有多少成效，我们来看一项由戴维·克雷斯威尔（David Creswell）、戴维·舍曼以及他们的合作伙伴做的一项研究。在这项研究中，研究人员要求实验对象在一组评委面前即兴演讲，他们还事先告诉评委们在观看演讲的过程中要表现得既严肃又冷漠。演讲结束后，研究人员要求实验对象在接下来的5分钟内大声数数，每隔13个数数一次，从2 083倒着往前数。而在这期间，评委们则不停地催促实验对象"快点儿"!

如果是我,只是想象一下测试场景,就会心跳加速,而实验对象却要亲身经历这个严峻的考验。这项特别的研究被称为"特里尔社会应激测试"(Trier Social Stress Test,TSST),目的是将压力最大化,以便心理学家研究人们对社会压力的反应。这项测试简直称得上是社会焦虑症患者的噩梦。

但这项研究和自我肯定有什么关系呢?在实验对象发表演讲之前,研究人员会随机分配给他们一项任务:要么写一下个人的核心价值观(即上面我提到的那个练习),要么写一下对自我肯定没有帮助的、不重要的价值观。

经过演讲和倒计数的严峻考验,研究人员通过检测实验对象唾液中的皮质醇(人们在压力状态下,尤其是经受社会评判压力的情况下释放的一种激素)含量,来测量实验对象的情绪状态。大量研究表明,经过TSST后,人的体内会产生大量的皮质醇。但在克雷斯威尔和舍曼的研究中,那些曾经写下个人核心价值观的实验对象的皮质醇水平远远低于另一组实验对象。事实上,事先进行自我肯定的实验对象的皮质醇水平并没有升高。实验对象通过对"最真实的自我"进行肯定,提醒自己自身最有价值的优势,克服了焦虑情绪。

几年后,克雷斯威尔和舍曼的团队把这项研究成果应用到了现实生活中的压力环境——大学期中考试。这一次,研究人员在考试前后分别检测了学生的肾上腺素水平。肾上腺素是一种反映交感神经系统(或战或逃反应)应激性的激素。在考试中,几周前曾做过自我肯定训练的学生的肾上腺素水平没有变化,但那些没有做过自我肯定训练的学生就没有这么幸运了，他们的肾上腺素在考试的前几周就已经飙升至很高的水平。

此外，在研究刚开始的时候，研究人员对所有的学生进行了调查，评估他们对负面评价的担心程度。（研究人员一般会通过诸如"在大学里，我担心如果做得不好，人们会认为我笨""我经常担心人们会不喜欢我"这样的语句来进行评估。）那些最担心负面评价的学生从自我肯定核心价值观的训练中获益最大。

研究人员在实验室和实验室外都对自我肯定进行了分析，发现自我肯定有利于提高学习成绩、减少校园欺凌事件、戒烟、养成健康的饮食习惯、减缓压力、改善夫妻关系、增强谈判和表演技巧，以及处理其他事情。事实上，当压力持续存在、风险增大的时候，自我肯定的效果似乎最明显。

综合以上研究，我们可以看出，有一点是非常重要的：在进入一个可能会遇到挑战的环境之前，我们可以通过再次肯定真实的自我中最重要的特性来缓解焦虑。当我们感觉自己安全的时候，就会放下戒备，以更加开放的心态对待别人的意见，同时我们解决问题的能力也会得到提升。

值得我们注意的是，在这些实验中，实验对象肯定的是他们自身的核心价值观，而不是与他们手头的紧张工作相关的价值观或者能力。也就是说，人们不必为了自信地发表演讲而说服自己，认为自己"擅长在公共场合演讲"；只需要坚持最佳自我的重要特性，比如"我注重创新精神和艺术创作"。除了在具体工作中提升自信能让你表现得更好，进行自我肯定还可以让我们的人生更有意义。在一组研究中，研究对象用自己之前选择的特性，如幽默、好脾气、自律、聪明、有耐心、喜欢冒险等，来代表真实的自我，或者代表展示给他人的公众自我，然后研究人员要求他们快速判断这些特性"是我"或者"非我"。实验假定，他们判断出"真实的自我"特性的速度越快，他们与真实的自我就越接近，他们对生活的意义及目标的定位也就越高。

一项相关研究表明，相对于描述公众自我（大多数人的真实的自我和公众自我是不完全相同的）的语言，当人们下意识地听到他们认为描述了内在自我的语言时，会感觉生活的意义更重大、使命感更强。

所有这些研究均表明，你只要花很少的时间思考一下（或者写下）理想中的自己，就可以展现最真实的自我。有效自我肯定的关键是基于事实。展示你最真实、最勇敢的一面，并不是给自己打强心剂，也不是对自己说"这是我擅长的"或者"我一定能赢"。只有当你完全体会到自己的价值、个性特征、优势，知道你可以通过自己的行动和人际交往，真诚、主动地表达最真实的自我时，你最勇敢的自我才会出现。这就是"相信你自己做的事"的真正含义。本质上，自我肯定是向自己阐明真实的自我的一种方式，通过这种方式而强化的自我认知将会自然而然地在你的言谈举止中得以体现。

同时，你讲述自己做的事的方式也很重要。在最近的一项关于叙事认同（即我们对生活中的事件的肯定）的研究中，研究人员采访了一些五六十岁的人。这个年龄段的人们处于家庭、工作和健康的重大转变时期，也在深刻地反思自己的人生。除了面谈，研究人员还对他们的心理和身体健康进行了长达 4 年的跟踪调研。

在面谈过程中，人们讲述自己生活的时候通常围绕着 4 个主题：机构（人们认为机构掌控着自己的生活）、交流（人们将生活描述为与他人的关系）、收获（人们认为困难在某种程度上让他们端正态度，变得更智慧）和负面因素（人们认为积极的开端导致了负面的结局）。

在随后的几年中，从机构、交流和收获 3 个积极方面来讲述的人一直保持着积极健康的心理状态。而那些用负面因素来描述自己生活的人，心理健康状况一直欠佳。那些因身患重病、离异或者丧偶的人，选择讲述生活的方式和心理健康状况的关系更明显。

获得存在力不仅需要了解真实的自我、肯定真实的自我，还要考虑如何表达真实的自我。无论是在对自己还是对他人表达真实的自我时，一方面要告诉自己什么最重要，另一方面还需要把握表达真实的自我的方式。

表达真实自我的正反馈

找到并且认可真实的最佳自我可以帮助我们消除威胁，否则我们会被巨大的挑战击垮。但是，仅仅找到真实的最佳自我还不足以使我们在面对这些挑战时获得存在力。因此，在找到真实的最佳自我之后，你必须弄清楚如何正确地表达。

真理子（Mariko）是一个年轻的日本女孩，她供职于一家大公司，正准备在一次联合国主办的大会上发表演讲，她说她"压力很大，心一直在剧烈地跳个不停，这种情况很少见"，因为她通常非常自信。她认为自己需要多多练习演讲，于是她反复地练，但仍然无法消除焦虑情绪。在她感到绝望之时，她咨询了一个值得信赖的顾问。那个顾问对她说："你为什么要不停地练习呢？你要明白，演讲时最重要的是你的存在力。"她这才意识到练习演讲已经让她身心疲惫，这样做不仅对她没有任何帮助，反而削弱了她对存在力的关注度。

她说："我不仅意识到自己在做无用功，还意识到，如何做自己才是我要向自己和他人传达的重要信息。"

为了找到存在力，仅仅知道自己是谁并在他人面前表现出来是不够的，还要按照自己的方式做事。1992年，心理学家威廉·凯恩（Willian Kahn）通过研究发现，人们在工作场所能否找到存在力取决于是否做到以下4个方面：有效聆听、善于沟通、思维缜密、专心致志。

"这4个方面共同给出了存在力的真正含义，即对工作角色的全身心投入。"他在书中写道："它最终表现为个人的工作能力（就贡献的想法和努力程度而言）、其他能力（就接受能力和情感投入程度而言），以及个人发展（就成长速度和学习能力而言）。总而言之，这种存在力体现在个人的专注行为上。"他说：

> 以某建筑公司的项目经理和绘图员的工作为例。项目经理注意到，绘图员正纠结于工作过程中的一个相对简单的问题。眼看最后交稿期限就要到了，于是她走过去找绘图员谈话。此时，她意识到自己双手紧握，她知道这是自

己心情烦躁、极度沮丧时的反应。而令她烦躁、沮丧的原因就是绘图员、紧迫的交稿期限，以及设定最后交稿期限的副总裁。她询问绘图员工作进展，认真倾听他讲述自己如何努力工作以及被认为对工作缺乏了解的挫败感。她问了几个更深层面的问题，以便进一步了解情况。然后她讲了一个笑话，让绘图员放松了下来，并提醒他相关的信息其实已经提供给他了，只是他忽略了；她为他提供了一个解决问题的办法，并表扬了他所取得的工作进展。在整个谈话过程中，她表现得轻松幽默、坦率，同时也表达了对任务的关注。

当你做到真实的最佳自我时，你会得到回报的。企业可以在激发员工真实的最佳自我方面发挥重要作用。在丹·卡伯（Dan Cable）、弗朗西斯卡·吉诺（Francesca Gino）和布雷德利·斯塔茨（Bradley Staats）教授一起开展的一项研究中，研究人员鼓励实验对象通过想象自己的个性特征来执行一系列任务。（比如，通过描述他们在某个时间以"生来就擅长"的方式做事，然后设计一个个性化的标识。）这么做的时候，他们强烈地感觉到能够"成为真实的自己"。实验对象从这些任务中获得了成就感，做事更有效率，也更少犯错了。

有的企业为了培养新员工的适应能力，只关注团队的个性和需求，从而忽略了小组成员的个性和需求，并且不鼓励员工表现出他们真实的个性。我们从这些研究中了解到，当人们能够在工作中真实地表现自我时，他们会更快乐，并且会表现得更好。

卡伯和他的同事在印度的一家呼叫中心做了一项实验，要求所有新员工都参加半天的培训。第一组员工参加了强调发挥真实的最佳自我的培训——实验要求每一位新员工思考并写下自己关于工作的创意，并用15分钟时间和组里的其他人分享这些想法。最后，研究人员发给每人一件运动衫和一枚印有他们名字的徽章。第二组员工参加了强调企业荣誉感的培训，他们接受了企业文化培训，研究人员要求他们思考并写下他们认为公司最值得骄傲的地方，再用15分钟时间和其他组员分享。最后，研究人员给他们发了运动衫和印有公司名称的徽章。第三组员工则在受控环境中接受了常规的、基础的岗前培训。

从客户满意度调查中可以看出，受到鼓励去表达真实的最佳自我的员工在工作中的表现优于另外两组员工，他们留在原工作岗位上的时间更长，并对公司人员流动频繁表现出担忧。

对于存在力在现实生活中是如何发挥作用的，我们很快就可以得出一个完整、全面的结论了。通过找到真实的自我、肯定真实的自我、表达真实的自我以及塑造真实的最佳自我形象，特别是在接受重大挑战之前这样做，可以缓解我们因社会排斥而产生的焦虑，促使我们更加坦诚地对待他人，从而让我们拥有充足的存在力。

先从学会放松开始

在生活中的某个时刻，在准备进入某个高风险的环境之前，别人可能会建议"做你自己就好"。我们都明白这句话的意思。如果我们表现出的是真实的自我,我们会表现得更好,也会得到更多回应。但这里的关键词是"表现"(act),毕竟,如果有其他人在场,"做你自己就好"仍然是一种表现。通常我们会把"表现"和"技巧"联系起来,这从表面上看来和存在力是相对的。不可否认的是,伟大艺术家的表演过程就是存在力的强烈体现,这种体现几乎可以营造一个磁场。艺术家能带给我们一些与存在力相关的启示吗?

我酷爱音乐。我花在音乐会上的时间非常多:从最小的酒吧到最大的体育场,从最不起眼的独立乐队到传奇的摇滚乐队。我在音乐中找到感觉后,就会变得异常兴奋。没有任何事情比在音乐会现场体会到情感上的完美交互更让人快乐的了。但是,是什么成就了情感上完美交互的时刻呢?

音乐家全身心地投入演奏时,他考虑的不是每个分解的动作,如"用G调指法弹奏,头部稍稍向左倾斜,扭动身体,把重心放到左脚,坚持数到4",他们所做的一切事情(包括头部和身体的微小动作)不仅要与节奏和旋律相协调,还和音乐要传递的内容相协调。当一位音乐家处于存在状态的时候,我们会被触动、沉浸其中,被他折服;而当一群音乐家处于存在状态的时候,我们也会被带入那种状态中。

我的一位音乐家朋友杰森·温布利(Jason Webley)曾经告诉我,好的表演不是像电影那样可以一遍一遍地重复播放,而是会把全新的内容展现在你眼前,"如果表演者看起来有点儿紧张,我不会介意,我希望看到他发自内心热爱自己正在做的事情,这样才能让我相信我所看到和听到的是真实的情感流露,从而认可他"。

我们在舞蹈表演中也可以看到类似的情况。在一个舞蹈团里,最懂舞蹈技巧的芭蕾舞演员不一定能成为领舞。舞蹈演员可以凭借个人独舞技巧在比赛中获胜,但是领舞者远远不只是在技艺上达到了完美状态。她不仅仅是在表演,或者给人以享受,她同时需要融入音乐和自身的角色,与舞伴及舞台上其他元素协调一致,还要兼顾与台下观众的交流。尽管观众也许无法清楚地说明理由,但他们能够感受到,或许他们会误认为这只是因为领舞者技艺高超。总之,领舞者必须让所有人信服,包括她的舞伴和观众。

米克·诺谢南(Mikko Nissinen)是波士顿芭蕾舞团的艺术总监,他出生在芬兰,并在那里长大。他和很多舞蹈团合作过,如旧金山芭蕾舞团,他在那里做过9年的领舞。因为我也曾跳过芭蕾舞,我特别想问他关于存在的问题。"任何新的体验都可能导致新问题,引发疑惑,这会让你不在状态。当你进入真正的存在的状态时,你就拥有了力量。因为你不是想保护自己,只是想做你自己。这就是你真实的状态。"他给我举了一个例子,他看过米凯亚·巴瑞辛尼科夫(Mikhail Baryshnikov)的一次表演,舞蹈的编导是传奇人物杰罗姆·罗宾斯(Jerome Robbins)。一年前,米克曾看过巴瑞辛尼科夫跳过这支舞。当时他认为这支舞在技艺上非常完美,带给他一种全新的感受。但第二次看的时候,这支舞蹈的意义就不仅仅如此了。"我不得不承认变化很大。像去年一样,他跳得非常好。但这一次,由于他处于存在的状态,我能感觉到有一种能量在两者之间……"米克竭力想用一个恰当的词来表达,他张开嘴巴,做着检索的手势。是在巴瑞辛尼科夫和观众之间,还是在巴瑞辛尼科夫和音乐之间?"他能够通过舞蹈和我们进行……进行全方位的交流！他仿佛搭起了一座通往天堂的桥梁！真是太令人难以置信了！天啊，那绝对是一种存在力的体现。"

真实自我的行动力

最近，我和女演员朱丽安·摩尔（Julianne Moore）进行了一次交谈，她深深吸引了我，因为她简直称得上是存在力的直觉专家。虽然我在这里用了"直觉"一词，并且对她来说找到存在力是水到渠成的事，但这并不能说明存在力总能轻而易举地获得。不过，如何获得存在力是有章可循的，通过多次练习，可以更容易地获得存在力。

在和朱丽安讨论存在力这个课题时，我就像是在和此前所有研究内容的化身进行一次深刻而热烈的畅谈。当谈到我们共同关注的内容时，她看起来很兴奋，身体向我这边倾斜，神情专注，时而点头，时而微笑。即使我们看法相同，她也能以自己独到的方式提炼出精髓。

我并不是唯一欣赏朱丽安对存在状态的驾驭能力的人。大约在我们谈话结束2个月之后，她因为在影片《依然爱丽丝》（*Still Alice*）中出演身患阿尔茨海默病（早期）的女主人公而获得了奥斯卡最佳女主角奖。

《时代周刊》（*Time*）影评人理查德·克里斯（Richard Corliss）在评价这部电影时写道："美国最伟大的女演员把这个有关忘却的悲剧变成了一场与病魔的抗争……摩尔是爱丽丝完美的化身，她不但在镜头面前从容不迫，对角色的诠释也无可挑剔。"戴维·西格尔

（David Siegel）曾在 2012 年执导由朱丽安主演的电影《梅茜的世界》（*What Maisie Knew*），他说道："表演的时候，她非常信任自己的存在力……但是一旦她离开镜头，她就恢复常态了。"她上镜时不恐惧，表演时不焦虑，结束时不遗憾。

我和朱丽安交谈了整整 4 个小时。我们谈论她职业生涯中的存在力，但我很快就注意到她在个人生活中也找到了同样的存在力。她身穿法兰绒衬衫和紧身裤，脚上穿着一双羊毛袜——永远那么漂亮。她正在清洗前一天晚宴上用过的许愿烛台。在我们的谈话期间，她和丈夫、女儿津津有味地讨论着早饭之前是不是应该吃些纸杯蛋糕，毕竟纸杯蛋糕比薄煎饼更好吃。此外，她还和即将高中毕业的儿子闲聊去哪所大学看看，和我谈教育孩子的过程中遇到的尴尬事。

当我再看这次面谈的记录时，我感到很吃惊：我们居然谈了 2 个多小时的家庭琐事，我谈的内容和她几乎一样多。我的第一反应就是，我们怎么会如此离题？我怎么能浪费她这么多宝贵时间？但我很快意识到，让谈话自然而然地进行是朱丽安对存在力驾驭能力的又一次证明——让他人和她一起进入状态。

开始谈论存在力的时候，我们有时甚至很难分辨出到底是谁在写关于存在力的书。

我问她："你认为是什么阻碍了我们以存在的状态与人相处呢？"

她说："当感觉没有人注意到自己的时候，人们的存在力最差。如果没有人注意到你，你就不可能找到存在力。这就变成了一种自我延续的过程，因为知道你的人越少，你越会觉得没有存在的价值。对你来说也没有空间可言……相反，你面对的人越多，你的存在力就越强……而你和他人的互动通常强化了你的自我的意识。"在孩提时代，朱丽安不想成为人们关注的焦点。但是，就像其他人一样，她也渴望他人的关注和理解。她随父母搬了很多次家，每到一个新的环境，她都感觉得不到老师、同学的关注。她说："在这个环境中，我不知道自己是谁，我不得不想办法弄清楚。"

每次搬家都是一次新的挑战。在每次挑战中，朱丽安都不得不找到并肯定真正的最佳自我。在此之前，没有人会注意到她。

我问她："除了让别人注意到你，演员的存在力还有哪些？演员怎样做才能找到存在力？"

她说："获得存在力的关键在于放松，这也是老师们教会我的事情之一。我18岁进入戏剧学院学习时，他们告诉我表演时必须放松，'但我感到紧张、不安、愤怒、恐惧，眼泪奔涌而出'。多年以后，我意识到，在处理情绪、感觉、细节、存在力等问题的时候，最有帮助的一点就是放松。"

我问她是如何为表演做准备的。显然，她非常重视自己的角色。当她准备一个角色的时候，她会提前练习很多与角色相关的特殊姿势和动作——她知道从心理学角度应当与角色的个性和情感状态相一致。她说："我做了充分的准备，让自己在镜头前表现得自然一些。如果没有准备好，我会慌乱，找不到感觉。"但是她坦承，准备工作只是其中一部分。正如她在知名访谈节目《在演员工作室里》(*Inside the Actors Studio*)所说的那样："我95%的表演需要临场发挥……我希望找到对角色的感觉，然后把这种感觉在镜头前表现出来。"

下面该强调准备的问题了。人们有时候人们会误以为我在建议大家完全不用做准备，即兴发挥就可以。不是这样的。在没有考虑好想要表达的内容之前，我们进入存在状态时不会感到足够安全，因而也无法找到存在力。《哈佛商业评论》（Harvard Business Review）上的一篇文章《你要如何衡量你的人生》（How Will You Measure Your Life）,告诉了我们应当关注哪些问题。文章作者卡伦·迪隆建议我们就通常会被问到的面试问题（模棱两可的问题）做"精炼的阐述"，如"我们为什么会聘用你"以及"你为什么认为自己能胜任这个职位"。她还建议我们为不愿提及的问题准备答案，以防万一。这并不是让我们死记硬背，而是更有助于我们了解面试的内容。这样一来，我们就不会担心可能发生的事情，而是把精力都放在目前正在做的事情上。

我现在想强调的是：准备当然是很重要的，但从某一时刻起，你必须停止准备内容，转而做心理准备，即你关注的重点必须要从说什么转移到如何说。

然而，我们通常会面临巨大的挑战，而我们毫无头绪，不知道该如何应对，这会使我们无法平静下来，甚至无法做准备工作。尤其是当我们遇到那些迫切想做好的事情时，情况更是如此。那么我们该怎么办呢？

朱丽安思考了一会儿，然后说："这让我想起了一次电影试镜经历。那部电影是托德·海因斯（Todd Haynes）导演的《安然无恙》（Safe）。我读过剧本，我完全了解那个角色。我真的非常渴望演那个角色。"但她并不知道导演是如何看待这个角色的，也不能按照他的喜好来为角色做准备。"我仍然记得我沿着百老汇大街走到试镜地点的情景。那天我穿着白衬衫和白色牛仔裤，看起来有些茫然——我就是想让自己看起来很迷茫。心想：'如果他不喜欢我接下来的表演，就说明我的感觉是错的，当然也说明这不是他作品里想要表达的意思。我演绎的是自己用心聆听到的声音。如果他的感受和我的感受一致，他就会选我。但是如果他想要的不是这种感觉，我知道自己也做不到。'"她的话语中没有丝毫的沮丧，而是带有一种很强烈的自我认同感。（最后的结果证明，如果你看过《安然无恙》，你会发现她就是海因斯要找的人。）

所以，朱丽安只有在真实的自我状态下才能把事情做到尽善尽美，哪怕只是饰演一个角色。

关于那些突如其来的挑战，她说："美国有一句至理名言：'尽你最大的努力。'人们会发现这句话容易误导人。"这句话到底是什么意思呢？它的意思是说"发挥最佳状态"吗？但如果你不知道最佳状态是什么样的，你如何发挥最佳状态呢？朱丽安补充说："事实上，我认为这句话的意思是发挥出你最真实的水平，进入最佳的存在状态，也就是全力以赴，勇敢地做你自己。"

"如果你做了自己，事情却没有做好，那该怎么办？"我又问道。

1999年，在拍摄电影《爱到尽头》（The End of the Affair）的最后几场戏时，根据剧情，朱丽安应该扑到她爱人的怀里失声痛哭。"我没有这样做，因为我做不到。我不断地尝试，反复演，但就是哭不不出来。当时我们的拍摄已经接近尾声，这是倒数第二场戏。"

导演尼尔·乔丹（Neil Jordan）建议她回房车里休息一下，对她说："你已经拍完了整部电影，即使这场戏拍不了，也不会影响你在整部电影中的表现。"朱丽安说，经历了这件事之后，她明白了一个道理："我们有时候会遇到发展瓶颈，这没有关系。即使感觉非常糟糕，也没什么大不了的。因为人的感觉不会持续太长时间，不好的感觉终究会过去。"

无须遗憾，无须反思，也不须羞愧。此后，再也没有她战胜不了的恐惧。当然，后来他们顺利完成了那场戏的拍摄。

在谈话即将结束的时候，朱丽安说："有时候，你会感觉自己深陷泥沼，举步维艰，而一旦经历了这个时期，你有时又有一种可以自由翱翔的感觉。这就是生活。"

"这就是演员热爱表演、导演们热衷于拍戏的原因。因为在表演和拍摄的过程中，我们会感觉这不是在表演，而是一种自我的超越。"

但是"如果感到无能为力，身心疲惫，我们就会因为过度紧张而进入不了存在的状态"，她说，"我们还会有强烈的自我保护意识。如果你为了避免受到伤害或者受到羞辱而一味地设防，就找不到存在力，因为你过于敏感了"。

她停顿了一下，接着说道："存在力就是一种力量，或者说它总是与力量有关，不是吗？"

真的吗？存在力真的是"力量"的另一种说法吗？如果真是这样，很多事情就说得通了。

我问朱丽安："当你已经找到存在力，已经为表演做好准备，而和你搭戏的其他演员还没有进入这种状态的时候，你会怎么做？"

她说："很多人早就知道接下来要做什么，但是他们并不打算和你配合，于是他们仍然按照自己的方式做事……所以你不能通过眼神与之交流，也不能通过肢体语言进行交流。要知道，表演过程中最重要的就是要和其他人交流。"

"当你处于存在状态并且愿意沟通的时候，人们渴望向你展示真实的自我。你需要做的就是提问。没有人会守口如瓶，没有一个人能做到这一点。一开始他们也许会回避你的问题，但最后还是会向你和盘托出，"朱丽安说，"因为他们也渴望被关注。"

我回应道："我的感觉是，当你处于存在状态的时候，也会让他人找到存在力。找到存在力并不是让你以自我为中心，而是让你倾听他人，让他人感到有人倾听，从而帮助他人找到存在力。即使你不能赋予他们真正的力量，也可以帮助他们感知到自己的强大。"

她停了一下，脸上露出欣喜的神色。"是的！当你的存在力激发出他们的存在力时，你就提升了整场戏的品质。"

03

为信任赋能

当我们散发光芒时,也鼓励了他人;
当我们从恐惧中解放出来时,无形中也解放了他人。

——玛丽安娜·威廉森(Marianne Williamson)

1992年春天的一个晚上，一群牧师在波士顿的一座小教堂举行集会，商讨如何应对激增的黑帮暴力和谋杀事件：在一年的时间里，有73名年轻人惨遭杀害，死亡人数比3年前增长了230%。民众义愤填膺、无比悲痛，他们担心自己的孩子也会成为无辜的受害者，恐惧笼罩着整座城市，但没有任何可以阻止此类事件发生的措施，如增加课外保护措施、建立学生家长管理的警戒区、增强警力等。在这次集会召开的前一周，人们在这座教堂里为一名受害的少年举行葬礼，其间，14名歹徒破门而入，一个年轻人身中9刀。

年轻的浸信会牧师杰佛雷·布朗（Jeffrey Brown）也参加了这次集会。他出生于阿拉斯加，父亲是一名陆军军官。他童年时曾多次跟随父母从一个军事基地搬往另一个军事基地。在来波士顿就读于神学院之前，他在宾夕法尼亚中部上大学。因此，对于这个社区以及当前出现的问题，他并不是很了解。那天晚上有300多名牧师参加集会。由于杰佛雷所服务的社区和波士顿大多数地区一样也受到了黑帮暴力的威胁，所以他也参加了集会。但是他从未经历过帮派斗争，从未亲历犯罪现场，也不知道犯罪分子为何如此猖獗。

我让他描述了那次牧师集会之后发生的事情。

"当你把牧师集中到一起的时候，通常会发生下面这些事情。"杰佛雷说，他们先讨论，然后决定于下星期二再次讨论，然后下下星期二……他们开始带一些社区成员参加会议，有老师、家长、警察，大家一起讨论发生的事情。2个月后，这些人想成立多个委员会。天啊！我知道这种讨论根本没有意义，因为一旦成立多个委员会，就说明之前的讨论没有起到任何作用。现在是时候尝试一下其他办法了。

"于是尤金·雷瓦尔斯（Eugene Rivers）牧师说：'大家知道我们还没有和谁谈过吗？我们还没有把一个年轻人带到这里来讨论发生了什么事情。'其余的牧师说：'好吧，尤金，我们任命你为街道委员会主任。'大家原本想使他难堪，他却说：'好吧，这个星期五大家来我家里。'于是那个星期五，30位牧师聚到尤金家。尤金住在美国的四角地区，那里在当时是波士顿黑帮暴力分子活动最频繁的社区之一。大家到了尤金家之后，尤金只说了一句：'好吧，我们走！'我们问：'去哪里？'他说：'去街上！'"

在杰佛雷·布朗的职业规划中，绝对没有"巡逻"这项工作。他在大学期间主修通信专业，成为一名牧师后，他希望成为大教堂里的牧师，先在郊区的一座大教堂里布道，然后再为整个国家的发展和繁荣传播福音。如果你在几年前问他的理想是什么，他一定会说希望在一个可以容纳几千人的大教堂里管理电视传道部门，仅此而已。他从没想过要去对抗黑帮。

当然，每个星期天他在教堂里不得不承认街上发生的事情属实。他说："我做的事无非是站在布道讲坛上宣讲抵抗暴力，在布道结束后开车穿过街道，回到我居住的环境优美的社区，回到我温馨的家。"

但是流血事件并没有得到遏止，人们的绝望情绪依旧在蔓延。杰佛雷突然发现自己已经主持了多名十六七岁少年的葬礼。在葬礼上，他不知道该说些什么，也不知该如何安慰逝者的亲人和朋友。"作为一名年轻的牧师，这超出了我的能力范围。"他说，"我们虽然学习过有关临终和死亡的课程，了解宗教仪式的重要性，知道说些什么能给人以安慰。但是，当一个年轻的生命惨遭枪杀的时候，我无言以对。当我们让那些曾经历过多次凶杀案件的年轻人坐在教堂里的时候，这种伤害开始变得更加复杂。因此，和这些年轻人沟通、交流会令人感到不安，因为根本行不通。他们根本没有心情听葬礼上的人们说了什么。有些人的眼神看起来十分迷茫，凶杀事件给他们造成的心理创伤挥之不去。还有一些人义愤填膺，你能看出他们心中积蓄已久的怒火，因为他们扬言要报仇雪恨。"

杰佛雷的牧师朋友们同样纠结是否让他来帮忙：他也是年轻人，年龄比那些暴力犯罪分子和受害者大不了多少，他能否和他们进行沟通呢？能否找到方法说服这些孩子呢？"但是我做不到，"他说，"我和我的朋友们一样，都没有解决这类问题的经验。"

大概就在那个时候，杰佛雷做了一个梦，在梦里，耶稣在教堂里现身，他身穿橙色西装和红色衬衫，系着紫色领带，他带杰佛雷参观了自己富丽堂皇的办公室，然后两人上了一辆奔驰车，来到了一座宫殿。之后，耶稣转过身对杰佛雷说："你觉得怎么样？"杰佛雷说："真不错。"耶稣看着杰佛雷说："这真的是我吗？"然后杰佛雷就醒了。

杰佛雷说："这个梦我做了好几次，所以我认为：'一定有不对的地方。'我只知道这好像是一种启示，告诉我现在的思路有问题。但这令我很气馁,因为我当时的想法是'我无法将梦与现实联系起来,我不知道该怎么做'。"

杰佛雷认识到,要想解决这个社区的问题,自己需要加倍努力。他制订了新计划,旨在帮助那些危险的青少年。"我甚至尝试过用说唱的方式来布道。"他一边说一边笑起来。(一个年轻的牧师后来对他说:"千万别再这样做了。")他设法和本地的一些高中生面谈,但那些黑帮成员和毒贩不去上学,因此他没有机会接触到这些人。他陷入了困境,不知道接下来该怎么办。

在那次牧师集会后不久,年仅 21 岁的杰西·麦琪在杰佛雷所在的教堂附近的大街上遇害。一个黑帮的几名成员截住杰西,想抢他的皮夹克,杰西本能地反抗,他们连续刺了他 6 刀,抢走了他的皮夹克。杰西就在离教堂几码①远的地方因为失血过多而死亡。

"我从来没有见过杰西,"杰佛雷说,"我第一次见到他的父母是在追悼会上。我认为他们给我打电话是因为我那时还很年轻,而且人们都知道我喜欢和年轻人打交道。他们问我:'你能来主持一次烛光守夜祷告吗?'虽然我说'可以',但是我真的很紧张。"

杰佛雷曾认为自己了解这个地区的每一个人,但是当他在严寒中为杰西主持守夜祷告的时候,他发现周围都是陌生面孔。

接下来发生的事情让杰佛雷感到十分困惑。人们开始走上前来和他握手,"尽管除了祷告我什么都没做,我没有为他们主持过圣事,也没有为他们提供过任何服务。你知道的,我只是站在那里祷告,但

---

① 1 码=0.9144 米。——编者注

是他们都来和我握手"。在开车回家的路上，躺在床上时，他反复琢磨这件事。他不由地想道："今天晚上我所做的事情才是牧师真正应该做的。"

很快，警察逮捕了3名参与杀害杰西的凶手，他们的年龄都在25岁左右，只比杰佛雷小2岁。"我当时想：天啊，这些黑帮成员都是铁石心肠！他们的年龄和我差不多，为什么想法却和我不一样？我是黑人，他们也是黑人；我居住在这个城市，他们也居住在这个城市。我真的难以理解。我不停地想着这些问题，却找不到人可以和我好好谈一谈。我曾试图找同事们谈，但他们全都在建设他们的'超级大教堂'。他们似乎只关心'这个月有多少人加入教会'，而我想的是：'谁在乎这个！这个孩子被杀害了！难道我们不应该做点儿什么吗？'"

杰西被害一事成为杰佛雷人生的一个转折点。他在解决这个问题时体会到自己内心的矛盾与挣扎。"我们一直将这些黑帮青年拒之门外，"他说，"虽然我一直致力于社区建设，但是并没有给这些问题青年提供过任何机会进入社区。于是我对自己说：'如果你打算建立一个社区，就必须让你的社区可以接纳所有人，这意味着接纳那些其他人不愿意接纳的人。'"

星期五晚上牧师集会结束后，杰佛雷来到尤金家，因为他知道"街道委员会主任"的决定是对的。现在到了去大街上寻求解决方案的时候了。

"于是我们开始在街上巡逻，"杰佛雷回忆说，"从晚上10点到第二天凌晨2点，从未间断。"第二个星期五，只有不到一半的牧师参加了巡逻。很快，参与巡逻的人数减少到4人——杰佛雷、尤金和其他 2 名牧师，但是他们的态度非常坚决。"我早就知道，巡逻、与问题青年谈话是解决问题的关键，"杰佛雷说，"但我当时并不知道该说些什么。"

如何接近和影响你想认识的人

对杰佛雷和其他牧师来说，坚持每晚在大街上巡逻是需要极强的毅力的。没有人让他们这样做，也没有人保护他们。正如你所料，他们并没有马上就被当作救星而备受拥戴。但是通过不懈的努力，他们最终找到了方法，他们不仅和本区域内的问题青年建立了联系，而且与他们合作，使波士顿地区的青少年暴力事件明显减少。

想要和这些年轻人一起找到存在力，你首先要做的是挺身而出，真正身体力行地站出来。此前没有人和这些问题青年正式交谈过。但是，存在力就是关于我们如何挺身而出——我们如何接近并影响这些我们想与之交流的人的。杰佛雷清楚地知道，他在最危险的时期走进了波士顿最危险的社区。他在这个社区里遇到的年轻人都是一些最狂妄、最冥顽不化的问题青年，至少在外人看来是这样的。出于本能，杰佛雷可以选择以暴制暴。然而，如果杰佛雷这样做就大错特错了。这些人从小到大都在对抗暴力，对他们来说，暴力没有任何震慑力。

杰佛雷和另外 3 名牧师没有以暴制暴。相反，他们用礼貌、友善的方式对待这些年轻人，真心关注他们的真实想法和切身感受。这令那些年轻人有点儿不知所措，也许这些年轻人从未料到会有人用这种方式对待他们，从而也打破了原来双方对峙的局面。杰佛雷知道，他们最初的行为可能会让这些年轻人感到很慑弱，但他不在乎。因为他知道，从来没有人试图真正了解这些年轻人。他认为这样做或许会有效果。

你也许会想："是啊，以友善、开明的态度和好奇心来接近他人，这当然是最好的策略。"但是你会惊讶地发现，通常我们会本能地采用那些能证明我们的权力和控制力的方式。15年来，我和心理学家苏珊·菲斯克（Susan Fiske）、彼得·格里克（Peter Glick）一直在研究人们初次相见时是如何看待对方的问题。我们在20多个国家进行了调研，发现人们采用的是同样的评判方式。

当我们遇到一个陌生人，我们会快速回答两个问题："我可以相信这个人吗""我可以尊敬这个人吗"。在我们的研究中，我和同事们把这两个问题分别作为判断陌生人热情程度和能力水平的标准。

通常，我们会对一个初次遇见的人做出以下两种判断：足够热情但能力较差，或者能力很强但不够热情，而不会是能力和热情相当。因为我们喜欢根据自己的直觉做出明确的判断——这种直觉当然存在某种偏见。我们会借此将新朋友进行分类。提吉安娜·卡赛洛（Tiziana Casciaro）在她针对组织进行的研究中提到了这两种分类，分别称之为"可爱的傻瓜"和"有能力的混蛋"。

我们偶尔也会认为一些人无能又冷酷，是"愚蠢的混蛋"；或者热情而有能力，是"可爱的家伙"。后者是我们追求的理想状态，因为赢得他人的信任和尊敬有利于与人融洽相处，从而能够轻松得到你想要的结果。

但是，我们对待热情和能力这两种特性并不是一视同仁的。我们首先会判断热情度或可信度这两者之中我们认为更重要的特性。比如，奥斯卡·伊巴拉（Oscar Ybarra）和她的同事们在研究中发现，人们在谈及有关热情和道德（友善、诚实等）的话题时，语速要比谈及有关能力（创造性、技能等）的话题时稍快。

为什么我们认为热情比能力更重要？因为从进化的角度来看，对生存而言，了解一个人是否值得信任比了解他的能力更重要。如果他不值得我们信任，我们最好和他保持距离，因为他具有潜在的危险，能力越强越危险。我们确实看重一个人的能力，尤其是在我们需要这种能力的情况下，但这仅限于我们认为他是可以信赖的，只有这样，他的能力才会被我们关注。

杰佛雷回想起刚开始巡逻的那几个晚上，牧师们忐忑不安地和黑帮分子在同一地盘上周旋。他说："我们推测，在我们巡逻的时候，对方也在观望。他们想确认两件事：一是我们能否坚持巡逻；二是我们此举是不是为了利用他们。"来到问题社区夸夸其谈，扬言要"收复街道"的外来者们，通常会带着摄像机、记者，可能仅仅是为满足自己的虚荣心。杰佛雷说，这些年轻人很想知道："这是否是又一次的虚张声势？你们是不是为了满足自己的虚荣心，而不是真心想帮助我们？"因此，双方必须互相信任，共同找到存在力，才能展开对话。

因此，有意思的是，当我询问人们（学生、朋友、企业高管、艺术家）是希望别人认为自己"值得信任"还是"有能力"的时候，大多数人选择了后者。这很容易理解，原因有两点：首先，一个人的能力很容易通过具体的方式体现出来，比如简历、工作表现记录、测试成绩等；其次，我们认为热情和可信度对他人有益，而我们的能力和实力可以带给我们最直接的好处。

所以，我们希望他人热情、可信，却希望他人认为我们能力很强。然而，前者让我们感觉安全，而后者却可能让我们付出高昂的代价。

我已经看到很多MBA（工商管理学硕士）学生在暑假实习期间学到了这一点。他们实习的目的是毕业后能在实习的公司获得一份正式的工作，而他们有10周的时间来证明自己的能力，这次实习就像一次长达10周的面试。

通常，这些学生一味地向公司里的每个人证明自己是最聪明、最有能力的人，却忽视了这样做的代价。他们展示自己的能力，可能会给他人一种冷漠、孤傲的印象，可能会失去与同事、领导在社交场合互动的机会，还可能会让他们错误地认为寻求帮助会显得自己能力低下。事实上，向领导和同事求助可以创造更多的互动机会，可以向他人表达尊重，融入群体生活。

实习期结束后，这些学生在工作上取得的成绩比预想的还要好，但是当被经理找去谈话时，他们才知道自己并没有获得工作机会，因为其他人都不了解他们。他们似乎"不合群"。他们的工作能力毋庸置疑，却被直接或者间接地告知，他们不能有效地参与团队协作，或者没有和团队成员建立起互信关系。

是不是认为以上的例子没有说服力？我们再来看看研究人员在2013年对51 836名领导进行的一项调研吧。下属们先评价领导的行为、个性，然后评价其综合领导能力。只有27名领导在行为、个性受欢迎程度方面的评分最低（低于25%）的同时，在综合领导能力方面的评分最高（高于75%）。换句话说，被评为一个不讨人喜欢但是有能力的领导的概率是1/2 000。

其他研究人员发现，失败的管理者最典型的管理风格是"冷漠粗暴、以势压人"，与"态度热情、值得信任"的管理风格正好相反。

但是在我们继续探讨之前，我想看看你们能否跟上我的思路，以防你们会对以下问题感到困惑：为什么我会告诉你有关杰佛雷·布朗牧师的事情？为什么要讲黑帮暴力？为什么要提到热情和能力？这之间有什么联系？

我们得出的结论是，影响力要通过信任来实现，而建立信任的唯一途径就是找到存在力。存在力充当着媒介，人们可以通过它来建立互信关系，交流意见。如果他人不信任你，那么你对他们的影响就非常有限，而且你会因为看起来控制欲强而招致怀疑。你也许有很多伟大的计划，但是如果没有赢得他人的信任，这些计划就无法付诸实施。热情、值得信赖且能力强的人会受到人们的拥戴，但前提是你已经与人们建立了信任关系，这时你的力量就变成了一种天赋，而不是威胁。

我还希望你明白一点，在面临重大挑战的时候找到存在力不仅于己有利，其他人也会受益无穷，因为处于存在的状态可以赋予你力量，帮助其他人应对重大挑战。

别再摇摆不定

让我们再回到杰佛雷的故事中。杰西被害成为杰佛雷人生的转折点。虽然杰西的死并没有直接让杰佛雷理解那些他想帮助的年轻人,但它起到了催化的作用。很快,杰佛雷便了解到这条街上的人们是如何看待他的,也是在这个时候,黑帮成员了解了真正的杰佛雷。

"当我和泰勒在一起的时候,他表现出一副不屑的样子,他说:'哥们儿,你管这些闲事儿干吗?'我记得有一次我穿着一件夹克,泰勒一边摸一边说:'哥们儿,这件夹克是真丝的。'我说:'不,不是真丝的。'但是他继续说道:'快看,这里有一个穿真丝夹克的男人!'每次我到那里,他都会说那件夹克的事。最后我忍无可忍,很不耐烦地说:'哥们儿,别再说我的衣服了,这根本就不是真丝夹克!'"

"他说:'这就对了,这才是真正的你!你之前一直摇摆不定。'我说:'好了,我已经明白你的意思了。'从那时起,我们开始了正式的谈话。而他真正想让我明白的是,让他周围的那些年轻人转变心态将是非常困难的事情。这就像他对我说的:'别以为你和他们谈一次话,就能立刻改变所有的事情,这是根本不可能的。'我那时才意识到,这件事绝不像在公园里散步那样轻松,它将是一段艰苦、漫长的旅程。"

在这些年轻人能真心对待他之前,杰佛雷必须真心对待这些年轻人。他必须通过行动让这些年轻人了解真实的自己,也就是他真实的自我，而不是那个他想让别人相信的公众自我。为了让年轻人知道做真实的自我没有错，他必须以真实的自我来面对他们，不伪装、不设防。展现真实的自我可以带动他人展示出真实的自我。因此，我们不能再摇摆不定了。

放下评判心理，认真倾听

> 认真倾听是尊重他人的最好方式。
>
> ——威廉·尤里（William Ury）

威廉（比尔）·尤里是哈佛谈判项目的创始人之一，也是畅销书《内向谈判力》（*Getting to Yes with yourself*）的作者之一。他和蔼可亲、极具耐心，是我见过的最成功、最有经验的谈判专家。他能做到举重若轻，帮助世界各地的社区、公司、政府解决冲突问题，平息其他人无法调解的争端。在 20 世纪 80 年代，他曾帮助美国政府和苏联政府创建了核危机中心，旨在防止偶然事件导致核战争；他曾致力于调停一场旨在争夺拉美最大零售商的控制权的价值 10 亿美元的商战；他曾建议哥伦比亚总统结束持续了 50 年的内战。当争论的双方第一次倾听对方的时候，也就是解决问题取得了实质性进展的时候，他们都认为比尔施了某种魔法。当然，比尔发誓说他没有。他说自己所做的事情微不足道，不值一提。

2003 年，比尔接到美国前总统吉米·卡特（Jimmy Carter）的电话，约他会见委内瑞拉总统乌戈·查韦斯（Hugo Chávez）。抗议者们涌上委内瑞拉首都加拉斯加街头，要求查韦斯辞职，而另外一些人则坚定地支持查韦斯。委内瑞拉处于内战一触即发的紧要关头。卡特希望比尔能找到解决的办法。在《内向谈判力》一书中，他回忆了为这次会面做准备时的情形：

> 我像往常一样去公园散步，想厘清思路。我估计自己只有几分钟的时间和总统相处，因此我想了一套明确的建议。但是在散步的过程中，我突然想到了与之前的计划完全相反的方式：不提建议，除非他要求我提。我只需要倾听，保持专注，寻找突破点。当然，这样做的风险是会面可能很快结束，我可能会丧失说服他采纳我的建议的唯一机会，但我决定还是要冒险。

在与查韦斯总统会面的过程中，比尔坚持采用自己的非常规策略，仔细倾听，"尝试以查韦斯的角度理解所发生的事情"。查韦斯向比尔讲述了自己的生活、军旅生涯，以及他对那些企图推翻他的"叛国者"的愤怒。

> 我只是专注地倾听，力图寻找一个切入点。我突然想到一个问题："鉴于所发生的一切，您不信任他们，我是可以理解的。请问如果可能的话，他们要在明天上午采取什么样的行动才能向您证明他们愿意改变呢？"

"证明？证明？"他停下来思考这个意料之外的问题。

查韦斯给出的答案同样出乎我的意料。"几分钟之后，查韦斯总统同意指派他的内阁部长和我以及（我的同事）弗朗西斯科一起制定一个切实可行的方案，以便双方建立互信并解决危机。"

回忆起这次会谈，比尔写道："我相信，如果按照我最初的想法，会谈一开始我就提出建议，几分钟之后，查韦斯总统就会提前结束会谈……相反，因为我有意不主动提出任何建议，而只是保持处于存在的状态，留意可能的切入点，这次会谈才收到了很好的成效。"

为什么保持安静、认真倾听他人的发言这么难？

答案很简单。当遇到新朋友时，我们顿时心生忧虑，担心他们会看轻自己，担心他们眼中的自己不够优秀。所以我们会抢先发言，充分利用先入为主的机会来证明自己。我们想让对方了解我们的想法和所取得的成就。抢先发言通常表明：我比你懂得多、我比你聪明、你应该听我讲。抢先发言还可以获得主导优势，向对方表明：我们现在要做什么，要怎么做。

然而，如果我让你先说，我就无从知道你接下来要说什么，就等于放弃了对局面的掌控权——谁知道你说的内容和我想说的差多远？因此，放弃控制权会让人担心陷入被动。谁会这样做呢？只有愚者和勇士。

就像杰佛雷夜间在大街上巡逻那样，比尔在与查韦斯会面的那一刻就已经知道自己进入了一个令人忐忑的场合，在这里，双方立场不同，各执己见，不愿轻易妥协。在这样的时刻，倾听是一件很困难的事情，双方通常都急于寻找一个快速的解决方案。比尔说，制胜的关键是"着眼于当下"。

> 我发现在大多数情况下，如果足够专注的话，我们都能找到切入点，只是我们很容易错过恰当的时机。我经历过很多谈判，其中一方发出切入点的信号，甚至做出了某种让步，而另一方却没有看到，仅仅因为不够专注。无论是夫妻之间的争吵，还是在工作中的意见分歧，我们都很容易分心，因为我们一直在想着过去，担忧未来。但是，只有专注于当下，认真倾听，双方才能有意识地调整讨论的方向，从而达成一致。

倾听对于找到存在力至关重要。我们必须仔细倾听，和我们为找到足够的存在力而倾听，面临着同样的挑战。

如果没有发自内心地去理解听到的内容，我们就没有认真倾听。认真倾听并不是一件容易的事，因为它需要我们放下评判心理，即使是在心灰意冷、惊慌失措、急不可耐或者百无聊赖的时候，即使我们会对将要听到的内容感到恐惧和焦虑。同时，我们在倾听的时候不能表现得过于敏感，我们必须给他人一定的空间和安全感，以便彼此坦诚相待。对一些人来说，这意味着需要克服自己对沉默和空间的恐惧。

下定决心倾听（一丝不苟地倾听）是杰佛雷和其他牧师们工作的重心。这也意味着承认了这样一个事实：没有行凶者的认可和配合，社区负责人和执法机构都无法阻止暴行。人们必须倾听甚至关注黑帮成员和毒贩的心声,了解他们的想法和诉求,并给予足够的重视,这一点势在必行。其他成年人、法官,甚至政界领导人在接触这些违法犯罪的年轻人时根本不以合作的态度倾听,考虑到这一点,你就知道这些牧师当时的做法有多么重要了。

倾听意味着牧师需要抑制布道的冲动,采用最佳的沟通方式。(在观看杰佛雷TED演讲的时候,你就会知道他其实多么擅长在观众面前讲故事、传播福音。)相反,牧师会向这些年轻人提出以下问题:"毒品的交易过程是怎样的?你们怎样试探对方?你们如何避免被警察发现?如何避免帮派成员之间的互相竞争?你们如何看待贩毒者不得善终,随时可能丧命的事实?"

倾听意味着杰佛雷必须摒弃原有的一切看法。"了解普通人的生活对我来说意义非凡,"杰佛雷说,"此前我只是通过晚上11点的新闻和大众文化来了解他们,而现实与电视中的完全不同。"由于他和其他几位牧师采取了倾听而非布道的方式,他说:"这些年轻人开始帮助我们解决问题。他们陆续浪子回头……我们问他们,你们觉得教会应当怎样调解帮派之间的斗争?我们该怎样互相配合?"

关于倾听,有一种自相矛盾的弃权理论,即暂时放弃发言、提出主张和认知的权利,会让我们变得更加强大。当你停止布道,认真倾听,下面的事情就自然而然地发生了:

- 人们会相信你说的话。正如我们所知道的,如果人们不相信你说的话,你就很难对他们产生深刻的影响。

- 你获得了有用的信息,这会帮助你更轻松地解决你面临的所有难题。或许你已经知道答案，但在你通过倾听了解另外一个人的真实想法和感受，了解真正打动她的原因之前，你无法判断自己的答案是否正确。

• 你开始用心对待每个人，甚至把他们当作盟友。你会消除对他们的刻板印象，称呼也从原来的"我们和他们"转变为"我们"，你们的目标进而趋于统一，不再冲突。

• 其他人乐意认可甚至采纳你制定的解决方案。在合作解决问题的时候，人们同时享有主导权，更乐于承担责任并坚持到底。换句话说，如果人们觉得解决问题的过程是公平的，哪怕是失败的结果，他们也愿意接受。心理学家称，所谓的"程序公平"，即当事双方必须相信他们的意见有人倾听，能够被理解，并受到尊重。同时，处理问题的过程公平合理，主要执行人值得信任。因此，人们在参与某项事务的时候，更希望程序公平合理。比如，雇员如果能够参与起草影响最终决策的"企业发展纲要"和"预期目标"，他们甚至可以接受没有晋升机会的决定。

• 当人们感觉自己的意见有人倾听的时候，他们也更愿意倾听别人的意见。这听起来容易，做起来却很难：如果人们不被了解，就不愿意浪费自己的时间和精力参加各种活动，比如通过倾听来了解你。了解这一点对领导者尤为重要，因为他们必须成为善于倾听的楷模。

你看，倾听和理解多么重要！

包括杰佛雷在内的 4 位牧师根据听到的内容起草了《波士顿 10 点联盟》，这份文件在某种程度上可以称为"宣言"，或者"使命陈述书"。该文件列出了 10 条原则和举措，主要通过神职人员、教会（不是以一种高高在上、保持安全距离的姿态）与帮派成员并肩作战，倾听他们的建议，共同制定解决方案。牧师们希望能够借此终止杀戮、改善波士顿最贫困社区的现状。

《波士顿 10 点联盟》最后演变成了一场轰轰烈烈的运动，它的成功震惊了波士顿，也引起了美国和全世界的关注：波士顿因谋杀而丧生的年轻人从 1990 年的 72 人减少到 1999 年的 15 人，创下有史以来最低水平。这个变化被称为"波士顿奇迹"，学者和业界人士把这项成果归功于与帮派成员建立的联盟，以及杰佛雷和牧师们的不懈努力。世界各地的人们都来到这里，就如何与毒品交易、犯罪和杀戮进行抗争寻求牧师们的建议。

2006 年，《波士顿 10 点联盟》又迎来了一次伟大的胜利，其成员为这一策略赋予了新的意义。在结束帮派之间无休止的报复的基础上，他们提议帮派之间签订休战协议。

杰佛雷说："这些帮派成员的答复是，他们不可能一下子完全休战。那为什么不先尝试停火一段时间呢？于是我们制定了从感恩节到新年期间的停火协议，称之为'和平季'。你知道吗？其实是他们为我们指明了做事的方向。"

"我把他们请到一间屋子里，先做了一个简短的关于'和平季'的发言，随后征求他们的同意。一位年轻人站起来说：'好的。我们是从星期三晚上12点开始停战，还是从感恩节那天早上开始停战？我们是从12月31日恢复开战还是1月1日恢复开战？'他的回答让我看到了成功的希望，同时也让我很纠结。"杰佛雷说，"因为我很想说'我希望你们永远不要开战'。但是我没有这样做，我说：'好，你们从星期三晚上开始停火，可以在1月1日之后开战。'你知道，从道义上讲，此刻我的内心在说：'我简直无法相信——你竟然告诉他们可以在1月1日以后开战！'但我们这样做是为了让他们创造一个和平的环境，同时让他们体会一下走进一个社区而不必时刻提心吊胆的感受。"

你可以想象得到，当时的波士顿处于极其敏感的时期，几名牧师能够带领人们度过一段和平时期，帮派成员会突然停火，这一切多么令人难以置信。

杰佛雷回忆道："我们实行第一个'和平季'的时候，警察会挤眉弄眼地对我们说：'嘿，祝你们走运。'因为在2006年的感恩节到来之前，形势一直不容乐观。而在感恩节之后的22天里，波士顿异常平静，没有发生帮派争斗，没有枪声。加利·弗兰奇（Gary French）当时是波士顿警署帮派事务的部门负责人，他每天都会给我打电话说昨天晚上什么事情也没有发生，他很想知道我们是怎么做到的？我和哪些人谈过了。警察希望我们能够提供所有相关的信息。但我提供给他们的信息和我现在告诉你们的一样：我们只是把这些年轻人看作伙伴，而不是问题。"

并不是说我们每一次的倾听都能获得令人满意的结果。事实上，拥有存在力的一部分是接受可能让人失望的结果，但不要让这个结果打败你，不要怀疑自己，进而放弃初衷。因为最初的失败可能会带给你意想不到的成长机会。

让存在力自己发声

在这段时间里，杰佛雷和一个名叫詹姆斯的年轻人合作地十分密切。詹姆斯是罗格斯伯利市一个帮派的头目，也是休战协议的策划者之一，曾和波士顿另外一个主要帮派合作。杰佛雷描述詹姆斯是一个"十分特别的年轻人……不仅关心自己，还关心身边所有的朋友。所以他真的希望这次的停火范围能扩大到整座城市"。

然而，在和詹姆斯会谈两天之后，杰佛雷突然接到一个电话。"那时我正在家里做晚饭，"他说，"我不得不马上开车去医院。"因为詹姆斯被枪杀了。

一到医院，杰佛雷就尽最大努力安抚詹姆斯的家人。詹姆斯的家人有的悲痛欲绝，有的认为他已经离世。急诊室外挤满了詹姆斯的朋友，他们已经在策划如何对凶手实施报复。"我认为他们不应该那样做，但这不是詹姆斯的那些愤怒的同伴们愿意听到的。我绞尽脑汁寻找恰当的语言来和他们沟通，因为我认为自己必须说点什么。但是，我越想说话，就越不知道该说些什么。"

"后来，医生走过来对我说：'急诊室的气氛过于紧张，你能带他们离开吗？'我当时回答说：'我不知道，但可以试一试。'于是，我走向人群,对他们说:'来吧,我们一起到外面祷告吧。你们愿意祷告吗?'他们说愿意。于是我把他们全部带到了外面,然后大家开始祷告。伴随着祷告,越来越多的人开始失声痛哭。于是我说:'好,现在让我们彼此拥抱,紧紧拥抱。'很多时候,我由于过于震惊而不知道该说些什么、做些什么,这就是其中的一次。但是,人们开始和我交谈,于是我不停地点头,不停地说:'是的,我能理解。'"

在那个嘈杂、混乱,到处弥漫着悲伤情绪的急诊大厅里,杰佛雷汲取了一条重要的经验:在某些情况下,没有所谓的成功。那一刻,无论是谁,说什么样的话、做什么样的事,都无法缓解詹姆斯的亲朋好友的悲痛,平息他们的愤怒。杰佛雷发现,无论自己怎样冥思苦想都找不到适当的话语,因为没有任何语言能够做到这一点。如果有人说自己在任何情况下都能应对自如,一定是吹嘘。当人们极度悲痛时,有人陪伴他们,倾听他们说话就足够了。从长远来讲,陪伴和倾听比任何语言安慰都更有效。

"人们称陪伴和倾听为'与牧师同在',"杰佛雷说,"我发现最有效的方法就是倾听和陪伴:不用说一句话,只是和他们在一起。"

有时候,沉默胜过千言万语:用我们的存在力为自己说话,不加修饰、无须解释。

自"街道委员会"第一次会议召开,已经过去 20 年之久,这次会议的成就已经被哈佛大学商学院收录在教学案例中。我给学生们讲杰佛雷的故事的时候,会把他请到现场,他回答了很多学生提出的问题。事实上,每次我讲到这个案例的时候,他都会来我的课堂观摩,迄今为止，有 20 多次了。通常在我讲案例的时候，很多案例的主人公都会应邀前来我的课堂参与互动，但杰佛雷出席的次数最多，在学生中的知名度也最高。

  杰佛雷走进教室的时候，我的学生已经读过了他的事例，已经通过文章了解了这位具有传奇色彩的人物，他们对他充满钦佩和敬仰之情。然而，为迎接杰佛雷的大驾光临做多少准备都是不够的。在他走进教室的那一刻，整间屋子立刻鸦雀无声，学生们渴望能进一步了解他。他从不穿牧师服出现在教室里，而是穿着牛仔裤、干净利落的衬衣和运动外套。他的嗓音浑厚、洪亮，让人感觉真诚、谦卑、自信。他永远是那么从容不迫，从不担心讲话过程中的停顿。他的从容鼓舞了我们，我们也就不担心自己讲话过程中的停顿了。这就是他人的存在力激发了我们的存在力。

—04—

假装成功直至真正成功

每个人都希望成为加里·格兰特,
我也不例外。

——加里·格兰特（Cary Grant）

20世纪60年代末,那时的宝琳·罗斯·克朗斯(Pauline Rose Clance)还是一名临床心理学博士生,她担心由于自己不够优秀而无法成功拿到学位。

"人人都比我聪明""这次成功是因为我运气好,但下一次我就会失败了""我或许根本就不应该在这儿"。在每次成绩评估考核之前,宝琳都会惴惴不安,彻夜难眠。而评估考核结束后,她又总是唉声叹气。她知道朋友们已经厌倦她不停地唠叨,似乎没有人和她有相同的感受。"我在这里就是个错误,人们会发现我不配待在这里。"

宝琳对我说:"我当时确实这么认为。我非常焦虑,我想我必须接受这一点,我确实不属于这里。"

宝琳小时候从来没有想过自己会上大学。"我在阿巴拉契亚山区长大,在一所规模很小的学校念了11年书,直到十二年级才离开那里,因为那儿没有十二年级。我们的教材不能带回家,我父亲总希望我们去图书馆多借些书回家,想让我们通过读书来了解外面的世界。虽然老师很看重我,说我可以上大学,但由于我所在的中学的教学质量很差,我对自己所受的教育是否符合大学的要求忧心不已。"

"我的高中老师曾经对我说:'不要对自己要求过高,你要有心理准备,上大学后你的成绩可能是C,不要期望A。'所以我认为自己在大学里顶多是一名中等生。但事实并非如此，我的成绩相当好，可我对考试有一种莫名的恐惧：我能一直保持优秀吗？我真的能做到这一点吗？所幸这所大学的规模很小，我不用太担心这一点。"

但是，当宝琳在研究生院就读时，她再一次对自己的能力产生了怀疑。她想毕业后去某所名牌大学攻读博士学位，但是她说："那所大学的心理学系的面试官非常肯定地告诉我，作为女生，我必须比男生优秀3倍以上才有可能被录取。面试官还说：'我们倒是有一份秘书的工作适合你。'最后，我去了肯塔基大学，该大学招收临床心理学的博士生。由于学校比原计划多招收了一批学生，竞争十分激烈。学校明确告诉我们，'看看你的周围，会有很多人拿不到学位'。"学校每年都会通过考试淘汰成绩差的学生。尽管宝琳在历次考试中成绩优秀，但她仍然感觉很不安，她认为自己将会成为下一个被踢出项目的倒霉蛋。

尽管上面说的是宝琳的独特感受，但由于我们曾经努力让他人认为我们比真实的自己更有天赋、更胜任某项工作，所以我们认为自己不属于某个地方的这种心理是很普遍的。我们多数人都这样想过，至少在某种程度上有过这种想法。这不是简单的怯场或者表演焦虑，而是一种认为自己滥竽充数、得到了不该拥有的东西，将来某个时候会被人揭穿的想法，这种想法有时候会让人崩溃。心理学家称这种想法为"冒名顶替综合征""冒名顶替心理"，也可称"冒充者恐惧心理综合征"或者"冒充者恐惧心理"。

如果获得存在力需要我们和自己真实的感觉、信念、能力以及价值观保持一致，那么当我们感觉自己像个骗子的时候，我们当然无法找到存在力。然而，由于我们言不由衷、疲于应付，很难取信于人。如果说存在力在自我强化，那么这种冒充者恐惧心理也在不断强化。

冒充者恐惧心理使我们左思右想，顾虑重重。它迫使我们把精力集中在他人对自己的评价上，然后思考这些评价将会如何破坏我们的人际关系。我们总是担心自己没有准备好，不知道自己应该做点儿什么，不断反思自己5分钟之前说过的话，不断揣摩他人对自己的看法，担心明天会发生的事情。

冒充者恐惧心理偷走了我们的力量，阻碍我们找到存在力。如果你自己都不相信自己属于这里，你怎么能让其他人信服呢？

存在力和冒充者恐惧心理相当于一枚硬币的两面，而我们就是这枚硬币。

尽管宝琳怀疑自己的能力，但她仍然坚持完成了博士研究项目。由于她的良好表现，在获得博士学位后，她被美国颇具竞争力的俄亥俄州私立文科学院——欧柏林大学聘用，成为该校的一名教师。

在欧柏林大学，宝琳的一半时间在心理学系教课，另一半时间则在咨询中心工作。她回忆说："在做咨询工作的时候，我接触的那些学生都毕业于美国最好的学校，通常是私立学校，他们的父母都受过高等教育。这些学生通过了标准化考试，成绩优异，而且有多名导师的推荐，但是他们都来我这里咨询，说一些'我担心这次考试通不过''或许招生委员会不该录取我''我能来这里是因为我的语文老师在推荐信里把我说得太好了''我来欧柏林就是个错误'之类的话，显然，他们在贬低自己。"

她讲述了一件令她特别难忘的事情。一位名叫丽萨（Lisa）的女孩一直想申请荣誉课程，但此时正打算放弃，"我不想申请荣誉课程了"。宝琳非常惊讶，丽萨是一个非常有实力的学生，为什么会突然改变想法呢？她很想知道丽萨在担心什么。

丽萨说："她们一定会发现我不该在这里。"

这种担心让宝琳听起来似曾相识，但是丽萨和她的同学们都如此优秀，怎么也会有这种想法呢？很显然，由于某种原因，他们不能正确地看待自己。宝琳发现，在优秀的女性群体中，这种想法非常普遍：尽管她们表面上颇有成就，但她们担心自己在欺骗人们。她们认为自己取得的成就不是因为个人能力强，而是因为运气好或者建立了良好的人际关系。她们每个人都认为自己不配拥有现在的成就，每个人都感到孤立无援。

宝琳很想知道，其他人也会这样焦虑吗？还是说只有自己和遇到的少数学生才有这种焦虑呢？这种焦虑可以量化吗？

她决定改变研究方向，寻找这些问题的答案。宝琳和苏珊娜·伊美斯（Suzanne Imes）开始系统地研究当时被她们称为"冒名顶替综合征"的心理症状，并将这次研究活动定义为"内在的智力欺骗体验"。有这种心理症状的女性担心她们的真实能力（或者缺乏某种能力的事实）会被公之于众。正如奥斯卡金像奖得主、毕业于哈佛大学的娜塔丽·波特曼（Natalie Portman）于 2015 年在哈佛大学毕业典礼上的演讲中说的那样："今天我感觉自己还是那个 1999 年刚刚踏入哈佛的大一新生。哈佛汇聚的是世界精英，而我资质平平，能出现在这里一定是哪个环节出了问题。所以我每次开口说话之前都要深思熟虑，以证明自己并不是一个徒有其表的女演员。"

受数学家南希·祖穆夫（Nancy Zumoff）的启发，宝琳拟定了一套衡量标准来判断人们是否感受到了这种焦虑。这套标准要求实验对象对一系列的陈述进行是非判断，如：

- 我担心那些对我而言很重要的人发现我其实没有他们想象的那样精明强干。
- 有时候我感觉（或者认为）我在生活中或者工作中取得的成就都是巧合。
- 当我在某件事情上取得成功，或者因为自己的成就而得到认可的时候，我就怀疑自己能否再次成功。
- 我通常会把自己的能力和周围人的能力进行比较，我认为他们可能比我更聪明。
- 如果因为自己已经取得的成就而受到很多人的称赞和认可，我倾向于贬低自己成就的重要性。

战胜冒名顶替综合征——我不属于这里

1978年，宝琳和苏珊娜发表了第一篇关于"冒名顶替综合征"的论文。这篇文章阐述了冒名顶替综合征的一般概念，集中描述了有此种心理症状的女性的感受，讨论了可能的治疗方案。那时，她们认为冒名顶替综合征是一种精神疾病，"在选中的优秀女性样本中尤为普遍，症状更为明显"。首批接受测试的178名优秀女性年龄在

20~45岁，包括本科生和博士生，以及从事法律、医药和学术研究的职业女性，这当中大多数人都是白领和中高收入阶层。宝琳和苏珊娜在文章中指出：

> 尽管在学术上出类拔萃，在专业上成绩突出，那些患有冒名顶替综合征的女性仍坚持认为她们其实并不聪明，她们认为自己欺骗了所有人。尽管她们取得的诸多成就足以证明她们智力超群，但她们仍然没有勇气改变对自己的看法。

宝琳和其他研究人员最初都认为，冒充者恐惧心理是那些优秀女性独有的心理问题，原因在于"社会并不认可女性的成功和她们的内在自我评价。因此，在我们的研究中，女性需要为自己的成功找到一种合理的解释，而不是认可自己的聪明才智，这一点不足为奇"。但不久之后，宝琳开始想了解其他人是否也有这种心理问题。在我们讨论的过程中，她说："男性在和我进行多次交谈之后会说：'你知道吗？我也有过这种感觉。'1985年，我发现男性也有这种心理。在临床实践工作中，我也接触过一些男性冒名顶替综合征患者，他们因此痛苦万分。"

在最近几年里，人们对冒名顶替综合征的兴趣越来越浓。从商界领袖谢丽尔·桑德伯格（Sheryl Sandberg）到《石板》杂志（Slate）和《快公司》（Fast Company），都开始呼吁公众关注冒名顶替综合征，但大都是在女性自我提升的背景下提出来的：女性怎样才能实现她们的远大抱负？除了无可辩驳的性别歧视，还有什么因素是阻碍女性实现梦想的绊脚石呢？同样，我也曾认为这仅仅是女性的问题，但在我的TED演讲发布之后，我收到关于冒名顶替综合征的邮件中很多是男士写的。在几千封邮件中，大约有一半是男性写的有关冒充者恐惧心理的体验。

宝琳和其他研究人员很快发现：男性和女性同样受到冒名顶替综合征的困扰。

这是为什么呢？这不是女性独有的问题吗？

宝琳和苏珊娜一开始就注意到：一方面，有些男性不愿承认自己有问题，其他研究也得出了类似的结论；另一方面，或许参加调研的男性对自身感受的认识没有女性那样明确。

但是还有一种更让人担忧的可能性。"在私人诊室里，男性通常不愿谈及冒名顶替综合征，"宝琳解释说，"但是，当我们以匿名的方式进行调查时，男性会承认自己受冒名顶替综合征的困扰。"男士不愿和朋友或者家人谈及此事，或者羞于向他们寻求情感上的支持。

那些能够表达自我怀疑的男性，会面临心理学家所说的"反刻板印象"（stereotype backlash）的危险：受到惩罚，这种惩罚通常表现为烦恼和被排斥，因为他们不符合社会对男性形象的预期。（"反刻板印象"并不限于男性，任何人背离了文化背景赋予的有关种族、性别以及各种社会属性的刻板印象，都有可能面临这种危险。例如，女性在工作场所常常会因为"过于男性化"而不受欢迎。）因此，尽管男性和女性同样受冒充者恐惧心理的困扰，却可能因为不敢承认这一点而备受煎熬，只能默默承受，将痛苦埋藏在心里。

男性和女性都会受到冒充者恐惧心理的折磨。那么，冒名顶替综合征仅限于特定人群吗？比如特定的职业、种族、文化群体？对此宝琳和苏珊娜进行了深入研究，并取得了突破性进展。之后几十年的调查结果给出了明确的答案。研究人员发现，冒名顶替综合征存在于各类人群中，老师、会计师、医师、医师助理、护士、工程学专业学生、牙科专业学生、医学专业学生、护理学专业学生、药物学专业学生、法学专业学生、博士生、大学生创业者、高中生、不了解互联网的人、非洲裔美国人、韩国人、日本人、加拿大人、"正常的"青少年、尚未进入青春期的青少年、老人、父辈是酗酒者的成年人、父辈有卓越成就的成年人、因过度节食而导致进食障碍的人、胃口好的人、近期失败的人、近期成功的人，等等。

1985年，宝琳和同事盖尔·马修斯（Gail Matthews）发表了针对心理咨询者所做的调查报告。报告显示，在41位咨询者中（包括男性和女性），大约70%的人有过冒充者恐惧心理。至少2/3的哈佛大学商学院学生有过冒充者恐惧心理症状，而60%以上的哈佛大学商学院学生为男性。

在我准备结束会谈的时候，宝琳说："还有一件事，如果我能重新做一次研究，我会称'冒名顶替综合征'为'冒充者恐惧心理体验'，因为这不是一种病症，不是一种复杂的精神疾病。几乎所有人有过这种心理。"

鉴于冒充者恐惧心理的普遍存在，为每个案例找出原因所在几乎是不可能的，从社会科学的角度来说，这样做也过于武断。因为有太多的可变因素，没有人能找出真正的原因。虽然儿童时代的经历和产生冒充者恐惧心理存在一定的联系，但家庭的变化、社会的预期、偏见和歧视、性格以及在学校和工作场所的生活经历都可能导致冒名顶替综合征。

这并不意味着某些人不太容易受到冒名顶替综合征的影响。调查人员发现，某些特定的性格特征和特定经历与产生冒充者恐惧心理密切相关。完美主义者和有表演焦虑症的人患冒名顶替综合征的概率最大，因为他们自我接受程度低，自我感觉对环境的掌控能力差；神经高度敏感的人通常自我认可度低、性格内向，因此他们常常会有冒名顶替综合征。但是，害怕失败是最常见的因素。在许多研究中，害怕失败都被认为是产生冒充者恐惧心理的根本原因。

那么谁最害怕失败呢？成功人士——那些明显不可能是骗子的人。

有一天，我收到了这样一封邮件，发邮件的人叫戴维（David），是大学里的一名行政管理人员：

> 从上大学开始，我就深受冒名顶替综合征的困扰。这种感觉就像我知道自己的水平只有50分，而这个世界一直在告诉我，我的水平相当于90分。比如，我办公桌上有一大堆奖品。每当我获得奖励，我就会想："哦，糟糕！现在他们一定会认为我的水平是90分了！如果他们发现我其实只有50分的水平，他们一定会暴跳如雷。"这些奖励并没有让我更喜欢自己，只是拉大了"他们眼中的我"和我的自我评价之间的差距。

这怎么可能呢？戴维获得的那些实实在在的成就（因成绩优秀获得奖学金、高学历、从事着令人艳羡的工作）难道还不能"治愈"他的冒充者恐惧心理吗？通过获得某种特别的成绩，我们不是应该在某种程度上避免产生冒充者恐惧心理吗？像丹泽尔·华盛顿（Denzel Washington）、蒂娜·菲（Tina Fey）、玛雅·安吉罗（Maya Angelou）、莫罕达斯·甘地（Mohandas Gandhi）这样赫赫有名的人物，怎么可能也受到冒名顶替综合征的困扰呢？

尼尔·盖曼（Neil Gaiman）出版了很多畅销小说、漫画书和短篇小说，包括《沙人》(The Sandman)、《鬼妈妈》(Coraline)、《蜘蛛男孩》(Anansi Boys)、《美国众神》(American Gods)、《小路尽头的海洋》(The Ocean at the End of the Lane)，以及十几部电影和电视剧本。他获得了许多重要的文学奖项，《坟场之书》(The Graveyard Book)同时获得"纽伯瑞文学奖"和"卡内基奖章"，他是第一个同一部作品同时获得这两个奖项的作家。事实上，从职业发展的角度来衡量，尼尔无论如何都堪称杰出的成功人士。

尽管功成名就，他依然受到冒名顶替综合征的困扰。维基百科列出了6位在公开场合谈论自己深受冒名顶替综合征困扰的名人，尼尔就是其中之一。他向世人证实了一点：没有人能幸免。我问他是否愿意就冒名顶替综合征和我进行一次谈话，他欣然同意了。

尼尔·盖曼有着一头蓬松的银棕色卷发，眉宇间透着儒雅和清秀，眼神十分忧郁。他那富有磁性的英式嗓音，让人不禁渴望伴着这样的声音入眠。即便是随意交谈，他也很会讲故事，但你不会感觉他是在编故事，而是在用讲故事的方式回忆自己的经历。当他停顿的时候，既不会让人感觉突兀，也不会让人觉得这是事先编排好的，而是让你感觉他对自己所说的事情非常用心，你感觉他在和你谈话的这段时间里始终处于存在状态。

在前 2 本书出版以前，尼尔说："我绝对是在伪装自己成功，因为人们出钱让我写书，我却无法保证能带给他们真正的回报，甚至不能保证书能够顺利出版。我真的不知道自己当时在做什么……在最开始的 18 个月里，如果有人来对我说'你是个骗子，先生'，我会说'是的，你说得太对了'。"

后来，他一夜成名，成为一名受欢迎的作家，用他的话来说，"能真正通过写书赚钱养活自己了"。很快，他的作品名列畅销书榜单，并获得了重要的文学奖项。他受邀作为影评员免费看电影，可以做喜欢的工作挣钱，再也不用每天早上醒来单纯为了生计而工作。 对他来说，这一切来得太快，他甚至还来不及适应。我注意到，这符合他所谓的"骗子"身份，他甚至不愿过多提及自己挣钱、获得认可、受到推崇的经历。他匆匆结束了自己的故事，笑得很尴尬。

在最开始的十年，尼尔说自己经常会重复幻想这样的场景：有人在敲门，我走下楼，门外站着几个西装革履的人（不是很贵的那种西装，只是工作时穿的正装），他们拿着剪贴簿，上面剪贴了报纸上的文章。我给他们开门，他们说："你好，打扰了。我来这里是为了公事。你是尼尔·盖曼吗？"我说："是的。""那好，报纸上说你是个作家，你不必每天按时起床，每天想写多少就写多少。"我说:"是的。""你喜欢写作。这上面还说所有你想看的书都不用花钱买,都会有人给你寄过来。还有电影,报纸上说你只需要去看电影,不用买票。如果你想看哪部电影,给电影公司老板打个电话就行了。"我说:"是的,没错。""人们喜欢你做的事情,并且花钱让你写文章。"我说:"是的。"然后他们说:"好吧,我们盯上你了。我们已经抓到你的把柄,你必须出去找一份正经的工作。"这个时候,处在幻境中的我通常心情沉重,我会说"好的,我会的",然后去买一套廉价的西服,开始申请正式的工作。因为一旦他们抓到你的把柄,他们就有充分的证据证明你是个骗子,你也没法儿为自己辩护。这就是我脑海中的幻想。

冒充者恐惧心理会打击我们对自身优势的自信,尤其是当我们的努力获得回报的时候。几年前,我开车送 9 岁的儿子乔纳去上学,我们进行了下面的对话(像父母们常常做的那样,当孩子说的话很有道理的时候,我会把它记下来):

乔纳:您是世界上最幸运的人。

我:为什么这样说呢?

乔纳:因为即使没有人给您钱,您也会做现在做的事情,但是有人付给您钱。

我:你指的是什么事情?

乔纳:分析人们为什么要做那些事情,然后运用您所学的知识帮助他们成为更好的人。

我首先想到的是（这一点我记得非常清楚，不是因为我把它记下来了，而是因为这是我本能的反应）："天哪，他说得对，我无法再伪装下去了。他们很快就会知道真相。"这种想法让我充满了恐惧。

尼尔感觉那个拿着剪贴簿的人剥夺了他的自我认同感——一种因为喜欢自己正在做的事情而变得强烈的感觉。我们总认为："这是不对的，因为我不可能喜欢我做的事情并因此获得回报。"因此，我们要么贬低自己工作的价值（认为它没有真正的意义），要么忽视了我们能做好某件事的原因，而认为自己是骗子、侥幸获得了成功、不配拥有这样的好运气。在低估自己的成就的同时，我们还会夸大自己的失败。一次失败就足以让我们相信自己是骗子。比如，一次考试分数低就意味着我们不够聪明、对知识的掌握不够熟练。

我们以偏概全，因为我们不遗余力地强化自己不可告人的认知——我们毫无价值。如果我们成功了，是因为我们的运气好；如果我们失败了，是因为我们的能力不够。这样的人生道路异常艰辛。

让人感觉残酷且具有讽刺意味的是，获得成就无法治愈冒名顶替综合征。事实上，成功还会加剧这种恐惧心理。我们矛盾重重，一方面怀着崇高的愿景，另一方面却在自轻自贱。世俗意义上的成功把我们引向歧途：我们为自己定了一个高不可攀的标准，以揭露软弱无能的真实自我。成绩固然为我们带来了新的际遇，却也让冒充者恐惧心理有机可乘，因为每个新环境就是另一个证实自己是"骗子"的地方。

埃琳娜因为参与了世界上最具竞争力的核心科学项目而获得了物理学博士学位，但这并不足以让她认识到自己的价值。用她的话来说，她是"来自南布朗克斯的贫穷的拉美裔女子，父母虽然勤劳但未受过正规教育"。她难以接受自己被常春藤盟校录取的事实。她说自己担心学校录取她仅仅是为了完成少数族裔配额。一想到去上大学，她就感到不知所措。但她还是勇敢地去了。很快，其他困难也伴随着恐惧和疑虑迎面而来。

>我永远不会忘记那一天，一位教授明确地告诉我，由于我的社会地位太低，不属于这所学校，我应该考虑退学。虽然我最终顺利毕业了，但我的自尊被无情地践踏了。我继续攻读博士学位，另外一所大学的一名颇有名望的教授接受了我的申请，他说他是"在帮我的忙"，让我做博士后研究，并代他讲授荣誉物理学。虽然我非常担心学生们会发现我是以他的名义在授课，但我还是照做了。

尽管埃琳娜非常出色地完成了研究工作和教学任务，但教授最后告诉她，他只是希望她能陪伴他的妻子，并在实验室里干一些体力活。他还警告她，说她很有可能拿不到博士学位。

>这已经是30年前的事情了，直到现在我才意识到，当时我完全可以选择截然不同的道路。那时我心情沮丧地离开了物理学领域。尽管我知道自己很有天赋，但我从未能

通过事业树立起自信心。

当我们感觉自己像骗子的时候，我们不是把自己的成就归功于内在的、持久的因素，比如天赋和能力；而是相信一些我们无法控制的因素，如运气。我们不认可自己的成功，反而远离它们，从而将成长所需要的重要支持和帮助拒之门外。埃琳娜的故事令人心痛，它提醒我们，当我们受困于冒名顶替综合征的时候，我们会把自己置身于多么容易受到伤害的境地。当她开始怀疑自身价值的时候，就很容易相信他人质疑的声音。

研究人员发现，很多"冒名者"都存在自我打击的行为。例如，尽管他们此前的成绩良好，但他们对考试结果的预期很差。考试结束后，他们总是过多地估计自己错题的数量。这些行为强化了一个观念：他们并没有其他人想象的那样优秀、聪明、有天赋、有才华。这些自我贬损的行为让我们无情地苛责自己，浪费了精力，无法专注，甚至在最关键的时候掉链子，进而从根本上使我们确信，我们无法在自己最擅长、最热爱的事情上表现良好。更糟糕的是，冒充者恐惧心理还会引导我们走向失败之路。

埃琳娜的导师们对她的失败负有不可推卸的责任，他们让她变得更加自卑。总有一些人不支持我们，不愿认同我们，居高临下地评判我们，甚至处心积虑地试图伤害我们，这是难以避免的。我们必须保护自己不受诸如此类负面因素的影响。但我们常常会臆想一些并不存在的指责和批评，这同样会影响我们的良好表现。我们在与人交谈的时候，如果费尽心思揣摩对方的想法，就无暇顾及他们当时说出来的真实想法，同时如果我们没有听懂他们的话，也就不能做出有效的回应。冒充者恐惧心理不但让我们不能回应当下的时刻——阻挠我们对真实世界做出实时的反应，而且让我们处处提心吊胆，生怕自己会露出蛛丝马迹。同时，我们会审视每一个社交场合，仓促解读人们对我们的印象和评价，然后试图对自己的行为加以相应的调整。在整个过程中，我们已经和自己的想法、价值观以及感受脱节了。

研究发现，在承受较大压力的环境中，如果我们因为担心自身的表现可能造成的结果而分神，我们对环境的应对能力就会明显下降。如果我们的大脑在时刻不停地进行自我监督，那么任何需要记忆力和专注力的工作我们都很难胜任。我们目前的智力水平无法在评判自己表现的同时，将自己的最佳状态展示出来。相反，我们会陷入一个恶性循环：试图预测、解读、诠释以及重新理解人们对我们的评价，从而阻碍我们关注、解读当下真正发生的事情。这种心理被心理学家称为"自我监控"，有"骗子"心理的人的心理变化非常显著，它使我们脱离了自我，妨碍我们找到存在力。

担心骗局被揭穿的恐惧心理让我们从一开始就将自己打败了。杰西卡·科利特（Jessica Collett）是圣母大学的社会学教授，她热衷于研究冒充者恐惧心理对职业生涯和教育目的的影响。她和同事杰德·艾维丽斯（Jade Avelis）很想知道冒名顶替综合征是否起到了"降档作用"，即冒充者恐惧心理是否是让人们降低职业抱负的原因之一。研究人员对几百名科学领域的博士生进行了调研，问他们是否愿意把职业目标从终身从事研究调低到相对而言竞争不是很激烈的教育或者行政职位。科利特说："我们发现，那些认真考虑过降低职业目标和已经调低了职业目标的学生中,有很多人受到了冒充者恐惧心理的影响。"

我也曾是"冒充者"

我不仅仅研究冒名顶替综合征,也曾经有过这种体验。我不只有过这种心理,而是它曾经如影随形。它就像是我居住的一间小房子。当然,没有人知道我曾经住在那里,这是我的小秘密。这种心理几乎可以说是一种常态,因为冒名顶替综合征会给你点儿小甜头,从而牢牢抓住你不放。如果你能守口如瓶,人们或许就不会想"嗯……也许她真的不属于这里"。我们也没有必要让他们这样想,不是吗?

我在2012年的TED演讲中分享了自己经历冒名顶替综合征的故事。大脑受伤后,我曾试图重返校园,但因为我的大脑反应迟钝,只好休学。我当时感觉自己处于一种懵懂状态。没有比丢失了自己的一部分核心认同感更糟糕的事情了。虽然我身体的其他机能并没有受到影响,但我已经失去思考的能力,而这种能力对我至关重要。我感觉极度无助。

我努力想找回原来的自己,进展非常缓慢,但总算完成了学业。我的努力赢得了普林斯顿大学招生老师的认可,我最终成为那里的研究生。然而,此后的多年里,我饱受冒充者恐惧心理的煎熬。每取得一次成就都会让我的恐惧加深。即使遭受微不足道的挫折,也会佐证自己"不属于这里"的想法,并且这种想法会一直在我的脑中萦绕。

在攻读博士学位的第一个学期，学校要求每名心理学系的博士在20人左右的小组里发表一次20分钟的演讲。在演讲的前一天晚上，我由于害怕而坐立不安，于是对导师说我想退学，这样就不用演讲了。

"不，你绝不能退学。"她说，"你不但要参加这次演讲，你还要一直演讲下去——哪怕你必须假装自己擅长演讲，直到某个时刻你发现自己真的擅长。"

第二天，我的演讲算不上成功，演讲时，我的身体除嘴巴之外，其他部位一动不动，我感觉大脑随时可能一片空白。我只希望早点儿结束演讲。演讲结束后，有人举手提问，我紧张得差点儿晕倒。但是我终于挺过来了，观众们对演讲的反应也比我预想的好得多。后来，我不断地争取演讲的机会——只要有人邀请我演讲就会去，我甚至会自己主动要求演讲，为的是给自己创造更多的锻炼机会。

当然，克服"骗子"心理需要时间。我从普林斯顿大学研究生院毕业后，又在罗格斯大学教了一年心理学课程，之后在美国西北部的凯洛格商学院任教2年。在哈佛大学（像我这样的人完全不应当出现在这里）任教一年后，我发现导师说的没错，因为我真的意识到自己能演讲好。

那一时刻是这样的：哈佛大学的一名女学生在那个学期的最后一堂课的课前走进我的办公室，她之前几乎从没参与过课堂讨论。我此前给她写过一张纸条，说她到目前为止都没有在课堂上发过言，再不努力就迟了。她站在我面前，神情十分沮丧。她沉默了好长一段时间，最后说："我不属于这里。"她一边说一边撕掉我写给她的纸条。

她给我讲述了她的经历：她来自一个小镇，由于没有显赫的家庭背景，总感觉自己与这里的环境格格不入，她或许是阴差阳错才来到这里。

她的感受听起来和当年的我如出一辙。

就在那一刻，我突然意识到，自己已经没有冒充者恐惧心理了。我不再是"骗子"了，别人也不会认为我是"骗子"了。只是在我听她说这一席话之前，我并没有意识到自己从前的恐惧感早就消失了。

我马上又想道：她也不是"骗子"，她属于这里。

我做TED演讲的时候，从来没有想过自己的冒名顶替综合征的经历会引起众多听众的共鸣。事实上，由于考虑到这种经历和我演讲的主题没有太多关系，完全是个人感受，我差一点儿就不打算在演讲中提及了。

我结束演讲，走下舞台后，几个陌生人走过来拥抱我，他们大多数人眼里都含着泪水。他们都直接或间接地说过类似的话："我感觉你刚才在讲我的故事。"一位衣着讲究、看起来50多岁的男士说："如果用传统标准来衡量，我是成功的生意人。我知道你或许从表面上看不出来，但是每天我走进办公室的时候，都感觉自己像个骗子。"我当时无论如何也想不到会听到成千上万的人对我说类似的话。迄今为止，我收到的所有邮件，每一位发件人都讲述了自己被冒充者恐惧心理困扰的经历。

这也曾经让我非常困惑。比如，当我和一些准备找工作的年轻女性交谈的时候，我跟她们说什么呢？我只能说："是的，这项研究确实证明了性别歧视在职场中是普遍存在的。非常感谢大家来听课，祝你们好运!"尽管如此,我依然在积极地研究偏见产生的根源和影响,但我的研究重点多半放在"用科学的方法找出实用的干预方式",即帮助人们找到在面对负面评价和偏见时(即使这些负面评价和偏见来源于他们自己)也能做好事情的方法。

如何掌控焦虑

我用了大半生的时间说服自己"我不属于这里""我只是运气好而已""我是一个冒充者",却从来没想过其他人也会这样想。

——克里斯,一名 40 岁的企业高管

2011 年,音乐家、作家阿曼达·帕尔默(Amanda Palmer,尼尔·盖曼的妻子)在位于马萨诸塞州布鲁克莱恩镇的新英格兰艺术学院(NEIA)的毕业典礼上发表演讲。"她谈到了抓捕诈骗犯的警察,"尼尔回忆说,"她非常害怕这类警察会来。她请那些同样害怕抓捕诈骗犯的警察的人举起手来。我当时环顾四周,现场大概有 1 000 人,所有人都举起了手臂。我当时说:'哦,天啊……看来人人都害怕抓捕诈骗犯的警察。'"

当我综述这个研究项目,回顾自己和体验过冒充者恐惧心理的人们(如宝琳和尼尔)进行交谈的内容时,我发现冒名顶替综合征有一个非常显著的特征:在这种心理体验中,我们感觉非常孤独,尽管我们知道其他人也有同样的恐惧,但我们仍然无法让自己振作起来。相反，我们会对自己说："好吧，尽管你的担忧是毫无根据的，但你确实是个骗子。"宝琳曾经认为自己出身卑微，又没有一封出彩的推荐信，因而认为自己微不足道。同时，她也无法理解其他人的冒充者恐惧心理。而尼尔想的是，自己没有经过正规的写作训练，甚至没上过大学。但是作为新英格兰艺术学院的毕业生之一，他显然已经证明了自己卓越的才华。

既然绝大多数人都经历过冒充者恐惧心理，为什么没有人知道这件事情呢？因为我们都羞于或者害怕谈论这件事。例如，尽管艾琳娜已经拥有世界上最具竞争力的大学授予的物理学博士学位，却不得不放弃自己的科研之路。她写道："没有人了解我在大学期间从优等生沦为'失败者'所经历的那种迷失自我的痛苦。"

如果我们知道有多少人同样有过冒充者恐惧心理，也许早已得出这样的结论：（1）我们都是"骗子"，同时我们不知道自己在做什么；（2）我们的自我评价错得离谱。从情感上讲，如果认为只有自己有冒充者恐惧心理而其他人不会有此感受，这只会给我们带来更大的压力。对多数人而言，孤独感比被人骚扰的感觉还要糟糕。事实上，大脑用于感受孤独和身体疼痛的区域是相同的。

既然大家似乎都有过这种感受，那么我们能逃脱冒名顶替综合征的魔掌吗？尼尔说可以，他记得从自己停止幻想那个拿着剪贴簿的人敲门的那一刻起，他就不再被冒名顶替综合征困扰了。我问，是因为获得了纽伯瑞奖项或者其他奖项吗？他说"不是"，他给我讲了下面这件事：

我的朋友吉恩·沃尔夫（Gene Wolfe）在这件事情上帮了我很大的忙。那时我正在写《美国众神》。这是一本关于超级冒名顶替综合征的书。因为我想写一本关于美国的书，但我是英国人，所以我想谈谈我对美国的了解，即美国的众神、各个宗教派系和美国人的世界观。我用8个月写完了这本书。我对自己非常满意。一次偶然的机会，我遇到吉恩（在我的印象中，这是我写的第三部或者第四部小说），我说：“我写完了《美国众神》的第一稿，我终于知道该怎么写小说了。"吉恩看着我，眼里充满了同情，他意味深长地说："尼尔，你永远不会知道怎么写小说，你只是学会了写自己的小说。"

"你永远不会知道怎么写小说，你只是学会了写自己的小说。"或许这揭示了冒充者恐惧心理的一个残酷事实。大多数人可能永远都不能完全摆脱冒充者恐惧心理，只是当这种感觉来临的时候，我们一次又一次地克服了它。正如我无法保证学习关于存在力的知识会带给你禅师在"永恒"里的那种达观，我也不能保证你很快就能摆脱冒充者恐惧心理的困扰。

新的环境可能会引发曾经有过的恐惧：未来的不确定性，可能会再度唤醒已经长期被遗忘的不安全感。但是，我们对自己的焦虑了解得越多，我们就越容易掌控它的规律。当冒充者恐惧心理再次出现的时候，我们就更容易摆脱它。这就像打鼹鼠的游戏，我们一定能赢。

—05—

自我心理助推：
机会感知能力大于威胁感知能力

最强大的人是那些能驾驭自己的人。

——卢修斯·安纳乌斯·辛尼加（Lucius Annaeus Seneca）

卡西迪（Cassidy）想做房地产生意，她给我发了一封邮件：

　　在过去的15年里，我一直是国内大学田径赛冠军，我的整个人生面临的最大问题就是如何给自己定位。大学毕业后，我从运动场上退役，但我一直因为日后不能再以优秀运动员自诩而耿耿于怀。我一直在考虑的问题是："既然已经退役，回到了'现实世界'，那么我该做一个什么样的人呢？"

　　我开始尝试新的职业，但很快就因为无法适应新角色而变得意志消沉。我感觉自己很聪明、有潜力，却发现自己一无所长。我常常感到沮丧、焦虑、缺乏安全感。我弓着身子趴在桌子上的肢体语言表现出了我的颓废心态。我很自卑，在明明知道自己需要坚持立场的时候害怕失败、不敢冒险，因为担心一旦失败就会被认为能力不够。所以，我回避挑战性的环境，放弃了很多机会，因为挑战和机会让我感觉受到了威胁。

通过阅读陌生人发来的邮件、和学生谈话、在不同的公司与不同的人会面,我每天都会听到或者读到人们缺乏个人力量的故事。虽然细节各不相同,但故事通常都是相同的:由于力量和权力的丧失而感到不安、焦虑、沮丧和挫败,继而萎靡不振,丧失了信心和斗志。

导致这种颓废状态的原因可能仅仅是一次小小的打击,或者只是所有人都经历过的常规生活变化,它让我们认为自己缺乏对环境的掌控能力。因而机会到来的同时,也带来了威胁,对未来的恐惧让我们的心态变得更加消极,迫使我们拒绝机会,陷入了使我们筋疲力尽的循环。

社会心理学家达契尔·克特纳(Dacher Keltner)和同事们进一步阐明了这种恶性循环的原因。他们提出,力量可以启动一套心理和行为趋向系统。当我们感到有力量的时候,我们会感觉轻松自如,觉得一切尽在掌控中,不受威胁,没有危险,从而对机会的感知能力要比对威胁的感知能力更强。同时,当我们感觉积极、乐观的时候,我们的行为在很大程度上不会受到社会压力的影响。

另一方面,当我们感到没有力量的时候,会激活心理和行为上的抑制系统,这个系统"相当于一个威胁警报系统"。在这种情况下,我们对威胁的感知能力要强于对机会的感知能力。通常我们会感到焦虑、悲观,很容易受到社会压力的影响,导致我们的行为不能代表最真实的自我。

当我们决定是否做某件事的时候,如邀请某人赴约、在课堂上举手,甚至主动帮助有困难的人,我们会关注以下两件事情中的一件:一是这种行动可能带来的好处,如建立一种新的关系、表达我们的想法,或者帮助他人带来的愉悦;二是这种行动可能付出的代价，如让我们心碎、听起来很荒谬或者看起来很愚蠢。如果我们关注潜在的好处，我们就倾向于采取行动，因而趋向积极的心态；如果我们关注潜在的代价，我们就倾向于不采取行动，以此避免可能遭遇的危险。

力量促使我们采取行动，而没有力量时我们只能选择逃避。

力量影响着我们的思想、感觉、行为，甚至基本的生理机能，从而直接帮助或者阻碍我们找到存在力，影响我们的日常生活。当我们感觉没有力量的时候，我们无法进入存在的状态。从某种程度上讲，存在力就是一种力量，一种我们赋予自己的特别的力量。（回想一下，当我问朱丽安·摩尔关于存在力的看法时，她说："存在力就是一种力量，或者说它与力量有关的，不是吗？"）

存在力和力量之间的联系不会给我们带来麻烦吗？力量具有破坏性，不是吗？

也许力量具有破坏性，但同时力量也能使我们获得自由。事实上，我认为：没有力量对人的心理产生的破坏力并不亚于有力量时的破坏力。

了解缺乏力量对我们心理所造成的扭曲和变态是很重要的。同样重要的是，我们可以借助某种特别的力量来展示最真实的自我。我喜欢作家、民权运动领袖霍华德·瑟曼（Howard Thurman）在书中就这个主题发表的看法："你们每个人心中都在等待、倾听真我的声音。这是你们有生以来唯一的真正导引，如果你听不到它，那么你的整个人生都将受他人的摆布。"

你是愿意接受自己的引领，还是愿意让他人来安排你的生活？

同时驾驭心态和行动

我在这里想讨论两种力量：社会权力和个人力量。它们是相辅相成的，却又截然不同。

社会权力的特点是通过运用支配权来影响或控制他人的行为，它往往是通过控制大量重要的资源而获得的力量。一个人如果拥有他人需要的资产，如食物、住房、金钱、生产工具、信息、社会地位、关注度、情感等，便处于强势地位。虽然社会权力可以让人获得无穷无尽的资产，但社会权力本身又是一种有限的资源，人们如果想长期拥有这种权力，就需要在某种程度上控制他人。

个人力量的特点是不受他人的控制和影响。它与零和博弈[①]相反，是一种可以无限发掘的力量。个人力量可以帮助人们获得和控制无限的自身资源，比如技术和能力、深层的价值观、真实的个性、最勇敢的自我等。正如我后面要谈到的，个人力量与社会权力也有相似之处，它可以让我们更加开明、乐观，愿意包容他人，因而更倾向于发现和利用机会。

总之，社会权力是凌驾于他人之上、掌控他人状态和行为的力量，而个人力量是用来控制自身状态和行为的力量。个人力量也是纳粹大屠杀幸存者、诺贝尔和平奖获得者埃利·威塞尔（Elie Wiesel）在其作品中提到的那种力量："最终，人们应当崇尚的唯一力量就是

[①] 零和博弈，又称零和游戏，指参与博弈的各方，在严格竞争下，一方的收益必然意味着另一方的损失，博弈各方的收益和损失相加的总和永远为"零"。——编者注

驾驭自己的力量。"

在理想的状态下，我们希望同时获得这两种力量。但是，正如威塞尔说的那样，能够调动我们最宝贵和最真实的自我的个人力量是唯一重要的。只有当我们感受到强大的个人力量，我们才能获得存在力，而如果缺乏个人力量，即使拥有世界上所有的社会权力，也无法获得存在力。

斯蒂凡（Stefan）是一位成功的投资家，拥有很多的社会权力，他可以决定是否给向他寻求帮助的公司投资。但这并不证明他拥有相应的个人力量。

"一般情况下，我都比和我见面的那些总裁年轻，"他说，"我发现自己缺乏自信，和他们见面时很拘谨、谦恭。这一点很奇怪，因为我才是决策者，我才是发号施令的人，我却感觉自己和职位很不相称。长期以来我都认为，自己的人生和职业生涯之所以一帆风顺，仅仅是因为我侥幸抓住了一次又一次偶然的晋升机会。"

这就是拥有社会权力却缺乏个人力量的表现。另外，如果我们一开始就拥有个人力量，我们可能会毫不费力地增强自己的社会权力。正如纽约大学专门研究力量的教授乔·麦基（Joe Magee）说的那样："拥有个人力量就是有信心按照自己的信念、生活态度、价值观行事，并且感觉自己的做事方式非常有效。"这里所说的"有效"并不意味着我们总是能够得到想要的结果。相反，它意味着我们不再顾虑每一次的互动结果，同时我们会感觉自己全面、准确地体现了自身特性并表达了自己的愿望。我们无法掌控互动的结局，因为我们不能掌控诸多可变的决定因素，比如我们不能掌控他人下一步的行为，但是我们可以确信是否体现了最勇敢、最真诚的自我。当我们做到这一点后，我们会更加令人信服、对他人产生更大的影响，从而达到预期的效果——获得社会权力，准确地说，这一切正是因为我们关注的是自己。个人力量使我们摆脱了阻止我们与自我（我们的信念、情感和技能）进行全方位交流的恐惧感和压抑感。无力感削弱了我们相信自我的能力。如果我们不能相信自己，就无法与他人建立互信。

在理想状态下，我们感觉个人力量是无懈可击的。但在现实生活中，尤其是当我们遇到困难的时候，个人力量却充满不确定性。我们可能会感觉自己失去了个人力量，比如当我们的社会权力被剥夺的时候。我最近收到了一名伊朗大学生发来的邮件，他是一名学霸，十二年级的时候，几乎所有人都认为他一定能考上哈佛大学或者麻省理工学院。然而，他在邮件中写道："由于这两所学校都拒绝接收我，我对自己的评价也从优秀变成了毫无竞争力。我的自信心因此受到打击，我认为自己不够聪明、不够优秀，感觉尊严扫地。我最终选择留在家乡，上了一所本地的大学。我的成绩不断下滑，我已经放弃了自己的梦想。"

这个例子说明，个人力量并非一成不变，它很可能相当脆弱、不堪一击。即使是那些取得了一定成就的人，也可能因为陌生人的负面意见而瞬间丧失个人力量。我们要注意丧失个人力量带来的连锁反应：由于在一个领域失去了力量，这个年轻人改变了自己整个人生的方向。他感觉自己毫无潜力可言，同时失去了动力，不能正常发挥自己的水平，以致感觉前途渺茫……这一切都是因为他突然之间感觉失去了个人力量。

无论我们感觉到的力量是否强大，都会对我们的生活产生很大的影响。正如我们下面要揭示的那样，这些感觉的触发比我们想象的更容易。麦基和哥伦比亚大学商学院的亚当·格林斯基（Adam Galinsky）教授写道："力量可以在很大程度上改变一个人的心理状态，强势的想法和行动可以影响力量的获取和发挥。"加州大学圣迭戈分校雷迪商学院管理学教授帕梅拉·史密斯（Pamela Smith）和格林斯基通过研究证明，人类对力量的运用通常是在无意识状态下进行的，这意味着我们可以在不知不觉中激发出个人力量。同时，个人力量可以潜移默化地影响我们的想法、情感和行为。这对我们来说是一个好消息。也就是说，我们无须头戴王冠就能感觉到自己的强大，也不必想方设法运用个人力量达到自己的目的。

回忆一下你曾感觉到个人力量强大的时刻：你感觉自己完全可以把控自己的心态；你对自己采取的行动信心十足，认为这一行动非常有成效。这个时刻你可能在公司，可能在学校，也可能在家里，或者在其他地方。现在花几分钟回想一下那种个人力量带给你的感受。

感觉不错，对吗？无论你是否意识到，你已经浑身充满力量。通过前面的小训练，你刚才的心理状态是强大而自信的。而我也可以同样轻松地让你通过回忆自己感觉没有力量和陷入困境时的情景而情绪低落，当然我不打算这样做。但是如果你这样做了，这个训练也可以你的心情变糟糕。那种希望别人怜悯的感觉会瞬间重新涌上你的心头。

社会心理学家研究力量的方法是：先借助各种设备和不同的训练方式，让研究对象感到有力量或者失去了力量。一旦研究对象进入状态，研究就可以进一步展开。通过这种方式，我们可以看到人们在感觉有力量和没有力量时的不同反应。

这些方法听起来简单，但非常有效：做一个简单的思维训练，比如回想自己感觉有力量或者感觉没有力量的时刻，快速地阅读暗示强势地位的词语（管理、指挥、权威），或者暗示弱势地位的词语（遵从、屈服、服从），或者扮演临时老板、职员的角色。这些训练可以测出我们的精神和情感状态在感觉有力量时和感觉没有力量时的差异。即便是细微的暗示，也可能引起我们无意识的情感波动。

我列举这些方法的目的，一方面是想帮助大家理解我们将在这一章中提到的部分研究成果，另一方面是为了说明一些重要的事情：在某种程度上，无论是直接的还是间接的轻微助推，都可以激发我们有力量或者没有力量的感觉。人类很容易受到感觉的影响，从这一点上讲，我们确实容易受到伤害。但是，我们同样可以很好地利用这一点，尤其是当我们学习如何助推自身力量的时候。

摆脱焦点效应，远离弱势心理

在本章开始的部分，我们认识了已经退役的田径冠军卡西迪，她曾写邮件向我讲述了自己在退役后的无助感。由于焦虑不安，她放弃了各种尝试，担心失败会让人们认为她无能。因此，毫无疑问，她把机遇当成了威胁。我们所有人都曾面临同样的威胁，但弱势心理使我们变得敏感，引发了一连串的反应，进而让我们丧失了更多的能力。高度敏感从各个方面加剧了我们的社交焦虑。

当压力越来越大的时候，社交焦虑也随之而来：你可能感觉大脑一片空白或认为自己没有竭尽全力。但你其实不是唯一有这种感觉的人。一种理论认为，焦虑是我们对严峻考验的综合评估而产生的，这种考验是威胁还是挑战？我们应当如何评估自己的能力，以便获得必要的资源来应对这一时刻？当我们把这种考验评定为威胁而不是巨大挑战的时候，当我们感觉无法调动必要的资源来应对这种威胁的时候，焦虑就会上升到最高值。此时我们就受控于弱势心理。人类的大脑前额叶皮层对协调行动和想法与内在的情感和目标起着非常重要的作用。长期和短期的焦虑干扰了大脑前额叶皮层的活动，从而对我们的部分认知功能造成了损害。

如果焦虑源于担心给人留下不好的印象，那么我们最不应该丧失那些有利于我们给他人留下好印象的能力——那些准确理解他人的意图并做出适当回应的能力。

但当我们受控于弱势心理时，的确会发生下面的事情：思维混乱，大脑处于高压之下，不能对纷繁复杂的外界环境做出适当的反应。由此而产生的无助和焦虑情绪破坏了大脑的执行功能——"高级秩序认知功能"，如推理能力、灵活作业能力、专注能力等，所有这些能力对于应对具有挑战性的环境而言都是非常重要的。如果执行功能受到破坏，在更新信息、抑制冲动、规划下一步行动的时候，大脑就会反应迟钝。焦虑同时也会对工作记忆力产生影响。工作记忆力是一种在吸收、整合、回应新数据的同时回忆旧数据的能力，它在很大程度上也依赖于大脑的执行功能。

让我们来看看这一系列研究的结果。在这些研究中，实验对象事先受到引导，分别处于强势心理状态和弱势心理状态，然后做一些简单的任务。在一项研究中，两名实验对象首先被告知，在一项和计算机相关的双人协作任务中，他们将分别担任领导和下属。然后，在任务开始之前（这项任务事实上并有真正实施过），研究人员让他们分别进行"字母回想"脑力测试。在这项测试中，研究人员先让他们看屏幕上的两个字母，然后给出一系列字母，让他们快速回想每个字母是不是之前看过的。这个测试的目的是判断研究对象"更新"认知的能力：他们必须不断地更新大脑中的字母信息。预先受到弱势心理引导的实验对象所犯的错误远远多于预先受到强势心理引导的实验对象。

在第二项研究中，研究人员向实验对象展示了大量关于强势或弱势的词汇，然后让他们去完成一项有名的测试——斯特鲁普测试（Stroop Test）。这项测试由心理学家约翰·里德利·斯特鲁普（John Ridley Stroop）于 1935 年首次提出，其本质在于测量我们在对抗干扰信号时的认知敏感度。这个测试很简单：给你一系列的词语，一部分词语是关于颜色的名称，比如，蓝色和红色，但是这些词语是用另一种颜色写出来的。比如，"红色"是用蓝笔写出来的，而"蓝色"是用红笔写出来的。你需要快速准确地说出每个词语是用什么颜色的笔写的。听起来挺简单，对吗？事实并非如此，因为我们习惯性地按照字面的意思来快速阅读，而想要改变这种习惯非常难：如果你看到用红笔写出的"蓝色"，你应该说"红色"，但你忍不住会说"蓝色"。在差别测试中（用蓝笔写出的"红色"和用红笔写出的"蓝色"），那些预先受到弱势心理引导的实验对象比受到强势心理引导的实验对象犯的错误更多。总之，在弱势心理状态下，人们对抗干扰信息、控制感知冲动变得很困难。

在另一项研究中，实验对象需要写出3件事：他们的力量强于另一个人的时间、另一个人的力量强于自己的时间，以及他们前一天所做的事情。然后，他们在计算机上玩某个版本的"汉诺塔"游戏。这个游戏需要把圆环从一个柱子移到另一个柱子上，最终将所有的圆环移到目标柱子上。衡量实验对象"计划能力"的标准是：他们在完成任务时移动的次数比要求的最少次数多了几次？这个测试需要运用反直觉策略，即测试中一个或者多个圆环必须先从目标柱子上移走。实验中，那些事先受到弱势心理引导的实验对象比那些受到强势心理引导的实验对象需要移动更多的次数才能完成游戏。这项研究证明，弱势心理妨碍了大脑另一种重要的执行功能——规划能力。研究人员还发现，弱势心理也引发了一种被称为"目标忽视"的现象——由于不能保持对目标的专注度而妨碍人们执行必要任务的普遍现象。

这些研究表明，在大脑不能正常发挥执行功能的情况下，我们就不能准确地发挥自己的能力。弱势心理妨碍了这些执行功能，因而我们无法准确地表达自己的想法。

于是，在被剥夺了推理能力、专注能力、工作记忆力以及清晰的思路之后，我们会不顾一切地想要摆脱弱势心理。似乎这一切还不够糟，焦虑感又给我们以重击——让我们疏远他人。一些研究表明，社交焦虑妨碍我们站在他人的视角了解世界。

社会心理学家安迪·托德（Andy Todd）做了一系列的实验。在实验中，实验对象需要通过自己的视角或者其他人的视角来确定某一物体的空间位置。15名实验对象因事先被非常焦虑的心理状态引导，他们在以他人视角准确定位物体时的表现非常糟糕。在另一项实验中，研究人员向实验对象展示了一张照片，照片上一个人坐在桌子旁边，看着自己左边的一本书。之后，当研究人员要求他们回想这本书在桌子的哪一边时，处于焦虑状态的实验对象倾向于按照自己的视角描述书的位置（例如，这本书在桌子右边），与照片上的人看书的视角完全相反（答案应为：这本书在桌子左边）。实验对象越焦虑，他们的答案偏差越大。

这些处于焦虑状态的实验对象难以跳出自我的思维模式，难以站在他人的角度看待问题。由此你可以想象到，在高度紧张的互动情况下，因为焦虑而使大脑瞬间不能正常工作会对你的互动行为产生很大的影响。因为在这种状态下，你需要认真倾听并且思考他人的讲话内容——就像波士顿的杰佛雷·布朗牧师和那些年轻的帮派成员互动时一样。

焦虑和自我关注之间的关系是双向的，它们互为因果。在一份针对200多项研究的综述中，研究人员得出了这样的结论：人们越关注自我，就越焦虑，情绪越低落，通常还会变得很消极。自我关注甚至会让身体状况更加敏感，比如胃部不适、鼻塞、肌肉紧张等。

有一次，我和一支美国职业棒球大联盟球队的人交流，听球员和教练们谈论影响队员表现的因素。一位球员提到比赛中最大的干扰因素是比赛时大屏幕上的实时数据播报，"有时候你的平均击球率很低"。他解释了这些数据是如何变化的，尤其是赛季初期的变化情况。他说，当你走上球场准备击球的时候，会看到大屏幕上有你脸部的特写镜头、你的名字、平均击球率及其他数据，感觉看台上的所有人都在盯着大屏幕，并思索着屏幕上的内容，这会令你的心情非常沉重。他说，这不仅让人情绪低落，同时也容易使人分心。

他的心情我完全可以理解，但问题是，如果你是一名职业球员，你在击球时，当然会有很多人看你。其中有些人可能会嘲讽你的击球水平，但很多人会一边喝啤酒，一边忙着和朋友们自拍，总之他们会错过你击球的时刻。之后他们会说："糟糕，我错过击球了。结果如何？"也就是说，其实人们并不像你想象的那样频繁地关注你，即使你确实是被关注的焦点。当然，如果他们真的如你所想的那样关注你，你也无法逃避，此时你唯一需要做的事情就是击球。

这就是所谓的焦点效应。这也是一种以自我为中心的偏见，是人类有史以来影响最持久、传播最广泛的偏见。焦点效应会让我们觉得其他人要比实际上更关注我们……但关注的点通常都是负面的。这种偏见很难消除。他们会怎样看我？那个人是不是觉得我很蠢？我的牙齿上沾了什么东西吗？一位非常有影响力的老师曾经告诉我她是如何克服自己教学时的焦虑的："在一次班会上，我注意到自己不再关注学生对我的看法，而是只关注学生正在思考的内容。"也就是说，她在分析中剔除了自我因素后，就能判断学生对教材的掌握情况了。

数十项实验都证明了焦点效应的影响。在其中一项研究中，研究人员随机指派一组学生穿着颜色鲜艳的巴瑞·曼尼洛T恤去听心理学入门的公共课，并要求他们评估班里有多少同学注意到了他们穿的衣服。实验对象都大大高估了班里同学对他们的关注度：他们认为班里有将近一半的同学注意到了他们穿的T恤，而实际的比例不到1/4。

在接下来的一项研究中,研究人员让学生们穿着相对普通的T恤去听课,学生们估计受到关注的比例与实际比例相差更大:实验对象认为班里有将近一半的同学注意到了他们穿的T恤,而实际的比例只有不到10%。这个结果不免令人尴尬。

我们会高估他人对自己的关注度,不是因为自负或者自恋,而是因为每个人都是自己宇宙的中心,我们会情不自禁地以自身的视角看待这个世界,这让我们误认为其他人也会以我们的角度来看待问题。尤其是当我们感觉尴尬、心情欠佳或者说错话的时候,多数人就会高估他人对自己的关注度。

弱势心理的负面效应远不只这些:在与他人互动的过程中,我们越焦虑、越关注自我,就会花越多的时间在事后处理上,甚至会一连几天反复揣摩互动时的情形。前面我曾经提到过这种在事后反反复复地回放互动情景的坏习惯,但现在我们对弱势心理和焦虑伤害大脑的方式又有了新的认识:我们反复揣摩的互动记忆并不真实,充满瑕疵。这是因为在互动过程中,我们过于关注自身的焦虑,以至于我们的记忆不能完全反映互动的情形。但我们依然因此而困惑,不断地用"他们会怎么看我"来反复玩味这段残缺的记忆,欲罢不能,即使早已经离开现场,但思绪还停留在那一刻。

简而言之,处于以自我为中心的焦虑状态让我们几乎不可能在面临巨大挑战之前、之中甚至之后进入存在的状态。

人们会对其他人如何看待自己的糗事感到焦虑,这不足为奇。但我们有必要了解这种焦虑感是如何削弱了我们的力量的。

建立强势心理,提升应对复杂情况的能力

如果说弱势心理压抑了我们的想法,消耗了我们的能量,让我们脱离了正常的轨道,那么强势心理恰恰相反。为了理解强势心理如何发挥作用,也就是个人力量如何帮助我们,你必须放下对强势心理所持有的负面刻板印象了。

越来越多的研究表明,强势心理是对抗负面情绪的缓冲剂,它似乎增强了我们接受他人的批评意见和拒绝的能力,以及我们对压力的承受能力,甚至还增强了我们对身体疼痛的耐受能力。

在一项研究中,加州大学伯克利分校的研究人员要求正在谈恋爱的学生连续两周每天晚上填写一份调查表。研究人员问他们一些问题,诸如"今天你们两人中谁更强势一些""今天谁做的决定多",以测试他们感受到的强势程度。然后,研究人员要求学生评估同伴对他们的敌视程度,测试他们对拒绝的感受。同时,研究人员还要求学生汇报他们对生气、焦虑、沮丧和羞愧这 4 种负面情绪的感受。研究发现,在学生们感到受敌视程度很高的那几天,如果他们处于强势心理状态,他们对负面情绪的感受程度会相对较低。

即使是假想的强势也能创造奇迹。研究人员又做了另一项研究。研究人员给研究对象分配了不同的角色:或者是公司的管理者,或者是基层员工,并让他们想象该公司举办了一次联欢会,且没有邀请他们参加。而受到邀请的员工在公司里的级别或者比他们高,或者比他们低,或者与他们同级。然后研究人员要求研究对象评估自己的情绪和自尊。结果显示,岗位级别越高的研究对象的负面情绪越少,自尊程度越高。

在第三项研究中，研究人员首先要求实验对象以两人相互配合的形式解答智力测试题。然后，让研究对象扮演不同的角色：老板（强势的角色）或者雇员（弱势的角色）。当虚构的同伴了解到了他们的一些信息之后，他们会对今后一起工作稍微表示出满意或者不满意。研究发现，在实验过程中扮演相对弱势角色的研究对象（雇员）在同伴表示不满意时的感觉会比同伴表示满意时更差，自尊程度更低。而扮演相对强势角色的研究对象（老板）则似乎并不介意同伴的不满。

在加州大学伯克利分校的丹娜·卡尼（Dana Carney）教授主持的一项实验中，研究人员先要求实验对象填写一份评估自身领导能力的调查问卷，然后分别为他们分配了拥有较高社会权力或者较低社会权力的角色。实验对象认为研究人员是根据他们填写的问卷来分配角色的，但事实上，角色是随机分配的。研究人员要求权力大的人和权力小的人一起针对给其他员工发奖金一事做出决定。结果，那些拥有较大权力的角色获得了更大的办公室和对会议的更多的控制权，并且在应该给权利小的同伴 20 美元"奖励"一事上拥有最终决定权。卡尼和她的团队还将身体疼痛作为刺激因素，测试处于强势心理状态的研究对象面对压力时的反应。研究人员让每一位研究对象把手放入一个装着冰水的桶里（水温保持在 9 摄氏度左右），并告诉他们随时可以把手拿出来，为了测试每个人能坚持多长时间。那些得到强势角色的人把手放在水里的时间要比得到弱势角色的人长近 55 秒（几乎是两倍时间），同时他们表现出的疼痛迹象更少（表情痛苦、肌肉紧绷、躁动不安等），因为他们感受到的疼痛感要少。

有时强势心理会帮助我们解读和理解他人的意图。在一项实验中，研究人员通过巧妙安排，让实验对象看到具有暗示性的强势词语（如皇室、领导、控制），或者弱势词语（如服从、服侍、从属）。然后，研究人员让他们观看同伴在一起完成任务的视频，并写下他们认为同伴在这一过程中有哪些想法和感受。研究人员将两组人员写下的内容进行比较，发现那些预先受到强势心理引导的实验对象所写的内容更准确。

在一项对比研究中，研究人员要求实验对象分别写下自己的力量强于其他人的时间点、其他人的力量比自己强的时间点，以及前一天做过的事情。然后，他们向实验对象展示了24张分别表现开心、悲伤、愤怒、恐惧的面部表情照片，并指明与这些照片对应的心理状态。这些实验对象还要回答几个关于自身领导风格的问题。在排除了实验对象倾向于利用权力使自己的利益最大化或者缺乏同情心的因素之后，那些预先受到强势心理引导的实验对象在判断面部表情时，比预先受到弱势心理引导的实验对象更准确。

拥有强势心理的人更倾向于宽容他人，尤其是当他们认为应当宽容的时候。在一项实验中，研究人员要求实验对象写下他们的气势强于其他人的时间点，以及其他人的气势强于自己的时间点，然后想象几个场景。在这几个场景中，有一个场景是有人伤害他们。例如，散布让他们尴尬的谣言。实验结果表明，预先受到强势心理引导的研究对象会比预先受到弱势心理引导的研究对象更加宽容。当我们处于强势心理状态时，我们对待他人会更坦率，而不会产生防备心理，哪怕这样更易受伤害。（拥有强势心理的猴子也会比拥有弱势心理的猴子更易放松戒备。）在一系列研究中，拥有强势心理的人更倾向于友好地对待同伴，而不是视同伴为威胁。相反，拥有弱势心理的人则对不熟悉的同伴不友好，视他们为潜在威胁。在这些研究中，拥有强势心理的人由于感觉和同伴在一起很安全，因此更倾向于向同伴表达他们真实的看法。

针对权力和管理的早期研究表明：在管理"问题员工"时，那些拥有弱势心理的管理者会使用更多的强制性手段，比如威胁惩罚或者解雇员工，而那些拥有强势心理的管理者会更多地采用说服手段，如表扬或者忠告。在另一项研究中，拥有弱势心理的管理者更容易处于自我防御状态，这令他们更少征求他人的意见。事实上，有这种心理的管理者倾向于从负面来评判提出意见的员工。

弱势心理会损害我们的认知功能；强势心理似乎可以增强我们的认知功能，提高我们在复杂情况下做出正确决策的能力。关于强势心理和弱势心理对人们思想产生的影响，帕梅拉·史密斯（Pamela Smith）曾做过很多研究。

根据史密斯的研究，相比那些拥有弱势心理的人，"拥有强势心理的人处理信息的方式更为抽象，他们擅长整合信息，提取要旨，检测信息的模式及相互关系"。

强势让我们变得勇敢、独立，不易受外界压力和期望的影响，让我们更具创造力。在一项研究中，研究人员要求实验对象想象他们正在向一家营销公司申请一份工作，同时需要为新产品命名，新产品包括止痛药和一种意大利面。每个类别的产品名称都有范例，比如，所有意大利面的名字都以na, ni 或者ti 结尾，而所有止疼药名称均以ol

或者in结尾。预先处于强势心理状态的研究对象没有使用范例中的结尾方式,而是给出了更多新奇的名字。实验表明,处于强势心理状态时,我们在表达情感和信念时不会觉得难为情,从而让我们专注于思考,做重要的事情。

在第一章中我们谈到了"自我同步",即身体感官达到某种程度上的一致。事实证明,强势心理可以让我们的想法、情感和行为达到同步,让我们逐渐接近存在力。在一项实验中。当处于强势心理状态的人和陌生人展开讨论时,他们的非语言表达方式与情绪高度同步。比如,如果他们感觉开心,并且正在讲开心的事情,他们就会微笑。而处于弱势心理状态的人的非语言表达方式和情感之间的联系并不紧密。

处于弱势心理状态时,我们会迎合周围人的行为,或者迎合他人的期望。于是我们就变得不真诚,这并不一定是因为我们有意欺骗,而是出于自我保护。毕竟,当你受控于弱势心理的时候,融入他人、取悦他人似乎更可取。

"优势激素"增强沟通力和行动力

> 我不再接受我不能改变的事情,
> 我要改变我不能接受的事情。
>
> ——安吉拉·戴维斯(Angela Davis)

假设实验室的研究人员把你领进一间安静的屋子,让你坐在椅子上等候。几分钟后，你发现电风扇正好吹到你，令你心烦。你会怎么做？移开电风扇？关掉电风扇？或者尽量忽略它的存在？

另外一个问题是，假设你是3人辩论小组的一员，你们即将进入决赛。你所在的小组需要选择在决赛中先发言还是后发言。其中一名队友说你应该第一个发言——这样可以掌握辩论的主动权，而另一名队友不同意——因为后发言可以反击对手的某一具体论据。所以现在轮到你来定夺：你们是先发言还是后发言？

研究人员将这两个场景搬到了实验室，目的是了解个人力量是否会影响我们的决定。在电风扇场景的研究中，所有研究对象事先都接受了心理引导，或者处于强势心理状态，或者处于弱势心理状态。在处于强势心理状态的研究对象中，有69%的人调整了电风扇的风向或者直接关掉电扇；而在处于弱势心理状态的研究对象中，只有42%的人这样做了。其他人则坐在那里忍受着，毕竟没人告诉他们可以碰电风扇，他们需要别人的授权才能采取某项行动。在关于辩论赛的研究中，处于强势心理状态的研究对象中选择第一轮发言的人数是处于弱势心理状态的研究对象的4倍。

无数研究都支持这样一种观点，即强势心理让人们更加积极主动。例如，拥有强势心理的人更喜欢针对新车的价格与人讨价还价，在面试时更喜欢先提出自己的条件。为什么呢？因为强势心理能让我们自由地做决定、做事情。在另一项研究中，研究对象同样事先体验了强势心理或弱势心理，然后研究人员要求他们回答在不同的场景中做出决定所需的时间（如选择室友、购买二手车、参观可能的工作地点等）。相比较而言，拥有弱势心理的人说他们需要更多的时间来做决定。值得注意的是，快速做出的决定不一定是最好的决定，花更长的时间来做决定也可能是出于谨慎。但通常的模式是一样的，强势心理能够促使人们付诸行动。在同时进行的另一项研究中，研究人员要求研究对象想象一些在接近截止日期的、处理越快实施越好的事情，如申请奖学金、搬到新公寓等。处于强势心理状态的研究对象说会尽快处理要做的事情。对这些事情而言，尽快付诸实施可能是最佳选择。最后，研究人员要求研究对象描一幅图，其间不能抬起铅笔，也不能重复任何线条。事实上，这是一项不可能完成的任务。相对于处于弱势心理状态的研究对象，处于强势心理状态的研究对象坚持的时间更长，并在第一次失败后做了更多的尝试。

强势心理表现出的果断进一步激发了我们的控制能力。我这里所说的"控制"，不是指操纵他人。这种由于拥有个人力量而产生的控制力，并不是企图掌控一切的欲望。这种控制力很容易获得：保持头脑清醒、从容镇定、不受他人行为的影响。个人力量成为一种自我强化的力量时，它可以强化人的思维能力、交流能力和行动能力。同样，弱势心理会令人怠惰、不作为，这会直接引发挫败感。在社交方面处于弱势心理状态的人需要依赖拥有强势心理的人的引领，这会促使他们迎合强化自身弱势地位的不公平体制。在一些典型案例中，经济上处于弱势心理状态的美国人更认可美国政府的政治目标，还有那些强化了自身弱势心理的政策。正如从事这项研究的工作人员所说："这些发现是违背直觉的，因为支持一个让自己处于弱势地位的社会体系，显然不符合弱势群体的利益……我们发现，只要弱势群体将所处社会体系的等级制度合理化，而不是努力去改变这些不利于自己的等级制度，这个不平等的社会体系就可能在一定范围内长期存在下去。"

在压力持续存在的情况下，强势心理对我们的表现尤其有利，它会在高风险的情况下让我们振作起来。弱势心理则相反，它会在高风险的情况下打压我们的士气。权力接近–抑制理论再一次解释了这个原理：当我们感觉强势的时候，高风险的环境激活了"接近目标"的命令，刺激我们向目标靠拢。然而，我们转向弱势心理时，高风险的环境也会激活"抑制目标"的命令，打消我们进入危险环境的念头。

强势心理甚至可以改变人们在高压下对情绪的解读。那些非常自信的人，即从本质上讲拥有强势心理的人，认为竞争焦虑有利于提升工作能力，而不是抑制工作能力。同时，他们还对自己的表现非常满意。而那些对自己满意度较低的研究对象则认为竞争焦虑削弱了他们的工作能力。

回顾针对工作表现和自我效能感（类似于个人能力，但受限于特定任务）的114项研究，我们发现两者之间存在一种明确的关系：当人们坚信自己能够执行当前的任务时，他们就更有可能完成这些任务。当然，这种关系的存在并不令人感到惊讶。

到目前为止，我们所做的多数关于力量的研究都与心理学有关——强势心理和弱势心理以及认知和情绪状态。这些心理状态如何影响我们的思维和感知？这引出了一个逻辑问题：所有的力量都源于大脑吗？最近关于激素的研究提供了值得关注的线索。但是在我说出这些线索之前，我建议你先考虑以下因素：一方面，激素与人类行为之间的关系纷繁复杂；另一方面，人类对这种关系的研究还处于初级阶段，但进展迅速。我在这里并不想过多地阐述两者之间的诸多细节和限制条件。另外，激素和其他诸多可变因素是共同存在的。比如，和父母的关系、昨天睡了多长时间、天气情况、早餐吃了什么、喝了几杯咖啡、亲密关系的稳定性，这些因素决定了我们如何思考、感知和行动。为什么要说这些"免责声明"呢？因为我注意到，当我们说"激素"的时候，人们就会竖起耳朵。人们对激素过于敏感，也许是因为激素比想法和情感更具体：它们似乎更"真实"。但事实上，行为科学家可能已经知道，相对而言，他们对想法和情感与行为之间的关系知之甚多，而对激素与行为之间的关系了解甚少。因此，请相信这是一个更具挑战性的问题。

我们再来看力量与激素之间的关系。

睾丸素是一种类固醇激素，男性的睾丸和女性的卵巢都可以分泌这种激素。睾丸素有利于促进肌肉、骨骼和男性生殖系统的生长，还可以增强体质，防止骨质疏松。但睾丸素不仅影响身体机能，还影响行为。

睾丸素被称为"优势激素"（dominance hormone）或者"魄力激素"（assertiveness hormone），它可以帮助我们追踪人类、黑猩猩、狒狒、狐猴、小羊、鸟类甚至鱼类的主要行为，还可以反映个体地位和力量的变化。地位较高的个体，即那些拥有社会权力的个体，基础睾丸素含量往往较高。例如，斯坦福大学教授罗伯特·萨波尔斯基（Robert Sapolsky）在对狒狒的研究中发现，当有机会跻身更高阶层或者最高阶层时（比如既定的领导者受伤），睾丸素水平较高的个体比其他个体更喜欢参与"谋求地位"的竞争。而个体地位和睾丸素之间的联系也非常密切：基础的睾丸素水平不仅预示着谁将当领导，同时在当领导这一过程中，个体的循环睾丸素水平也有所提升。一旦有了地位，体内的睾丸素含量就会上升。

对人类而言，男性和女性的基础睾丸素水平与社会优势地位、自信程度及竞争行为相关。无论是相对稳定的睾丸素水平，还是临时出现的睾丸素水平，都是由特定行为引起的，这些特定行为帮助我们临危不惧，表现出色。

不过，以上说法并不全面。

高水平的睾丸素与力量密切相关，大多数人对此并不感到奇怪——这是一种直觉，正因为如此，我们才称之为"优势激素"。更有趣的是，虽然皮质醇给人的感觉不太直观，却是第二重要的激素，我们通常称之为"压力激素"。皮质醇由肾上腺皮质分泌，用于应对各种身心压力，比如因为赶火车、参加考试而产生的不安情绪。其主要功能是提升血糖含量，促进脂肪、蛋白质和碳水化合物在代谢过程中转化为能量。皮质醇还可以帮助调节人体的其他系统，如消化系统和免疫系统。清晨的时候皮质醇水平最高，鼓励你起床，然后皮质醇水平开始下降，下午的时候保持平稳。像睾丸素一样，皮质醇对我们的心理和行为都会产生影响，它可以提升我们面对威胁时的敏感度、提高避免挑战的可能性。

压力小是强势心理的基础要素，这种观点和那些广为流传的与领导力相关的说法——人们常说的"高处不胜寒""欲戴王冠，必承其重"等——恰恰相反。人们常常认为商界领导和政治领袖承受着巨大的压力，因重权在握而日夜不得安宁。在这种陈词滥调的误导之下，各种各样关于如何应对"领导者压力"的书籍和文章层出不穷。

诚然，一些位高权重的人会因为承担着重大责任而倍感压力，但相关研究没有得出足够的证据证明"权力越大，人的压力越大"。实际上，在现实世界中拥有权力似乎有可能让我们摆脱焦虑。

2012 年，我与珍妮弗·勒纳（Jennifer Lerner）、加利·舍曼（Gary Sherman）及其他几位哈佛大学研究人员合作，共同研究力量和压力之间的关系。我们招募了包括军官、政府官员、商界领袖在内的高层领导者作为行政管理研究项目的实验对象。我们先询问了实验对象的焦虑程度，然后采集了他们的唾液样本。通过与同一环境中的普通人群的唾液样品相比较，我们发现，领导者唾液中的皮质醇水平更低，自我报告的焦虑程度更低。

当单独挑出这些领导者中最具权势的一部分人时，研究人员发现，他们的皮质醇水平以及自我报告的焦虑程度比权势较弱的领导者要低。这说明最具权势的领导者认为自己对自己的生活拥有最大的控制力（我们测试过的另一变量），这种控制力使他们看起来比任何人都更加镇定，并且不那么焦虑。事实上，相对于那些控制点来源于外部环境的人（即控制点来源于其他人或者外界力量的人），具有高度自我控制能力的人对危机（重大挑战）的处理能力更强，因为他们的执行力是完整的，不会把压力看成巨大的威胁，他们可以感受到一切都在自己的掌控之中。

这项研究的优势在于，我们不必在实验室环境中赋予人们力量感，而是用世俗的权力来评估。它的局限性在于，由于我们不能随机指派研究对象成为真正的领导者或被领导者，因此很难知道权力是不是治愈焦虑的良药，也很难知道镇定、自信的人（即拥有足够强大的个人力量的人）能否自然而然晋升到领导岗位。实验研究表明，睾丸素水平与皮质醇含量之间有着明确的联系，并且这种联系是双向的。

著名的社会神经内分泌学研究人员普兰贾·梅赫塔（Pranjal Mehta）教授和罗伯特·约瑟夫斯（Robert Josephs）教授提出，只有在皮质醇水平较低的情况下，睾丸素水平才与力量相关，他们称这一现象为"双激素假说"（dual-hormone hypothesis）。和受控于弱势心理一样，当皮质醇水平偏高时，大脑的执行力会减弱，我们会感到焦虑。所以，当皮质醇水平较高时，高水平的睾丸素不会导致强势的心理和行为。尤其是当我们把强势心理看作一种特性时，就更符合情理了。正如在这一章里我曾经提到过的那样，这种特性不仅能让我们变得自信、容忍风险，还会让我们变得冷静、专注、自律，找到存在力。容忍风险、自信夹杂着焦虑、紧张和压力，这并不能让你获得存在力，事实上这会让你变成一个令人厌烦的领导者（大多数人都曾为这样的领导者工作）。梅赫塔、约瑟夫斯及其他研究人员在实验室内外都找到了"双激素关系"的证据。

这种关系在管理领域得到了证实。例如，最近一项针对78名男性管理者展开的研究证实，根据高睾丸素和低皮质醇的最佳平衡点，可以很好地预测适合当领导的人数。在另一项研究中，研究人员安排学生做了一个领导力训练，并对他们在训练过程中表现出的决断力、自信心和综合领导素质进行了评估。研究结果再次证实，当人们的皮质醇处于较低水平时，睾丸素水平越高，与这些特性之间的联系就越密切。

在运动员赢得比赛或者输掉比赛（其中一项研究针对羽毛球运动员）后，研究人员分别对他们的皮质醇和睾丸素水平进行了检测，发现这两种激素对男性和女性的影响相同：输掉比赛会导致运动员体内的皮质醇水平上升，睾丸素水平下降。优秀女运动员的睾丸素水平在比赛中一直处于上升趋势，但前提是她们的皮质醇水平在赛前较低。

埃默里大学的心理学家戴维·爱德华兹（David Edwards）和凯斯琳·卡斯图（Kathleen Casto）在优秀的女大学生运动员中展开了关于激素和行为之间关系的6项分析，该分析结果令人印象深刻。在一份衡量体育精神、领导能力和努力程度等情况的调查问卷中，研究人员让那些在大学里参加足球、垒球、网球和排球运动的女运动员按照1~5分的标准，给自己的队友打分。调查问卷包括如下内容：

- 鼓励队友发挥出最高水平；
- 任何时候都知道该如何促进团队发挥最佳水平；
- 一言一行总能鼓舞团队的士气；
- 即使在逆境中也能保持乐观；
- 在必要的时候，能够给队友提出建设性的批评意见；
- 通过与队友进行有效协作，树立了团队合作意识；
- 为了整个团队获得最大利益，愿意做出个人牺牲；
- 每场比赛都充满热情；
- 能够准确地代表队友的想法，并能有建设性地传达队友们的顾虑和挫折感；

• 无论在赛场上还是在比赛结束后，都能很好地与队友互动，并且能做到言行一致、公平待人、诚实可信；

• 善于从失败中总结教训。

研究人员采集了所有运动员的唾液样本，测量她们体内的激素水平。结果发现，团队中最能鼓舞士气、最善于沟通、工作最努力、最热情、最富有合作精神、最乐观的队员体内的睾丸素水平最高，皮质醇水平最低。

研究人员得出结论："至少对皮质醇水平相对较低的个人而言，运动员的睾丸素水平越高，在执行领导力方面，平衡温和与专横之间的微妙关系的能力越强。"

事实上，对比睾丸素水平和皮质醇水平，还可以帮助我们判断谁最有可能作弊。哈佛大学心理学家乔安·朱莉娅·李（Jooa Julia Lee）及其同事对这一假设结论进行了验证。研究对象根据研究人员的指示参加了一个数学考试，然后私下进行自我评分。在奖金额度有所提高的情况下，他们自我评定的成绩也相应提高了。在试验中设计奖金环节，是为了在某种程度上让人们更想作弊。实验发现，睾丸素水平和皮质醇水平同时偏高的人最可能作弊。这份研究报告的联合作者罗伯特·约瑟夫斯说："睾丸素水平的升高让作弊者有了勇气，而高皮质醇水平让作弊有了理由。"换句话说，高睾丸素水平可能导致人们更愿意冒险，但如果没有较高的皮质醇水平，以及人们（因担心无法使局面满足环境要求而产生）的焦虑感，仅仅根据睾丸素水平一项指标则无法对作弊进行预测。

对我来说，这项大型研究最有趣的部分不是高睾丸素水平和低皮质醇水平的结合与权力有关，而是这两种激素之间的关系会让人联想到"负责任的权力"，至少在人类世界是这样的：一方面，高睾丸素水平提升了我们的决断力和采取行动的可能性；另一方面，低皮质醇能够帮助我们对抗那些在应对重大挑战过程中容易拖垮我们的压力源。这两种激素的结合与工作成效、专注于团队的领导力、从容地为他人提供建设性反馈意见的能力、应对挑战的勇气及适应能力息息相关。这种结合让人感觉完美而低调，不是吗？

你认为下面哪种情形更常见？

- 老板记得你的生日；
- 你记得老板的生日。

我有自己的答案，但我并不引以为豪。刚开始写这一章的时候，正巧我的生日也在那一周。那天我走进办公室，发现桌子上放着一份礼物，我的助理凯莉（Kailey）送给我的生日礼物，而我那时却不知道她的生日（当然，我现在知道了）。

拥有权力之后，人们就会较少关注其他人的想法，这是一种解脱，但也可能让我们在一段时期内忽视其他人——即使想到了这些人也不会很在意。苏珊·菲斯克曾经指出，拥有社会权力的人很容易养成懒惰的习惯，这并不是说他们区别对待权力较小的人（如雇员和下属），而是说他往往会草率地、按照刻板印象将权力较低的人进行归类。她认为，原因之一是人们关注的是上层而不是下层。我们非常关注控制着自己命运的人，因为我们想预测他们下一步的行动。我的助理记得我的生日，也许就是一个很好的证明。

第二个原因是，权力大的人并不介意忽略权力较小之人——因为他们的命运与下属无关。同时，掌握权力的人需要关注的事情多，对下属的关注就会比较少。在一项研究中，菲斯克、斯蒂芬妮·古德温（Stephanie Goodwin）及其同事授权一组大学生审核高中生的暑期工作申请。研究结果表明，大学生在这一过程中的决定权越大，他们对每位申请者的独特品质和任职资格的关注就越少。

令人感到一丝慰藉的是，研究人员让大学生回顾几条主张人人平等的价值观，以引导他们体会责任感，此后，这些大学生对每个"下级"高中生独特品质的关注度开始大幅上升。

那么，权力会导致腐败吗？当然会。即使忽略人类社会发展的历史和个人体会，很多研究也证实了这一点。社会权力总是会导致非对称相互依赖关系，滋生不公平、不公正乃至违反社会规范的行为，如刻板印象。这就是我强烈提倡提升非零和个人力量而不是获取零和社会权力的原因。但正如上述研究结果所表明的，我们能够努力克服偏见。利用社会权力，我们不但可以做于己有利的事情，还可以做有益于他人的事情。这说明当人们受到鼓舞，感觉自己公平、正直的时候，社会权力的一些负面效应就会消失，人们感到对他人、对达成组织的各项目标负有责任，就会愿意按照正确的方式做事。比如老板感到对员工的发展、福利和个人表现负有责任，对企业的成功负有责任等。

缺乏个人力量和拥有社会权力同样危险。克莱蒙研究大学的行为学和组织科学教授塔雷克·阿扎姆（Tarek Azzam）及其同事通过一系列研究发现，人们越是感觉自己弱势，在面对他人的时候就表现得越焦虑，并且更具攻击性。（男性感觉到自己弱势的时候会表现得更明显。）

个人力量是无穷的，无须采用任何方式控制他人就可以获得，因此我们不会感到缺乏个人力量，也不会认为必须通过竞争才能拥有它。无论发生什么事情，这种力量都属于我们自己，任何人都抢不走。我希望这种对个人力量的认知和理解有利于我们分享它，帮助其他人也认识到这一点。我认为个人力量不同于社会权力，它可以感染他人，我们感受到的个人力量越强烈，就会更加愿意帮助他人也找到这种感觉。传记作者罗伯特·卡洛（Robert Caro）曾获普利策奖，他用几十年的时间记载了林登·约翰逊的生平，他在接受《卫报》的采访时说："我们都知道阿克顿勋爵的名言：权力导致腐败，绝对权力导致绝对的腐败。当我开始写这本书的时候，我对此深信不疑。但是现在我发现情况不一样了。权力不一定总是导致腐败，它也可以使人廉洁。我认为，事实上，权力总能揭露人性的腐败。"

"权力总能揭露人性的腐败"，我认为这个说法很有道理。正如我一直想让你相信的那样，我认为拥有个人力量可以引领人们找到最佳自我，而缺乏个人力量则会让人们心理扭曲，迷失自我。

然而，如果权力能够揭露人性的腐败，那么我们只可能了解那些真正强大的人，因为只有他们才能够勇敢地展示真实的自我，遇到问题不找借口,也不带任何歉意。他们能够勇敢、自信地敞开心扉,让他人审视自己。

因为只有这样做,才能既获得个人力量又获得存在力。这也是我们所有人发现和解放真实的自我的方式。

—06—

如何利用肢体语言
制造影响力

行动比语言更有说服力。

——拉尔夫·沃尔多·爱默生(Ralph Waldo Emerson)

新西兰橄榄球比赛最激烈的力量角逐在赛前就已经悄然展开。在只有450万人口的新西兰，橄榄球赛是一件举足轻重的事情。新西兰国家男子橄榄球队（全黑队）是新西兰的骄傲。事实上，自1884年以来，全黑队一直是世界上最伟大的橄榄球队。

新西兰是一个非常独特的国家，官方规定的语言有3种：英语、毛利语和新西兰手语，同时总人口中约74%具有欧洲血统，约15%拥有毛利人血统。但社会文化方面，真正的独特之处则是本地毛利文化和欧洲移民文化的紧密结合。

我猜大多数人都不看橄榄球比赛。甚至多数人都没有看过全黑队在赛场上的绝佳表现。职业橄榄球赛和其他职业体育赛事一样，在赛前唱国歌的时候，观众会全体起立。然后，观众就会看到15名你能想象到的最魁梧、最健硕的壮汉（几乎和漫画书上的人物差不多）面对面站成一排，手臂搭在彼此的肩膀上，在球场上摆成了一个紧凑的阵型。

这也是观众们最期待的时刻。正如一些人所描述的那样，这一刻让人"热血沸腾"。很多新西兰人把这一刻看得比唱国歌还重要。

全黑队严阵以待，队员们双脚分开站稳，膝盖稍稍弯曲，而队长则像笼子里的老虎一样威武地在队员中间前后踱步，然后用毛利语大声发出号令。队员们立刻做出回应，同时做好预备姿势，准备随时跳起令人震撼且极具挑衅意味的舞蹈。他们缓慢而有力地做出一系列动作、手势以及面部表情：睁大双眼、挺起胸腔、双手拍击大腿，双脚重重踩地。他们的歌声低沉而洪亮，似乎身体的每个动作都在不停地向四周延展，向脚下的地面扎根。他们缓慢、冷酷地向对手移动，最后以瞪大眼睛、吐出舌头收尾。

这种舞蹈被称为哈卡舞，是毛利人的传统舞蹈。从1905年开始，全黑队就在比赛前跳这支舞。人们通常称哈卡舞为战舞，但它不仅仅是战舞。过去人们常在战场上跳起哈卡舞，如今各个团体欢聚一堂的时候也常常会跳这个舞。在葬礼上跳这种舞蹈是对死者表达敬意的方式。通常情况下，全黑队跳的哈卡舞被称为"卡梅特"，是由纳提陶族的酋长特·劳帕拉哈（Te Rauparaha）于1820年创作的。在某个特殊场合，全黑队会表演由毛利文化顾问德里克·拉德利（Derek Lardelli）创作的战舞卡帕欧旁戈（kapa o pango，全黑队之舞）。拉德利在最近录制的纪录片中表示，卡帕欧旁戈旨在"体现当代新西兰的多元文化体系，它尤其体现了波利尼西亚文化对新西兰的影响"。卡帕欧旁戈的结束动作是舞者双手在脖子上交叉，一些人将之解读为具有攻击性的切喉动作。拉德利解释说，这个动作的本意不是切喉，而是"为心、肺汲取重要的能量"。

舞蹈中另一个令人印象深刻的动作被称作普卡那（pukana），"普卡那是一种通过吐舌头来向对方表达蔑视的动作，"纳提陶的长者豪赫帕·婆提尼（Hohepa Potini）解释说："所以全黑队表演结束时你会看到队员的狰狞面孔，他们是在告诉你：放马过来！"

从体育场较高位置观看全黑队表演的哈卡舞，会让人有些畏惧。即使在网络上观看他们的表演视频，也常常令人感到惊愕。我无法想象全黑队的竞争对手看到表演之后会有什么样的感觉。

第一次观看全黑队表演哈卡舞的时候，我认为这是我见过的最极端、最恐怖的人类肢体语言展示。这是用肢体语言发出的警告，更是一种极具震慑力的原始警告方式。

如果肢体语言是人与人之间的一种交流方式，那么这支舞蹈所传达的信息看起来是简单而直接的：这是一方以最原始的方式对另一方的震慑，或者说至少开始时看来是这样的。

姿势决定你是谁

力量不仅有助于拓展思维，而且有助于放松身体。在动物王国，包括人类和其他灵长类动物，以及其他物种在内，扩展性、开放性的肢体语言与支配权之间都有着密切的关系。当我们感受到强势心理之后，我们会让身体看起来更高大。

无论是暂时的还是长期的、仁慈的还是邪恶的，地位和权力都会通过不断变化的非语言形式表现出来，如舒展四肢、扩大领地、保持直立的姿势等。想想电影《神奇女侠》(Wonder Woman)和《超人》(Superman)，想想约翰·韦恩（John Wayne）曾扮演的所有角色，想想凯文·史派西（Kevin Spacey）在《纸牌屋》(House of Cards)中饰演的弗兰克·安德伍德，再想想阿尔文·艾利舞蹈团的舞者在表演时传达出的对解放和自由的追求。当感觉强大的时候，我们会舒展肢体，扬起下巴，双臂收回，挺胸站立，举起双臂。

每4年，我们都会为体操运动员欢呼一次。（有趣的是，体育运动在奥运会期间看起来对我们非常重要，而在闭幕式结束后，它就会被我们抛在脑后。）我相信你一定发现了，在开始正式表演之前，体操运动员会做一个很短的舞蹈动作：他们走上垫子，将双臂举过头顶呈V字形，扬起下巴，胸腔打开。既然有那么多的可选姿势，为什么各国参赛运动员偏偏要选择这一姿势？

为了回答这个问题，我建议你想象自己刚刚赢得一场比赛。当你获胜时，你的身体会做出怎样的动作？或者想象一下看到自己最喜欢的足球队刚刚踢进了一个关键球，赢得了世界杯冠军，此时你的身体会做出怎样的反应？你很有可能会举起双臂呈V字形，扬起下巴，将胸腔打开。我们为什么会这样做呢？因为这个特别的姿势象征着胜利、凯旋和自豪——表现出强势的心理状态。我们通过表达胜利的肢体语言向他人展示自己的地位和权力，只不过这种地位和权力可能稍纵即逝。

在探讨人类的其他特性之前，先来谈谈其他灵长类动物吧。我喜欢非人灵长类动物。我和很多人一样，觉得它们漂亮、有趣、令人着迷。从它们身上我能看到自己的影子，看着它们嬉戏就像在看儿童玩耍。而作为一名致力于研究权力的社会心理学家，我最喜欢观察非人灵长类动物的行为，因为它们的行为直观地体现了权力影响肢体语言发展的过程。而人类的行为则因为受语言、印象管理、文化、社会习俗、宗教信仰、规则等因素的影响，变得纷繁复杂，难以诠释。比如，我看到的那个人是在做她想做的事，还是在做她认为人们想要她做的事呢？而非人灵长类动物的行为不会受以上诸多因素的制约。正如著名的灵长类动物学家弗兰斯·德·瓦尔（Frans de Waal）所说的：

>在研究动物群体中的不平等现象时，我很庆幸自己研究的对象能够不加掩饰地表达需求和想法。能够使用语言表达想法是人类的优势，但语言在为人们提供大量信息的同时，也带来了几乎同样多的困扰。在电视上看到政治领袖时，尤其是当他们承受压力或者处于舆论中心的时候，我有时会关掉声音，以便更好地观察他们的眼神、身体姿态、手势等。我发现，当他们成功地反驳了对手的语言攻击后，他们的身材就会显得更加高大。

事实上，当处于支配地位的灵长类动物（首领们）做出具有舒展性的肢体动作时，大多数未受过训练的观察者都能理解。当黑猩猩屏住呼吸、胸腔鼓起时，它们是在表明自己在等级体系中的地位。为向级别低的黑猩猩显示自己的地位，雄性黑猩猩会直立行走，甚至会举起几根木头来扩大手臂所及的范围。而它们身上的毛发也会竖起来（这种现象被称为"立毛"）。当一只不受欢迎的雄性大猩猩入侵它们的领地时，雄性银背大猩猩还会用拳头敲打隆起的胸部，展示自己的力量和权力。灵长类动物会通过占据较高的核心位置，让群体中的其他成员看到自己，以此表明自己的权力。

与我们关系稍远的动物受到社会压力的影响甚至更小。当孔雀昂首挺胸开屏时，它们是在大胆地、不遗余力地向潜在的伴侣展示自己的优势；当眼镜蛇想告诉某人谁更厉害时，它会立刻竖起身体的前段，颈部皮肤会向两侧膨胀，同时发出"呼呼"的警告声。印象管理是人类对"他们会如何看待我"的一种担忧。这种担忧和熊妈妈站起身来吓跑觊觎其幼崽的猎食者时表现出的担忧是截然不同的。

非语言的表达方式有很多种，如面部表情、眼球转动、凝视、身体倾向和体态、手势、步态、声音特质（如音调的高低、音量的大小）等。社会心理学家丹娜·卡尼（Dana Carney）和朱迪斯·豪尔（Judith Hall）曾经深入研究了关于强势心理和弱势心理的肢体语言。在一项研究中，他们要求实验对象想象"拥有强势心理的人更倾向于用何种非语言方式表达自己"，研究人员要求实验对象从一份很长的列表中选出拥有强势心理的人表现出的特征。

处于强势心理状态时，人们会主动与人握手，与人的眼神接触地更频繁且持续的时间更长，他们会使用具有舒展性的手势，身体直立且前倾，身体和脸正对着他人。他们的肢体语言充满自信。

甚至我们的双手和手指也可以表现出个人的力量。将双手放在面前，掌心相对，手指指向天花板。然后弯曲双手手指，直到十指指尖彼此接触，尽量将手指张开。如果你还不明白，请看动画片《辛普森一家》(The Simpsons)中蒙哥马利·伯恩斯先生的照片。这个手势（心理学家称之为"塔尖式手势"或者"手指搭帐篷手势"）也是自信的一种表现。这种手势和我们平时惯用的双手相握手势的差别很小，但肢体占据的空间是有所扩大的。事实上，FBI（美国联邦调查局）前特工及肢体语言专家乔·纳瓦罗（Joe Navarro）说："塔尖式手势表明我们认同自己的想法，不会犹豫不决。也就是说，在做出塔尖式手势的那一刻，我们对自己的想法和信念是有信心、有把握，且深信不疑的。"

权力同时也会影响我们对自己和他人身高的感知。强势的感觉甚至会让人们高估自己的身高。这怎么可能呢？大多数人都知道自己的身高，权力真的会让我们记错自己的身高吗？当然不会。不管我多自信、多强大，我一直都知道自己的身高为 1.68 米。不过，我对自己的相对身高的判断是主观的。

心理学家米歇尔·杜奎德（Michelle Duguid）和杰克·冈卡洛（Jack Goncalo）通过三项研究表明，在虚拟现实的游戏中，人们不会顾及自己的真实身高，而是会选择一个能够充分代表自我且形象高大的游戏化身。安迪·亚普（Andy Yap）主持的两项试验表明，预先处于强势心理状态的实验对象低估了照片上陌生人的身高，也低估了另外一名在研究过程中曾和自己互动的人的身高。简而言之，强势心理会让我们高估自己的实际身高，而低估他人的实际身高。

那么肢体语言是与生俱来的，还是后天习得的呢？

1872 年，查尔斯·达尔文（Charles Darwin）提出，生物的很多情绪表达都是与生俱来的，它们受到进化的影响而改变，传达着重要的社会信息。他认为，鉴于我们所处的环境，情绪表达会帮助我们迅速做出于己有利的反应。如果看到怒气冲冲的表情，我们就会逃避。但是，为了知道哪种表情表示愤怒，我们必须首先学会辨别表情。换句话说，达尔文认为某些情绪表达在几乎所有的文化中都能被识别。

正如我在第一章中描述的那样，研究人员记录了很多具有普遍意义、表达情绪的面部表情。比如，无论我们来自哪个地区，当我们感到厌恶时，我们都会皱鼻子、噘嘴；当我们感到惊讶时，我们会扬起眉毛、睁大眼睛、嘴巴微张。

肢体语言不仅能够表达简单的情绪，还可以表达复杂的强势心理和弱势心理，包括体态及头部运动。

谈到对肢体语言的研究，没有谁比哥伦比亚大学心理学教授杰西卡·特蕾西（Jessica Tracy）更有发言权。特蕾西深入研究了错综复杂的骄傲情绪——因感知到了权力、力量和胜利而产生的情绪。她的研究表明，人类的骄傲情绪可能是在进化过程中产生的，这和达尔文提出的观点不谋而合。

骄傲的情绪控制了整个身体。特蕾西和她的同事在书中指出，骄傲的表达原型包括"直立和扩展性的姿势，头部微微前倾（大约20度），微笑，两手或插在腰间，或握拳举过头顶"。2004年，她和理查德·罗宾逊（Richard Robins）开展了一项研究，他们让学生看一些图片，图片中的人物通过各种姿势表达出骄傲、开心、惊讶的情绪，然后要求学生描述自己看到的情绪。

当看到表达骄傲的姿势时，2/3 的学生使用了和骄傲相关的形容词（如骄傲、胜利、自信等），而几乎没有人把表示开心、惊讶的姿势描述为骄傲。这说明我们很容易将骄傲和表达其他情绪的表情区别开来。

无意识的骄傲表情似乎也很容易辨别。特蕾西和戴维·松本（David Matsumoto）分析了 2004 年奥运会和残奥运会期间来自 30 多个国家的运动员赢得或输掉柔道比赛之后的照片。15 名来自不同国家的运动员在赢得比赛后的行为表现一致（微笑、头向后仰、双臂举起呈V字形、挺胸），输掉比赛的运动员的行为同样相似（双肩下垂、下巴微收、含胸）。有着集体主义文化背景的运动员也表现出同样的肢体语言（集体主义文化不鼓励骄傲，甚至在某些场合还会打击骄傲的情绪）。双目失明的运动员的情绪表达也许能说明这些情绪表达是与生俱来的。这些运动员从未见过其他人如何表达骄傲、权力或者胜利，但当他们赢得比赛后，他们使用了同样的肢体语言。

我们先停下来想一想，当一个人打破百米赛跑世界纪录时，他的感受如何？比如，已经3次打破世界纪录的牙买加短跑运动名将尤塞恩·博尔特（Usain Bolt）。你一定会想到"精疲力竭"这个词。从进化的角度来看，在已经赢得比赛的情况下继续敞开怀抱、举起双臂，这似乎是在浪费精力。在体力已经被大量消耗之后，我们不是应该尽可能地保存体能吗？

事实上，这些表达胜利的方式有着不同的目的。特蕾西和同事认为，这些表情可能已经进化到促使生理产生变化的程度，比如提高睾丸素水平，让我们继续掌控局面，保持胜利；也可能已经进化为一种社会功能——被视作胜利的标志——表达较高的地位或者权力。事实上，人们会自动把骄傲的表情看成地位的象征。在一项研究中，当研究对象看到照片中的人摆出豪放的、具有高能量的姿势时，他们更可能采纳该人对一些小问题的建议性回答，因为他们认为骄傲是一个人能力的反映。

通过表情传达的信号可能会非常强烈，它的作用胜过其他信号所能传达的作用。在2012年的一项研究中，特蕾西和同事们向研究对象展示了一幅人物肖像，其中一个为队长，另一个为送水工人。当队长表现出怯懦和羞愧的神色，而送水工人昂首站立并且看起来很骄傲的时候，人们更倾向于使用表示地位高的词语来形容送水工，而用表示地位低的词语来形容队长。比起其他团队角色信息，肢体语言具有更强烈的社会地位暗示作用。

我们讨论了具有高能量的姿势和手势，但是，当我们运动时会传递出什么意思呢？当我们感觉有高能量的时候，我们会以某种特别的姿势走路吗？为了找到答案，我的团队和生物学家尼古拉斯·特罗耶（Nikolaus Troje）合作。特罗耶是安大略女王大学生物实验室的负责人，他和同事采用了先进的计算机分析系统分析3D运动数据（这些数据通过"数字运动捕捉器"获得），力图找到生物运动（身体运动）和各种情绪（如高兴、伤心、放松、焦虑等）之间的关系。

在我们和特罗耶共同完成的一项研究中，我们要求100名线上研究对象针对100名步行者进行随机选择，根据每个"高能量步行者"表现出来的力量强弱程度进行评价。研究人员用15个移动点代表身体的主要关节，将这些步行者的走路姿势在电脑屏幕上动态地呈现出来。由于运动可以被他人感知，我们可以运用这10 000个评价（100名研究线上对象对100名步行者的评价），用数学方法来分析拥有强势心理的人和拥有弱势心理的人表现出的运动学规律，并打造一个虚拟人物，通过计算机控制其动作，从而了解力量从最弱到最强的持续变化。

正如你所看到的，与拥有弱势心理的步行者相比，拥有强势心理的步行者走路时手臂摆动更频繁、步伐更大，因此在空间上呈扩展状态。尽管通过这些静止的图像很难观察到，但强劲有力的走路姿势也包含了更多的头部动作。而拥有弱势心理的步行者的走路姿势相对比较拘谨、胳膊摆动的频率较低、仰头次数较少、步伐较小。（你可以登录尼古拉斯·特罗耶的个人网站，观看各种计算机演示。）

不仅说话的内容可以传达力量，声音本身也可以。就像我们舒展身体并占据更多的空间那样，当感觉有力量的时候，我们的音量就会变大。与拥有弱势心理的人相比，拥有强势心理的人通常会先发言、讲话更全面，讲话的时候与人有更多的目光接触。当感觉强大的时候，我们说话的速度会更慢，说话时会表现得更从容。我们不会着急，也不害怕停顿，会感觉当下完全由自己掌控。

当人们感觉强大或者在实验过程中扮演拥有较高权力的角色时，他们会无意识地放慢语速、降低音调，让自己的声音听起来"更大"，当人们说话的声音很低沉时，陌生人会认为他们很有权势。这些声音特点是如何与扩展联系起来的呢？当我们感到焦虑或者感受到威胁时，说话的音调会比较高；当我们感觉强大和安全时，喉部肌肉群放松而非收紧，音调自然就降下来了。

与强势心理相反，弱势心理不仅会约束我们的思想、情感和行为，还会让我们变得缩手缩脚。当我们受控于弱势心理或者处于从属地位时，我们会采用收缩的姿势：身体紧缩，肢体收拢，让自己看起来更小（四肢紧贴躯干、含胸、肩部下垂、低头，一副无精打采的样子）。我们还会通过犹豫不决、草率结束发言、降低音量、提高声调等方式来控制自己的手势和语言。有证据表明，弱势心理甚至会引起面部肌肉紧张（如轻压嘴唇），从而抑制我们的面部表情。研究人员针对步行者展开的研究表明，拥有弱势心理的人走路看起来很拘谨，步伐很小，手臂和头部的摆动频率远远低于拥有强势心理的人。即便是在走路时，他们也试图占用更小的空间，似乎想消失在人们的视野中。

我们可以通过一个特别的姿势辨别弱势心理，虽然这个姿势乍看起来并不明显：双手环住脖子。当我们的身体或者心理感觉特别不舒服、不稳定、不安全时，就会做这个动作，我们是在明确地表达自己感到恐惧并处于威胁之中。我们为什么会做这个手势？因为我们是在保护自己的脖子，以防被食肉动物咬断颈动脉。下次当你周围有很多人的时候，注意一下谁会这么做，以及什么时候会这么做。处于强势心理状态时是不会这样做的。而处于弱势心理状态时，我们开始收拢自己，以保护自己——回到胎儿时的状态。其他动物也如此。地位较低的黑猩猩无精打采，膝盖收拢，双臂抱着双腿或者躯干，做出胎儿的姿势，它们试图将自己隐藏起来。比如，被驯服的狗会把尾巴夹在两腿之间，身体下垂，耳朵往后贴，表现出绝对服从的样子；地位较低的美洲鹤几乎会贴着地面，弯曲着脖子、低着头，让自己比周围的同类更矮。如果一只地位较高的鹤走过来，地位较低的那只鹤就会迅速让开。

伊丽莎白·贝利·沃尔夫（Elizabeth Baily Wolf）博士和我在哈佛商学院一起工作了长达4年。一天，她给我讲了她和丈夫观看足球比赛时发现的一个现象："你注意过当看台上的观众看到自己支持的球队犯规或者失球时的表现吗？他们做了同一个动作：捂住自己的脸。"她说得没错。通过观察看球的观众，你会发现：当他们支持的球队严重犯规时，他们会立刻用双手捂住脸部或者头部。再看看运动员，多数运动员在犯规或者错过得分机会后也会这样做。

沃尔夫决定通过一系列的实验来研究这一现象。她向数百名研究对象展示了一些人们以不同方式捂住脸部、头部的照片，然后让他们来描述这些照片所传递的信息。正如她所料，她发现，比起没有用手捂脸的人，研究对象认为捂住脸的那些人更缺乏力量、更痛苦、更尴尬、更震惊。双手捂脸的动作显然强化了这种印象。

处于弱势心理状态时，我们会通过各种方式让自己变得更加渺小。我们不会占用更多的空间；相反，我们会通过自身的姿势、手势、走路的方式，甚至声音来让自己缩起来。我们会收紧身体、无精打采、坐姿拘谨。当其他人看到我们这样的时候，他们会认为我们十分无助，受到了惊吓。

正确使用肢体语言的性别差异

谈论肢体语言的时候，我被问得最多的一个问题是："男性会比女性更多地使用扩展性的肢体语言吗？"是的。男性通常会比女性更多地展示非语言优势，占用更多空间，更频繁地发言，更倾向于打断其他人的发言。和男性相比，女性的非语言表达通常表现得更顺从、更内敛，说话较少（而那种认为女性比男性健谈的刻板印象明显是错误的），不常打断他人说话，而且自己发言时经常被他人打断。

在走路姿势方面，男女差异很大。通过对走路姿势的研究，我们发现，性别和高能量动作之间的关系非常密切，如手臂摆动、头部动作和步伐大小，都与力量相关，同时女性走路的时远比男性拘谨。

亚当·格林斯基通过案例中令人信服的数据证明，性别差异等同于权力差异：女性的典型行为也是弱势心理的典型行为，反之亦然。几乎在所有社会体系中，女性的社会权力都要低于男性，换句话说，权力和性别几乎是混为一谈的，这使人们很难权衡两者究竟谁对人类行为的影响更大。事实上，格林斯基已经证明，无论是男性还是女性，都可以通过控制对权力的感受来改变其典型的性别行为。

这并不是说一些基于生物学方面的性别行为差异并不存在。差异当然存在，只是它与我们感知到的差异差得很远——不是"男性一定会这样做，女性一定会那样做"。人们在对男女性别行为差异形成刻板印象和认知偏见的过程中，不断寻找证据证明这些刻板印象的合理性，这一过程大大强化了男女性别行为之间的差异。简而言之，我们观察到的男性和女性的很多行为差异，包括肢体语言在内，事实上源于力量差异而非生物学方面的差异。

更为复杂的原因是，文化中和了这些差异，从而扩大或缩小了基于性别的力量差距。在我进行TED演讲之后不久，一位叫萨达芙（Sadaaf）的女士写信告诉我："女性倾向于弱化自己的地位。我在孟加拉共和国长大，我们受的教育是女性不可以感觉自己强大。由于男性是主导性别，如果男人与女人同在一间屋子里，女人很难感觉有力量。当然，我所指的有力量是通过肢体语言表达出来的。"她继续说：

"在听了你的演讲之后，我总是提醒自己要比以前多占用一点儿空间。我做得并不过分，只是为了让自己多一点儿想象中的空间。我不想变得更渺小！我会很好地利用这些空间，它让我感觉多了一些控制力。"

我还收到了一位年轻的越南女士尤恩（Vyen）发来的邮件，邮件中写了她初到美国的经历，给我留下了深刻的印象。一方面，她对美国女性和越南女性在肢体语言方面的差异感到非常惊讶；另一方面，她纠结于如何处理这些差异与她幼年时期在越南所受教育之间的矛盾，如"和爸爸说话的时候不能与他对视""爸爸的朋友来看望我们的时候尽可能不与他们握手""和同事说话的时候双腿要交叉"，甚至"女性仅仅处于从属地位，所以我们应当谨小慎微，不要引起他人的关注"。她还告诉我，在写这封信的时候，她正"坐在波士顿的一家咖啡馆里，看着来来往往的女士们，留意着她们的肢体语言"。美国女性在点咖啡的时候会自信地和咖啡师保持目光接触，她们在和朋友、同事聊天的时候会张开双臂。尤恩如何能够做到在一种文化中尊重女性长辈的善意教诲，而在另一种文化中增强自己的力量和自豪感？

孩子的父母，以及所有观察孩子的人都可能会发现，男孩子和女孩子都会使用扩展性的姿势和动作。在不受文化习俗的约束时，女孩子会和男孩子一样高举双臂，倒立，叉开双腿。但似乎从某个年龄段开始，这种情况发生了变化：男孩继续扩展身体，而女孩则开始收敛。我的儿子上中学时，我注意到他的女性朋友改变了自己的走路姿势。她们开始耸起肩部，用双臂环抱身体，弯曲双腿或者脚踝，收紧下巴。导致这些现象产生的原因有很多，但可以肯定的原因之一是，这个年龄段的女孩子对文化刻板印象更敏感了。比如，什么样的女性对异性具有吸引力（无论这种感觉是否准确）。如果你的女儿曾经很活跃，但上中学后开始变得沉默寡言，这也许就是其中的原因吧。

我和同事那时刚刚开始研究性别在儿童肢体语言中的作用。安妮·沃茨（Annie Wertz）是柏林马克斯普朗克研究所的发展心理学家（她是我童年时期的邻居、我3年级老师埃尔莎的女儿，我曾经当了她10年的"保姆"），我和她以及凯莉·霍夫曼（Kelly Hoffman）、杰克·舒尔茨（Jack Schultz）、尼可·桑利（Nico Thornley）共同发起了一项社会发展研究，旨在确定儿童从什么时候开始把扩展性姿势与强势心理联系在一起，而把收敛性姿势与弱势心理联系在一起。我们考虑了很多向儿童展示姿势的方式：可以自己摆出各种站姿，可以向他们展示其他人摆出不同姿势的照片，可以使用不同姿势的卡通人物和简笔画人物……总之，有很多可选择的方法。为了使研究结果尽可能准确，利用适当的实验刺激因素是非常重要的。在一次头脑风暴会议上，我们想到了使用画家专用的木制人体模型或者人偶，因为它便于操作。于是，我们用一个木制人体模型摆出一系列象征高能量和低能量的动作，并分别拍照。我们认为或许应该在开展真正的研究之前先利用"便利"条件（比如让朋友的孩子充当研究对象）试验一下，测试孩子们对这些木制人体模型照片的第一反应。鉴于在做社会发展研究时，一旦涉及儿童，就会非常耗费时间和精力。因此，我们希望先确定一下使用的方法是否正确。研究中，我们偶然发现一件令人担忧的事情：这些孩子似乎认为照片中摆出高能量姿势的木制人体模型都是男孩，而摆出低能量姿势的木制人体模型都是女孩。于是我们稍微改变了一下实验环节，不同于之前测试哪个年龄段的孩子可能会把扩展性姿势和力量联系起来，我们决定找到儿童开始把扩展性姿势和性别联系起来的大致年龄段。

我们让孩子们观看 16 组图片，每组图片上的木制人体模型分别摆出高能量姿势和低能量姿势，我们汇总孩子们对木制人体模型的印象。孩子们看完每组图像之后，我们要求他们判断图像中哪一些人体模型是男孩，哪一些是女孩。在孩子们判断时，给出 9 分和 9 分以上评分，表明孩子持有"男性即力量"的偏见；给出 8 分和 8 分以下评分，表明孩子持有"女性即力量"的偏见；16 分意味着这个孩子认为所有摆出高能量姿势的人体模型都是男孩，所有摆出低能量姿势的人体模型都是女孩；0 分代表这个孩子认为所有摆出高能量姿势的人体模型都是女孩，摆出低能量姿势的人体模型都是男孩。

我们从儿童博物馆招募了大约 60 名儿童参与测试，其中一半孩子的年龄为 4 岁，另一半的年龄为 6 岁。基于研究方向是确定儿童性别认同和接受文化刻板印象的开始时间，我们先假设孩子们认为摆出高能量姿势的人体模型为男性，摆出低能量姿势的人体模型为女性，并且 6 岁的孩子做出这种判断的概率应该会更高一些。我们想弄清楚有多少孩子会持有"男性即力量"的偏见，比例是多少。在实验过程中，有 73% 的 4 岁儿童和 85% 的 6 岁儿童表现出对"男性即力量"的认可。当你仔细分析"最理想的"代表"男性即力量"的分数（即 16 分）的时候，结果会让你更吃惊：有 13% 的 4 岁儿童和 44% 的 6 岁儿童得了 16 分。换句话说，当这两个年龄段的儿童都表现出强烈的对"男性即力量"这一偏见的认同感时，认为"所有摆出高能量姿势的人体模型为男孩，摆出低能量姿势的人体模型为女孩"的 6 岁儿童人数比 4 岁儿童多两倍。同时，男孩和女孩的分数相同，因为他们的偏见程度相同。

你可能会感到困惑，对此我们该怎么办？

我在这里向所有人发起倡议，本人非常重视这个倡议：我们一起来改变这种偏见。当你看到你的女儿、姐妹们和女性朋友开始蜷缩自己的身体，请出面干涉。给她们看一些女性在胜利时刻、做出有力量的动作，以及自信发言时的照片。换掉会带给人刻板印象的图片，不要让孩子接触这样的环境。虽然我们不必告诉女性朋友，她们应该像男人一样，但我们需要鼓励女性不要害怕展示自己的个人力量。我们不要再把高能量姿势和男性、低能量姿势和女性联系起来。当然，无论你是男人还是女人，我都不提倡你坐下的时候将双腿分开，或者在会议中把双脚放在桌子上，抑或是在和他人的互动中采用居高临下的肢体语言。我想告诉你，无论你的性别如何，你都可以采用开放的、舒适的姿势，占用你应有的、公平的空间份额。

建立关系而非震慑对方

2014 年，有人从华盛顿州发给我一个视频链接，内容是美国摄影学会（PSA）发布的公共服务通告，介绍了在野外遇到美洲狮时应该采取哪些自我保护措施。（需要指出的是，正如美国摄影学会说明的那样，这种概率微乎其微，华盛顿州唯一一例美洲狮致人死亡的事件发生在 1924 年）。在那个视频里，解说人、生态学者克里斯·摩根（Chris Morgan）说："了解一些关于美洲狮的常识，有利于保护你和家人以及美洲狮的安全。"他建议的安全措施中有一条是："如果你遇到美洲狮，不要急于逃跑，要让自己变得高大。"视频中给出这个建议的同时附了一张照片，照片中一个人站在森林里，他把身上的夹克从后面反拉过头顶，让自己看起来更高大。

我在曾经的一次演讲中提及了这个视频。一位 50 多岁的男士走过来对我说："我知道这听起来有点儿让人难以置信，但当我还是个孩子的时候，有一次我和父亲在俄勒冈州钓鱼，遇到了一头美洲狮，我们就是像你说的那样做的。当时我父亲说：'快爬到我的肩膀上，把你的 T 恤从后面翻过头顶，这样我们看起来就会比美洲狮高大一些。'我照做了，然后那头美洲狮就跑开了。现在我终于明白父亲为什么要这样做了。"

还记得前面讲过的那些黑猩猩抱着树枝从而让它们的四肢显得更长的做法吗？也是同样的道理。

具有高能量的肢体语言既可以让他人接近，也可以让他人远离。当然，在以上的例子中，我们想用肢体语言发出信号来让美洲狮远离我们，让它知道我们身体庞大，强壮有力，处于优势地位，让它知道我们也很危险。

但问题是，绝大多数人永远都不必去吓跑一头美洲狮、野猫或者大型食肉动物。那些我通常作为"牛仔姿势"提到的肢体语言，可能是人类为了防止被剑齿虎捕食而进化出来的动作，尤其不能用在商业会议、课堂或者家庭讨论中。事实上，如果我们有意为了达到某种效果而使用这些肢体语言，通常会适得其反。

我演讲时，观众（无论是大学生、医生，还是企业高管、图书管理员）通常都会问我一个问题："如果我和一个经常使用主导性肢体语言的人一起工作，我该怎么办？"这些问题说明：大多数人想要通过肢体语言获得主导地位，通常都是行不通的。这似乎和我们前面一直在讲的高能量肢体语言的重要性有点儿矛盾。但是，在以下场合试图使用高能量肢体语言来达到目的，是非常不可取的。

虽然地位和权力意思并不相同，但二者之间的关系十分密切。研究显示，我们和其他非人灵长类动物一样，会额外关注地位高、处于统治阶层的人。这是很有道理的，因为一个组织的统治者通常有能力分配资源、影响组织的决策、设定适当的行为准则、挑起冲突、化解争端。

但是黑猩猩和大猩猩会避免凝视那些公开展示优势地位的个体（使用扩展性肢体语言的个体）。使用肢体语言展示优势地位和在等级制度中担任领导角色并不相同，在等级制度中担任领导角色的人，无须公开展示自己的权力也能获得较高地位，所以肢体语言只有在组织中地位较高的成员公开展示自己的优势地位时才有意义。避免凝视是一种屈服的表现。人类的凝视方式也和其他灵长类动物相同吗？

在两次试验中，我和爱丽丝·赫兰德（Elise Holland）、沃尔夫以及克莉丝汀·卢萨尔（Christine Loosey）提出了这个问题。我们向实验对象展开了一系列男性和女性的照片：照片中的人物有的摆出是具有主导性、高能量的姿势，例如双手叉腰、双脚分开站立、双膝分开坐下、双手交叉放在脑后、胳膊向外打开；有的摆出是具有从属性、低能量的姿势，如双臂紧贴身体、脚踝交叉站立，或者双肩无力地下垂，下巴收紧，双手交握。

我们使用眼动追踪技术可以测量研究对象在看照片时的凝视方式。当研究对象坐在一把椅子上，眼睛盯着屏幕上的图像时，摄像机能够记录下他们眼球的运动轨迹，准确地捕捉到他们所看的内容、开始看的时间、看了多久。研究发现，人们在第一次看到某物的时候很难有意识地控制自己的凝视模式。实验中使用的眼动跟踪技术和读心术有点儿类似，即通过展示你正在看的内容来了解你此时的想法。

研究对象在看到主导性姿势和从属性姿势时的凝视方式区别很大：看到主导性姿势时，他们会很快将凝视点从脸部转移到腿部或者完全从人身上移开；看到从属性姿势时，他们的凝视点遵从正常的社会模式——看人的脸。这些凝视模式模拟了我们在现实生活中与人互动的方式：我们不想和某些表现出明显的优越感的人交往，我们觉得他们的行为不同步，看起来很危险。

杰西卡·特蕾西发现，人类受到排斥的另一个原因是过度的目光接触。我们对此很反感，因为我们认为他人的这种行为放肆而傲慢，并试图左右我们。她在文中写道："当人们向上凝视而不是直接凝视那些和他们在一起的人，同时做出自豪的表情时，他们的表情会更多地被认为是真正的自豪，很少会被认为是目中无人。这种情况可能是因为直接的目光接触传达了一种优越感。"这也是在商务会谈中要减少彼此犀利目光接触的另一个原因。

正如我前面所说的，在大多数社交场合，我们往往会无意识地模仿对方的肢体语言，以使交流更加顺畅。尽管如此，有时候我们不但不会模仿对方的肢体语言，反而会强化自己的肢体语言。当双方权力失衡的时候，这种现象尤为常见：权力大的一方倾向于使用夸张的高能量肢体语言，因而导致权力小的一方采用能量更低的肢体语言。

在这些场合，强者表现得越强就会让弱者显得更弱（反之亦然），从而更难建立一种和谐的关系。记住，我们想要的是力量而不是凌驾于他人之上的权力。我们希望自己看起来放松、自信，而不是仿佛在竭尽全力让自己处于支配地位。我们的目的是建立亲密关系而不是震慑他人。我们需要像银背大猩猩那样在为自己争取空间的同时，也为他人的身体和情感留一点儿空间。

为了说明公众的姿势可能会导致误会，Vooza 网站制作了一个搞笑视频，该视频拍的是一家公司开会时的情景。一位男士进入会议室并开始帮助他的一位同事练习，教他摆出一系列可笑的姿势（如"自信的大猩猩""双山人"等），让他看起来更自信、更有能量。随着这些姿势越来越夸张，越来越具有攻击性，其他与会者对此的厌恶程度也越来越明显。直到最后，当那位男士摆出"愤怒的驼鹿姿势"时，被喷了一脸防狼喷雾剂。

我们认为这个视频很可笑，因为这个场景我们都很熟悉，也都知道那样做很愚蠢，我们绝不想成为那样的人。

也许你曾听说过"占座狂人"。这种现象在地铁车厢非常拥挤的城市是一个严重的问题。"占座狂人"说的是某个男性乘客坐下时习惯性地将双腿分开，很不优雅地占据了两个或者三个人的座位，而其他人则被迫站在旁边怒视他。如果你乘坐一趟纽约地铁，你很有可能会看到海报上的标语：请勿占用他人的座位。

我们通常试图通过笔挺的身姿或者强有力的握手来表达自信，这种情况在面试中尤为常见。研究显示，这种做法的好处……几乎为零。比如，在一项研究中，应聘者们希望通过频繁的目光接触给面试官留下深刻印象。通常情况下，面试的时间越长，面试组织越严密，面试官的经验越丰富，应聘者试图通过肢体语言来影响面试官对其印象的收效越差。还记得我们在第一章中曾讨论过的同步概念吗？肢体语言也是同步的一个要素。也许最重要的是，面试官认为应聘者做出明显的肢体语言是蓄意的，是想影响他们的判断。而这些应聘者没有被录取，就足以说明问题。

由于所处的文化背景不同，肢体语言的表达方式也有很大的差异，了解这些差异可以帮助我们建立或者解除跨文化合作关系。这些差异表现在很多方面，例如，多长时间的目光接触是可接受的？你们握手吗？握手的力度怎么把握？通常谁先伸出手？你们鞠躬吗？鞠躬以多长时间为宜？谁先鞠躬？你们是坐着鞠躬，还是站着鞠躬？你应当坐在什么位置？你如何致祝酒词？你需要和他人保持多远的距离？

滑铁卢大学的组织行为学教授温迪·阿代尔（Wendi Adair）在一项研究中发现，在谈判中，加拿大的谈判人员采用了更放松的肢体语言、更消极的面部表情，而另一方的中国谈判人员在谈判桌上占用的空间比加拿大的谈判人员要多，这些差异不但影响了谈判过程中双方的满意度，还直接影响了谈判的最终结果。

阿代尔还研究了在商业环境中不同文化背景的人如何适应彼此的

文化。她发现，当西方谈判者试图使用与东方谈判者相同的空间时，东方谈判者会认为他们在不恰当地展示自己的优势。对于肢体语言的文化误解可能会导致人们无法达成潜在的、利润丰厚的交易。

"牛仔姿势"可能在得克萨斯州很受欢迎，但最好不要在日本使用。在巴西，你把手臂搭在一个刚认识的朋友的肩膀上，对方或许不会介意；但在芬兰，情况很可能就不一样了。如果不花点儿时间了解这些肢体语言的差异，你可能会失去商业订单和工作机会，甚至更糟。

这些文化差异又把我们带回到全黑队和哈卡舞。

"哈卡舞传达的是一种置之死地而后生的信念，"纳蒂陶阿部落的长者说，"新西兰是一个很小的国家，所以当我们走出国门面对那些比我们领土大三四倍的国家时，我们顽强拼搏、坚持自我，体现了我们的超自然力和气节。（全黑队）怀着莫大的自豪来跳哈卡舞，这是哈卡舞赋予他们的责任……这也是我们光荣的文化传统：发起挑战、庆祝凯旋。"

全黑队的所有队员在谈到哈卡舞的时候都充满了崇高的敬意，似乎跳哈卡舞是他们唯一的梦想。全黑队队员凯文·米拉姆（Keven Mealamu）说："我们对自己的传统感到无比骄傲，当我们一起跳哈卡舞的时候，我们有机会与队友们保持步调一致、进行眼神交流，同时与身边的队友建立紧密的联系。""在新西兰，很多小男孩在成长过程中都会练习哈卡舞，希望有一天能有机会展示自己矫健的舞姿。"他的队友阿伦·克鲁登（Aaron Cruden）补充说："跳哈卡舞就是从队友身上以及我们脚下的土地汲取精神力量。"

但是哈卡舞和我们有什么关系呢?

显然,人的思想和感觉塑造了他的肢体语言,每个人通过肢体语言与他人交流。我们彼此之间一直在频繁地借助纯粹的肢体语言进行对话。通过这种方式,我们无须一言一语,就可以展开内心世界的交流,彼此交换重要的信息。

还有一些表面上不易察觉的事情在悄然发生:我们的肢体语言也在对内在的自我讲话。它不是简单地告诉我们自己当前的感受,而是要比这复杂得多。也许哈卡舞的力量不仅在于它影响了竞争对手,也在于它影响了全黑队自己。

—07—

从冲浪板上站起来！

当我不得不在冲浪板上保持笔挺站姿的时候,我完全没有想到这种经历还有助于我在生活中站稳脚跟。

——伊芙·费尔班克斯(Eve Fairbanks)

如果你碰巧像我一样嫁给了澳大利亚人，你可能会了解学习冲浪的沮丧。我曾一度晃晃悠悠地站在冲浪板上，一次又一次地从冲浪板上掉下来。直到我读到新闻记者伊芙·费尔班克斯写的关于这项运动的文章时，我才意识到冲浪的过程和存在力之间的关系有多么密切。

费尔班克斯认为学习冲浪教会她如何在陆地上生活。她在《华盛顿邮报》上发表了一篇文章，指出"冲浪的过程造就了一种纯粹的物理时刻。在这一时刻，你需要同时接受生活抛给你的一切，并尽力将它调整到最佳状态，而这一时刻通常也是对耐力和智力的综合考验。"

通过分析学习冲浪的过程（这个过程需要我们控制身体姿势来改变心理状态），她准确找到了身体和心理之间的联系，这种联系是如何发挥作用的、为什么可以发挥作用，以及为什么我们都倾向于忽略它。

她说，在初学冲浪时，我们犯的第一个错误就是过于关注一些具体的技巧，我们自认为这些技巧是成为优秀冲浪者所必须掌握的，或者想让人认为自己很有能力，或者想吸引潜在的合作伙伴。费尔班克斯在文中写道："业余爱好者们认为冒险运动主要是一种技巧训练，即我们只有先获得力量和肌肉记忆才能掌握运动技能。"抱着这种心态，费尔班克斯开始研究如何能达到要求、怎样掌握技巧，以及目前处于学习曲线上的哪个阶段？这些都让她感到不安。"刚开始的时候，"她说，"我每次跌倒都非常渴望老师告诉我，我犯的错误是正常的，我并不比他教的其他学生差。通常我也渴望别人能肯定我：你的错误和你的个性无关。"

但是有一天，她改变了自己的想法。"经过了反复的成功与失败，我的老师告诉我，从某种角度讲，我只需要'下定决心在冲浪板上站稳'。"她回忆说，"当我决定在冲浪板上站稳，并坚持这样做之后，我体会到了惊人的进步。从此，我不再频繁跌下冲浪板，而是逐渐开始掌控冲浪板。快乐衍生快乐。在经历了一次又一次新的考验之后，我越来越自信。"她的经历说明，我们所谓的"成功秘籍"可能早已经过时。"导师们通常会告诉我们：要对自己的决定充满自信，因为在做这些决定之前，我们已经经历了一个深思熟虑的过程，同时这些决定也反映了我们对内在真理的简单认同。但事实并非如此：决定创造自信。这是我在冲浪板上学到的。"

在不断学习的过程中，她很快发现，这种经验也适用于冲浪以外的事情。"当我面临其他选择的时候——那些有时会让我犹豫不决的选择，我感到自己的身体就像在冲浪板上一样，需要选择并让自己保持身体直立。这样的经历让我更加相信，我可以想象自己站在虚拟的冲浪板上。"

通过站在虚拟的冲浪板上，费尔班克斯的身体会用一种她的思想永远无法做到的方式告诉她，她可以做到哪些事情。她说："虽然我们内心的想法是不可见的，我们只能想象冲浪时的姿势，但是我们可以从感官上体验到身体的变化。当肢体语言表达出我们的个性，而我们所有的感官都察觉到了这种个性时，这种感觉所带来的力量是非常让人震撼的。"我们要努力感知身体所表达出的个性。

肢体语言影响大脑和心理状态

有一种荒谬的观点认为，身体、大脑和心理是相互独立的实体。这种观点认为身体、大脑和心理相互联系的理念是一种"边缘"理念，对此我一直很困惑。大脑不是身体的一部分吗？如果这还不算证据，身体的一言一行、一举一动以及呼吸都要受到大脑支配。身体和大脑分别是人体庞杂而和谐的系统的一部分。正如深受人们敬仰的范德比特大学心理学家奥克利·雷（Oakley Ray）所说的那样："由于大脑和神经、内分泌以及免疫系统之间存在交流网络，大脑和身体之间没有真正的分界线。"

不使用大脑就可以产生想法吗？身体、大脑和心理是相互关联的，这在所有科学中应该是争议最少的观点之一。即使是这样，关于身体、大脑和心理互相关联的理论通常也会受到质疑。一次在我谈到身心之间的联系时，一个陌生人讥讽道："你是不是刚吸了一包'乔布拉'？"当然，他是指我受到了正念大师狄巴克·乔布拉（Deepak Chopra）学说的影响。

哈佛大学心理学系位于哈佛大学威廉·詹姆斯大厦。从大厦的名字我们可以知道，威廉·詹姆斯一定是一位举足轻重的人物。很多伟大的心理学家都曾经在哈佛大学工作和生活，詹姆斯留下的心理学文化遗产更是远远超越了其他人。他是美国有史以来最著名的哲学家，也是首位在美国大学开设心理学课程的教育家，被誉为"美国心理学之父"。

詹姆斯的无数理念为当今心理学家的研究提供了理论支持，让我感触最深的是他的著名理论："我不唱歌，因为我快乐；我快乐，因为我在唱歌。"

这种发人深思的观点指出：是身体的体验而非其他因素导致了情感的变化。根据詹姆斯的观点，我们的身体体验了某种感觉或者做出了某个动作，这使我们有了某种特定的情感。他在1884年写的书中提出："完全脱离肉体的情感是不存在的。"在这里应该澄清一件事：詹姆斯不曾"吸乔布拉香烟"，狄巴克·乔布拉1963年之后才出生。

詹姆斯认为我们的情绪是对身体和内在感官体验的一种诠释。他提出的理论是：我们可以伪装一种情绪，直到真正体会到它。我们可以通过唱歌让自己感到快乐，或者通过哭泣让自己感到绝望。詹姆斯是一位伟大的智者（当今人们常常会混淆"智者"和"愤世嫉俗者"），对未来充满信心，鼓励人们"从现在就开始做那个你今后想做的人"。

或许詹姆斯的理论尚存很大争议，因此不能打动你，但是请记住，人类（通常我们这样认为）确实倾向于相信情绪先于身体感觉，即心理变化导致身体行为和感知发生变化，而不是像詹姆斯提出的那样，情绪变化是身体的行为和感知发生变化的结果。詹姆斯写道："常识告诉我们：丢失钱财的时候，我们会难过、哭泣；遇到熊的时候，我们会害怕、逃跑；遭到对手侮辱的时候，我们会生气、发起攻击。但这种先后顺序是不正确的……更合理的陈述是，我们因为哭泣而难过、因为攻击而生气、因为颤抖而害怕。"

詹姆斯甚至在1890年再次提出，可以通过测试身体没有知觉的人的情感变化来验证这个理论。根据他的建议，雨果·克里奇莱（Hugo Critchley）曾经领导的一个研究小组，该小组几代人用了100多年的时间来测试单纯性自主神经衰竭（PAF）患者的情感体验。PAF会导致交感神经的反馈机制和副交感神经系统退化，也就是说，PAF患者的身体敏感度大幅降低。

研究发现，和其他人相比，PAF患者可以体验到无声的情绪波动，体验到与恐惧相关的神经活动相对较少，对他人受环境影响而产生的情感变化的理解能力较低。换句话说，PAF患者由于神经受损导致了身体和情感之间的联系受阻，在某种程度上解读他人情绪反馈的能力较低。

是表情影响情绪还是情绪影响表情？

如果你想做一个实验直接检测詹姆斯的假设，即身体的表达导致情感出现变化，你会从身体的哪个部位开始？对面部的测试看来是一个很好的起点，但是应当检测哪种面部表情及与其对应的哪种情感呢？为了正确检测出身体行为对心理的影响，你需要让实验对象做一些面部表情，这些面部表情和它们所代表的情绪没有任何关联。这是一件很难做到的事情。

1974年，心理学家詹姆斯·莱尔德（James Laird）发表了一个研究成果，他做这项研究是为了测试身体的行为表现能否产生情感体验，或者说，是否皱眉让我们生气，而微笑让我们高兴。

莱尔德知道，如果预先告知研究对象此次实验的目的，可能会影响实验结果，于是他巧妙地回避了研究对象的提问。首先他告诉研究对象（男大学生）这个实验只是为了研究"面部肌肉在不同情况下的活动"，然后在他们脸部的不同部位连接了电极，并把电极连接到看起来很高端的机器上，事实上，这些机器只是摆设。

为了得到一个"愤怒"的表情，他会轻轻碰触研究对象眉毛之间的电极，并说："我现在要触碰这些肌肉。"他还触摸研究对象下颌角端的电极，并要求研究对象收缩这里的肌肉（或许会通过让他们咬牙的方式）。为了得到一个"高兴"的表情，他要求研究对象收缩嘴角的肌肉。

他还要求研究对象做这些面部表情的同时评价自己当时的情绪。莱尔德告诉他们，他了解这些评价是为了排除错误的可能，因为有时候情绪波动会引发不需要的面部肌肉活动。当然，这是误导研究对象的另一个谎言。

尽管已经排除了所有可能影响研究对象情绪的因素，莱尔德还是发现，当研究对象做出生气的表情时会感觉生气，做出高兴的表情时会感到高兴。一个研究对象甚至告诉他："当我收紧下巴和皱眉的时候，我试图不要生气，但无济于事。我虽然没有生气，但是我发现我的大脑开始不由自主地想到一些让我生气的事情。虽然我知道我是在做实验,我也知道我没有理由生气,但我就是控制不住自己的情绪。"

弗里茨·斯特拉克(Fritz Strack)、莱纳德·马丁(Leonard Martin)和萨宾·斯戴普(Sabine Stepper)对此做了更进一步的研究。他们在1988年发表的一篇著名的论文中描述了针对当时被称为"面部反馈假说"的测试结果。在测试中,研究人员不向研究对象解释原因,而是指导他们横着咬住一支笔,让面部肌肉呈现典型的微笑表情,而随机挑选的其他研究对象则以抑制微笑的姿势咬住笔。然后研究人员给所有研究对象看漫画,相对于那些不能微笑的研究对象,那些保持微笑表情的研究对象认为漫画更可笑。人们在日本和加纳通过使用不同的测试方式、从不同的角度来分析实验结果,对这个实验结果进行了复制和扩展。比如,研究人员在另一个实验中发现,那些在实验中保持微笑表情的人表现出更少的种族偏见。

此后,研究人员通过几十年的研究发现,面部表情反馈并不仅仅适用于微笑和积极情绪,也适用于消极情绪。日本的一个研究团队发现,当研究人员把水滴到研究对象泪腺附近的脸颊上时,这些研究对象比那些被研究人员把水随机滴到泪腺以外区域的研究对象感到更加悲伤。在其他研究中,研究人员迫使研究对象皱眉,或者在他们的脸上使用弹性胶带,或者只是让他们"把眉毛拧在一起",这些做法使研究对象报告的悲伤、愤怒和厌恶的情绪增多。

人们做出某种特定的表情可以产生相应的情绪,同样,抑制这些表情也可以阻止相应的情绪,这项研究结果已经首先被应用到用肉毒杆菌素治疗抑郁症的工作中。当我们皱眉的时候,某些前额肌肉(达尔文称之为"悲伤肌肉")就会被激活。肉毒杆菌素(即A型肉毒毒素）会暂时麻痹这些肌肉，从而减少前额和眉毛之间的皱纹。但这种暂时性的麻痹也会减少大脑对注射部位肌肉的反馈。

注射肉毒杆菌素可能影响情绪的最初证据来自 2009 年的一项研究。这项研究对比了前额注射过肉毒杆菌素的女性和采用其他美容治疗方法的女性的抑郁情绪分值，检测时间从注射前 7 天一直到注射后 3 个月。与其他组女性相比，注射过肉毒杆菌素的研究对象的抑郁情绪分值和焦虑分值低很多（不包括未治疗前的分数）。这两组研究对象在自我吸引力评价方面没有明显的差异。尽管研究的结果非常吸引人，但由于这些研究对象并不是研究人员随机指派的，同时研究人员没有收集研究对象在治疗前的烦躁、抑郁和焦虑评估数据，因此这一研究结果尚缺乏说服力。

另一组研究人员进行了一项男性和女性患者抗抑郁治疗的对照实验。一半研究对象的前额被注射了肉毒杆菌素，另一半研究对象被注射了安慰剂。6 周后，注射肉毒杆菌素的研究对象的抑郁程度比之前低 50%，而注射安慰剂的研究对象的抑郁程度只下降了 10% 左右。

这个结果是否意味着肉毒杆菌素能治疗抑郁症呢？在你跑出去打肉毒杆菌素、去皱纹、一扫你的忧郁情绪之前，请考虑一下由社会心理学家戴维·尼尔（David Neal）和坦雅·查特兰德（Tanya Chartrand）开展的另一项研究。他们把注射肉毒杆素去除前额皱纹和鱼尾纹的女性研究对象和注射皮肤填充剂（不会影响大脑和肌肉之间的交流）的女性研究对象进行比较。在研究对象接受注射后一两周内，尼尔和查特兰德让每个研究对象完成了一次电脑测试，在测试中她们每次要看一张人的眼睛和眼部周围区域（大致就是你戴着睡眠眼罩时被遮挡的部位）的黑白照片，一共36张。值得注意的是，每张照片都表达了不同的微妙情绪（例如，烦躁、渴望、慌张、忧虑等）。这些女士的任务是从4个可能的选项中选择照片中所表现的情绪。注射过肉毒杆菌素的女士在选择时表现得比较困难：在通过眼神来解读微妙的情绪变化方面，她们的正确率要比另一组女士平均低7%。

为什么会出现这种情况呢？因为我们解读他人情绪的最主要途径是不自觉地模仿他们的面部表情。在日常生活中，这种模仿十分微妙、速度极快（大概1/3秒），我们甚至都没有察觉。尽管如此，通过这种神奇的面部反馈，我们能够感觉和理解其他人的情绪。但被注射了A型肉毒杆菌素后，面部肌肉不能正常工作，这个解析过程就受阻了。戴维·尼尔说："面部表情模仿为我们打开了一扇了解他人内心世界的窗户，而肉毒杆菌素中断了模仿功能，使得这扇窗户变得不那么明亮了。"

这还不是让你接受皱纹的唯一理由。记住，肉毒杆菌素有时会影响表达积极和消极情绪的肌肉与皱纹，也就是说，它不仅影响皱眉，还对微笑的表情有影响，包括眼部周围导致鱼尾纹的肌肉收缩。当你不能皱眉时，你很难感到不愉快；当你不能微笑时，你也很难感到开心。

总之，通过麻痹表达真实情绪的肌肉或者减缓其运动速度，我们对自身情感的体验变得模糊，识别他人情感体验的能力也随之降低。这让我们像PAF患者一样——沟通能力下降。尼尔说："这有点儿讽刺：人们使用肉毒杆菌素是为了帮助自己适应社会环境，注射了肉毒杆菌素后你可能看起来不那么抑郁了，但同时你会因为不能解读他人的情绪而苦恼。"我们从中获得的教训是,善待你的鱼尾纹,它们也会善待你,它们会帮助你更轻松地与他人和谐相处。

自威廉·詹姆斯提出其颇具争议的关于情绪表达的"身心合一理论"以来,我们收集了大量检验这条理论的实验研究。在最近对这些研究文献的综述中,心理学家詹姆斯·莱尔德(曾开展了最初的面部表情反馈实验)和凯瑟琳·拉卡斯(Katherine Lacasse)得出了这样的结论:"在近几百项实验中,研究人员发现,通过指导实验对象做出各种面部表情、行为表达,或者使其身体内部产生反应,可以让实验对象产生相应的情绪。通过对不同行为进行控制,可以产生或者强化不同的情绪……阻止行为表达也减少了很多相应的情绪反馈……总而言之,我们相信,合理的结论是,威廉·詹姆斯是正确的——与情绪相关的行为和身体反应产生了情绪。"

到目前为止,我们一直在谈论控制面部肌肉的微小变化对情绪产生的影响。那么颈部以下的肌肉和骨骼呢?肩膀、双臂、双手、躯干、双腿和双脚也可以表达,它们的表达会对情绪产生什么样的影响呢?身体反馈也有和面部表情反馈类似的效果吗?身体的行为可以引导我们感觉强势、自信、镇定和同步吗?身体可以帮助我们找到存在力吗?

身心干预法:迅速提升自信

他背着双手沿着李河河岸散步。这条路对他来说是一条全新的路线,这种视野开阔的公共场所尤其适合像他这种善于思考的男人散步。

他喜欢背手的姿势，因为他发现这样的姿势有助于形成自我的理念。

"自我的理念"是一个很有趣的概念。"自我"可能是任何你想要的状态，即使和现在的你完全不一样，你也不会感觉虚伪、做作。这说明你可以把自己想象成任何一种人，然后逐步把想象中的自我变成现实中的自我。上面的文字摘自科伦·麦凯恩（Colum McCann）于2013年出版的小说《飞跃大西洋》（*Trans Atlantic*），这段文字的字面意思是"进取之路"，它描写的是19世纪美国黑人民权活动家弗雷德里克·道格拉斯（Fredrick Douglass）的故事：弗雷德里克·道格拉斯走上了一条全新的道路，变换了一个全新的姿势，并且喜欢上了这个姿势，因为他发现这个姿势有助于形成他想要的理念。

麦凯恩认为，我们的身体不仅能把我们带到自己想去的地方，还能帮助我们成为理想中的自己。下面的证据将会证明：我们的身体将对我们的心理和情绪起到引导作用。

为了更好地理解这一现象，我们最好先来看看当身体背叛我们时会造成哪些危害：我们无法获得强大的个人力量，不得不处处设防、心怀恐惧、过度警惕……我下面要谈谈人们在受到严重创伤后承受的心理压力。

想象一下所有导致弱势心理的因素：焦虑、压力、担忧、感觉受到了威胁、自我怀疑、消极、过度防御、执行能力差、记忆力退化、无法专注、逃避现实……这些因素又相互叠加、相互影响。这种想象有助于你大致了解人们在受到创伤后产生的压力心理，或者称为创伤后应激反映（Post-traumatic Stress, PTS）[①]。受到创伤后产生的心理压力到一定程度后可能会完全剥夺我们的力量。

创伤和弱势心理一样，会严重影响身心之间的协调。精神病学家和持久性PTS障碍研究专家贝塞尔·范·德·科尔克（Bessel van der Kolk）观察到，创伤"导致物理同步协调中断"。他在书中写道："当你进入PTS障碍治疗诊所的时候，你一眼就可以分辨出谁是病人、谁是工作人员，因为病人的面部表情僵硬，身体疲软，看起来焦虑不安。"PTS障碍可以通过在日常生活中制造深层的心理分裂和心理冲突来破坏我们身心的同步。比如，PTS障碍患者和孩子、父母、朋友、同事在一起的时候，他们会时刻警觉，保护自己免受感知到的威胁，并试图抹去大脑中不断被唤醒的记忆，从而导致严重的身心分离。

传统的PTS障碍心理治疗方法是假设患者心理受到创伤，因此主要治疗心理问题。认知行为疗法（cognitive behavioral therapy, CBT）基于思维指导行为的理念，寻求重新连接患者思维模式的途径。暴露疗法则通过降低患者对创伤的敏感度来防止患者反复回忆、反复体验受伤的经历。

但是有些专家对这些治疗方式提出了质疑，如范·德·科尔克。他对《纽约时报》的记者说："创伤和认知没有任何关系，它和你的身体机能被重新设定并将世界定义为一个危险的地方有关。"这种说法与另一种认为"创伤部位是在身体上，因此就必须要找到并医治相

[①] PTS, Post-traumatic Stress, 即创伤后应激反应，是人受到创伤后的正常反映，一般无须特别治疗，不是疾病。PTSD, Post-traumatic Stress Disorder, 即创伤后应激障碍，指对创伤等严重应激因素的一种异常精神反应，作为一种精神疾病，患PTSD的患者需要接受一定的治疗。——编者注

应部位"的观点在直觉上产生了共鸣。正如詹宁·因泰兰迪（Jeneen Interlandi）在《纽约时报》上发表的文章中所写的：

> 在很多案例中，由于患者的身体受到严重伤害，导致各项身体机能无法正常工作：在遭遇危险时不能快跑、双臂没有力气、无法高声尖叫……正是因为他们的身体无法承受任何压力，以至于一听到汽车鸣笛声就会找地方躲避，或者把所有陌生人都看成会伤害他们的人。也就是说，如果他们发现无法接受自己的身体，他们的心理问题怎么可能被治愈呢？

或者，正如弗兰克·吉利特·伯吉斯（Frank Gelett Burgess）所说的："我们的身体塑造了我们自己。"

很多PTS患者和他们的家属都曾问我，是否可以使用身心干预疗法治疗PTS。在我收到的与这个课题相关的电子邮件中，有2/3是退伍军人或者他们的家人写来的。我一直在考虑这样一个问题：如果是因为身体受到创伤而引发了极度的弱势心理（表现为身心无法同步），那么运用特定的身心干预疗法是否有助于恢复自信、减轻威胁感？或许身体可以帮助人们走出PTS的阴影。

我发现，很多科学家已经在这个课题上做了大量的研究。

很多PTS研究主要针对退伍军人患者群体。专家们保守地估计，1/5的退伍军人患有PTS，而在那些经历过战争的退伍的军人中，这个比例更大。实践证明，对退伍军人PTS患者使用药物治疗和传统的心理治疗方法效果极差，如CBT和暴露疗法。另外，中途放弃治疗的PTS患者非常多，尤其是退伍军人，可能出于担心名誉受损、迫于生活中的竞争压力、对重温导致PTS经历的恐惧等方面的原因。与此同时，身心的不同步也影响了无数退伍军人及其家人的正常生活。

2012年，斯坦福大学的学者艾玛·塞佩莱（Emma Seppäl）着手调查身心合一疗法的效果，以帮助退伍军人战胜PTS。21名曾在伊拉克和阿富汗战场服役的美国退伍军人参与了她的研究。其中11人被随机分配到瑜伽治疗小组，其他人则等候通知。研究人员要求这11名退伍军人每天做3小时苏达山克里亚瑜伽，连做7天。苏达山克里亚瑜伽是一种以呼吸为基础的瑜伽，一些研究发现这种治疗方式可以让人变得乐观、提升幸福感、有助于调节情绪，从而有效缓解焦虑、抑郁，抑制冲动行为，甚至有助于戒烟。

我不得不声明，我不练瑜伽。在我真正找到科学文献依据之前，我不能确定瑜伽的治疗效果是否真的像练习瑜伽的人所说的那么好。我像一个十几岁的青少年那样，倾向于怀疑任何看起来突然流行起来的趋势。除此之外，由于我学过芭蕾舞，加之我的研究和瑜伽相关，几乎每天都会有人问我，"你一定经常做瑜伽，对吗？"这让我对瑜伽更提不起兴趣了。

但是作为一名科学家，我现在不得不克服自己的抵触情绪，因为有证据表明，瑜伽产生的积极心理和生理效果几乎无可辩驳。基于瑜伽的干预治疗法已经成为医学主流，大概有数百例（也许是数千例）实证研究，从各个方面描述了其对健康的种种益处，如降低血压和胆固醇、缓解慢性身体疼痛、缓解社会疼痛等。每一项实验的结果都是正确的吗？每一项研究都进展顺利吗？也许不尽然，但这也是科学的本质。至少我现在已经不再认为人们对瑜伽的评价言过其实了。如果做法得当，这种治疗可以收到非常好的效果。

当然，想在这里用短短几页就解释清楚瑜伽对身体和心理各个方面的影响是不可能的。瑜伽是一种历史悠久的治疗方法，至今大概已有 3 000 年的历史，它集身体运动、呼吸控制和正念冥想于一体，相得益彰。如果你想了解更多瑜伽对健康的潜在益处，我推荐你看斯坦福大学心理学家凯利·麦格尼格尔（Kelly McGonigal）的书——《瑜伽治疗疼痛》（*Yoga for Pain Relief*）。在这里我们只是简单了解一下瑜伽，了解瑜伽在增强人们的个人力量和自信的同时，如何减轻PTS患者（以及其他人）的焦虑和恐惧，以及为什么它可以做到。

我希望进一步了解艾玛·塞佩莱针对退伍军人PTS患者所做的研究，于是我问她是否愿意和我谈谈她的研究。她热情地答应了。艾玛·塞佩莱解释说，她为退伍军人设计的瑜伽干预疗法从"放松地坐下，深呼吸"开始，让胸腔自然打开。退伍军人PTS患者在治疗过程中使用了小组练习"胜利呼吸"瑜伽疗法。"当身体进入一种深度休息的状态时，我们的呼吸方式触发了'安抚反射'，这是身体能够改变心理状态的简单例子。"

如何掌控情绪：调整表情、呼吸和姿势

"调整呼吸是减少心理活动的最佳方式，"塞佩莱说，"认识到自

己可以控制呼吸，是学习如何控制焦虑情绪的第一步，因为你凭借自身的力量就可以做到。当你心情急躁的时候，当社交场合发生了意想不到的事情的时候，当你不知所措的时候，你可以通过调整呼吸来保持镇定。"

在研究中，为了评估瑜伽疗法对退伍军人PTS患者的治疗效果，塞佩莱和同事们在治疗前后对患者进行了一系列测试，如"听到噪声后眨眼"的反应（PTS患者受到惊吓时的反应通常要夸张一些）、呼吸频率（PTS患者的呼吸频率通常较高），并记录了患者自我报告的焦虑程度（创伤记忆重现和做噩梦的频率）。由于此前有关PTS治疗效果的反弹均有翔实的记录，塞佩莱对此次的结果感到很惊讶：在干预治疗结束一个月后，参加过为期一周干预治疗的退伍军人的PTS各项指标都有所下降。更令她吃惊的是，一年之后，这些患者的PTS症状和焦虑情绪仍然没有反弹。

塞佩莱将这次研究称为"我一生中做过的最有意义的事情"。一位参与实验的患者给她写信说："虽然我对受伤的经历记忆犹新，但这种记忆已经不再困扰我。"另一位实验对象则说："感谢你让我的生活恢复了常态。"

"有些患者曾一度躲在地下室里不出来，"她说，"而现在，他们打算走出去工作、约会、参加社会活动。我看到他们再一次露出了笑容。其中一位患者告诉我，他和父亲一起去度假了，他没有想到自己会感到如此开心。但对他来说，最重要的是父亲说：'我的儿子回来了。'直到现在，他还在为这个项目做宣传。"

1997年,在与南非的"真相与和解委员会"合作期间,贝塞尔·范·德·科尔克参加了在约翰内斯堡召开的为性侵受害者做心理康复治疗的会议。通过这次会议,他意识到,即使在一个完全不同的环境中,人们在受到创伤后表现出的肢体语言也是相同的。"这些女性萎靡不振、面部表情悲伤而呆滞,和我在波士顿见过的那些性侵治疗小组的女性完全相同。"他在《身体记得》(*The Body Keeps the Score*)一书中回忆道,"我感觉到了熟悉的无助感。在这些身心都受到严重摧残的人中间,我感到自己的精神世界似乎也坍塌了"。

之后发生的事情就像威廉·詹姆斯所说的那样:"我不唱歌,因为我快乐;我快乐,因为我在唱歌。"

其中一位女性开始哼歌,同时轻轻地来回扭动身体。歌声慢慢地有了节奏感,其他女性也逐渐加入进来。很快,整个小组都在唱歌,晃动身体,站起来跳舞。这种转变令人震惊:人们回到了现实,面部表情开始变化,身体恢复了活力。我当时发誓,我要用我在那里看到的一切,来研究节奏、吟唱和运动如何帮助人们治疗创伤。

范·德·科尔克恪守了自己的诺言,他几十年如一日潜心研究如何运用身心合一疗法攻克PTS、治疗患者,并多次举办关于PTS的专题研讨会。他最近致力于研究妇女因家庭暴力患PTS的情况。实践证明,这类患者和退伍军人PTS患者一样,治愈的成功率很低。

在一项研究中,范·德·科尔克为一个治疗项目招募了64位长期饱受PTS困扰的女性患者。他将一半患者随机分配到瑜伽治疗小组；将另一半患者安置在一个为女性健康教育提供支持的组织里，使用传统的谈心疗法。两个小组每周在一起上一个小时的课，疗程为10周。

研究人员分别在治疗之前、治疗中期、治疗之后对这些女性患者进行了目前广泛使用的PTS临床医生管理评估。在治疗之前，这两组患者的PTS各项评估指标相同。在治疗中期，两组患者的各项指标均有明显好转，但瑜伽治疗小组的治疗效果更好一些：52%的瑜伽治疗小组患者已经恢复正常，而另一组只有21%的患者恢复正常。然而，疗程结束后的评估显示：使用传统治疗方案的女患者病情反弹，又出现了治疗前的PTS症状；而应用瑜伽治疗方案的小组疗效稳定。

当然，瑜伽对身心的改善不仅可以应用于对PTS患者的治疗。科学家们发现，参加长期的瑜伽治疗项目效果十分明显，即使是坐在椅子上体验15分钟的瑜伽姿势，也能收到一定的效果。在一项研究中，实验对象做了一系列轻柔的动作（如把双手举过头顶，然后向后弯腰，再向两侧弯腰），每个动作保持30~60秒，然后重复一遍这些动作。实验对象的自我报告显示，患者的心理压力和呼吸频率大大下降，心率变异性（HRV）提升了。心率变异性低表明心率在对呼吸做出反馈时波动过缓，这与焦虑和情感压力有关。较高的HRV表明呼吸和心率同步。换句话说，提升心率变异性和降低呼吸频率通常是健康的基础指标。

做瑜伽时，身体动作会对心理产生非常积极的影响，这一点我们可能都会认同。但是真正让人兴奋的是，那些不想做瑜伽的人也能很快取得很多类似的效果。因为瑜伽所激发的身心之间的相互作用对每个人的日常生活都是有益的。那些能让我们获得存在力的神器是我们天生就有的。其中之一就是一个最基本的动作——呼吸。

以身体为基础的干预措施，如瑜伽，涉及很多心理与生理机能。但大多数干预措施最终都集中于交感神经系统和副交感神经系统。交感神经系统激发应激反应，也称为"战或逃反应"，而副交感神经系统激发放松反应，也称为"休息和消化反应"（例如，在进食后、睡眠过程中，或者当我们产生性欲的时候，副交感神经系统就开始工作）。这两种互补的系统能调节整个身体的兴奋点。从本质上说，交感神经系统相当于加速器，而副交感神经系统相当于制动器。

交感神经系统的关键媒介是迷走神经，它承载了脑干和身体许多重要器官（包括心脏和肺）之间的感知信息。当迷走神经工作的时候，即当我们具有较大的迷走神经张力的时候，它会发出信号使心跳放缓、肺部呼吸加深，使人进入镇定状态（长跑运动员、游泳运动员和自行车手都有较高的迷走神经张力）。当你的身体对压力反应强烈时，交感神经就会起主导作用，触发战或逃反应，而迷走神经的活动则会受到抑制。

我们不需要迷走神经一直处于活跃状态，在有些情况下，我们需要警觉和兴奋。比如面临较大的精神挑战或者身体威胁时，我们通常会降低迷走神经张力并激发压力反应。但是通常我们在不必要的时候也会产生压力反应，这会带来负面影响。在休息时，较高的迷走神经张力有益于身心健康，而迷走神经长期不活跃，则通常伴随着严重的心理压力、焦虑和抑郁。

幸运的是，我们对自己的交感神经和副交感神经系统拥有一定的控制权。回想一下，迷走神经在脑干和其他器官之间传递信息，这种信息传递是双向的。正如范·德·科尔克说的那样："大约80%的迷走神经纤维（连接大脑和许多内脏）是负责传入信息的，即它们将信息从身体传入大脑。这意味着我们可以通过呼吸、吟唱和运动直接训练自身的觉醒系统，这种方法在中国和印度从远古时代沿用至今。"

现在，用一秒做一下呼吸训练：迅速吸气，然后慢慢呼出。再来一次：吸气两秒，然后用差不多5秒的时间呼出。你发现什么了吗？慢慢地呼气触发了你的交感神经系统，降低了血压，提升了你的心率变异性。人们通过几百项研究测量了放松呼吸法的效果，得到了类似的结论。放松呼吸法在心理方面的效果包括：缓解焦虑和抑郁情绪，让人心态乐观，使情绪得到控制，提升了疼痛管理的效果。在行为方面的效果包括：减少了攻击行为和冲动行为，加强了成瘾管控能力，提升了工作和学习方面的表现。

瑜伽能够改变人们内心感受的原因是，它以自然的方式助你缓慢而有节奏地呼吸，做类似吟唱、太极、气功、冥想等活动。即使不做瑜伽，你也可以在任何时间、任何地点通过控制呼吸达到这些效果。慢慢地做几次深呼吸，你就已经改善了身体和心理状态。想象一下，我们每天都要呼吸无数次，根本不需要任何有意识的努力。这样看来，呼吸是一件多么美妙的事情啊！

神经学家彼埃尔·菲利普特（Pierre Philippot）和他的同事们做了一个巧妙的实验。在实验中，他们要求一组研究对象改变呼吸方式，让自己感到喜悦、愤怒和恐惧（每次尝试一种情绪），然后详细地说明自己是如何做到的。这听起来不可思议，对吗？你怎么能通过改变呼吸方式创造出一种情绪呢？不用担心，研究人员告诉研究对象：你只需要尝试一下。

当研究对象尝试结束后，研究人员要求他们向另一组研究对象描述自己呼吸的方式，并且不能提示这种呼吸如何引起某种情感反应。然后研究人员要求第二组研究对象按照第一组研究对象所说的方式呼吸，然后询问他们以这种方式呼吸时有什么样的情绪。

你能猜到结果吗？当第二组研究对象在毫不知情的情况下按照第一组研究对象的"喜悦"呼吸方式调整呼吸时，他们感到了喜悦。同时，他们按照第一组研究人员的"愤怒"和"恐惧"呼吸方式调整呼吸时，也感受到了相应的情绪。

因此，仅仅通过加快或者降低呼吸的频率、做更深层的呼吸、更多使用鼻子换气，或者呼吸的时候发出颤音或者叹息声，人们就能改变自己的情绪和心理状态。研究人员注意到，变换呼吸方式对情绪的影响效果至少和面部反馈研究所报告的效果一样显著。

顺便说一句，如果现在你想稍微开心一下，可以参考第二组研究对象得到的呼吸方式指导：用鼻子慢慢地深呼吸，你会感到呼吸非常均匀，胸腔也得以放松。

我们也可以通过观察一系列生理指标变化，间接地测量调整呼吸后获得的放松反应，如心率变异性增加、心率放缓、血压降低、压力激素（如皮质醇）减少等。这些指标都和情绪放松有关，同时有助于改善身体健康状况。例如，压力激素降低表明患心脏病、癌症以及感染病毒的风险降低。

科学有理有据地指出，威廉·詹姆斯是对的。我们的身体在和自己对话。它告诉我们如何感知、感知到了什么，甚至还会告诉我们如何思考以及思考什么。它在我们毫无察觉的状态下改变我们的内分泌系统、自主神经系统、大脑以及思维的工作方式。因此，你的面部表情、姿势和呼吸方式显然都会影响你的想法、情感和行为。

伊芙·费尔班克斯学会了在董事会上做决定时保持镇定，就如垂直站立在她的冲浪板上那样。她这样做的时候也许没有想过瑜伽或者威廉·詹姆斯，但她知道自己在寻求答案，因为她很想知道："还有多少行为可以改变我们的思维方式呢？"

本章也一直试图回答这个问题。

我们现在已经知道，为什么用牙齿咬一支笔可以让这个世界看起来更有趣，为什么注射肉毒杆菌素会让各种情绪反应变得迟钝，为什么调整呼吸的节奏可以让人瞬间得到放松。

那么在面部表情和呼吸的基础之上，能否把研究范围再扩大一些？我们能否通过身体，适当地通过姿势、手势、运动（甚至是想象中的运动），在我们最需要的时候，提升我们的个人力量？我们能否通过改变姿势找到存在力呢？

08

让身体决定心理

站直了,认识你自己,
你就可以俯视一切。

——玛雅·安吉罗(Maya Angelou)

在华盛顿州东部的国家公园里有一个小石屋，当我还是个小女孩的时候就住在那里。石屋坐落在海拔 100 多米高的悬崖上，悬崖下面是半英里①宽的哥伦比亚湖，我住的小镇居民只有 300 人左右，孩子很少，所以我长时间待在外面寻找玩伴。我会一连几个小时在石屋旁边的花园里玩耍，四处挖掘，小心地搬开石头寻找下面的昆虫，甚至对于那些不太惹人喜欢的小动物，我也满怀怜爱之心。那时我最喜欢一种看起来像小犰狳的昆虫——球潮虫。我不确定它为什么叫球潮虫，大概是因为当你触碰它时，它马上就蜷缩成了一个比阿司匹林药片还小的小圆球。至少我一直是这样认为的。

发现一只小球潮虫后，我会小心翼翼地用手把它拿起来，放到手掌上。我一动不动，希望它能信任我，打开身体。但它很少会这样做。我有些内疚，我知道它被我吓坏了——身体庞大、强壮有力的我试图和如此渺小的、没有力量的小球潮虫交流。当然，它会让自己变得尽可能小来保护自己，而我只是希望它安心地在我手里爬，至少要让它知道它可以信任我。但无论我动的时候多么小心翼翼，它都不和我交流。

---

① 1 英里约为 1.6 千米。——编者注

我再次真正注意到肢体语言是在那次车祸之后，因为在车祸发生时我并没有开车，而是作为一名乘客（这是我永远不愿意再次回想的事情）。它成为我的梦魇，即使现在想起来仍心有余悸。车祸发生之后的那段时间，我处于极度恐慌的状态，我感觉自己没有任何力量保护自己的身体。我乘车时，会用双臂紧紧抱住膝盖，下巴顶在膝盖中间。我想象自己是一只羸弱的小球潮虫。即使开车的人非常值得信任，我也会这样做。我把身体蜷成一个球，尽可能压缩身体占用的空间。我无法与他人正常地交谈，因为我在精神上处于自我封闭状态，对潜在的交通危险保持高度警惕，时刻担心会有意外发生。朋友和家人有时会觉得我的行为伤害了他们的自尊，甚至感到愤怒——为什么我不能信任他们的驾驶技术？但我无法控制。这是一种直觉，我感觉他们主宰了我的一切，而我没有任何力量。所以我要做好最坏的打算。

我的膝盖和胸部贴得越紧，我的身体就变得越小，我的感知能力就越差。我的心跳越快，精神就越紧张。

但是如果那时我假装勇敢的话，会发生什么呢？如果我欺骗自己，让自己感觉乘车很舒服，又会怎样呢？如果我强迫自己的身体对抗自己所有的心理力量，防止自己心理崩溃呢？如果我不做出自我保护的姿势，我会感觉更安全一点儿吗？会不会感觉没那么无助了？能否有一点存在力？

14年之后，我仍然没有找到答案。

后来，2个看似不可能同时发生的偶然事件几乎在同一时间发生，这让我顿悟。

第一件事情是，我担心我的学生不能参与课堂互动。哈佛大学商学院对每一位学生的课堂互动参与度要求都很高：参与课堂互动的成绩占学生最终成绩的50%。这并不是说学生来教室上课就可以获得这些成绩，而是要求学生发表独到的见解，进行缜密的评论，发起讨论。正如我前面提到的那样，很多学生对参与课堂互动都感到恐惧。对很多学生来说，最大的挑战就是面对最让人气馁的社交评价威胁感。

这些不能参与课堂互动的学生让我很困惑，他们看起来似乎无法融入课堂。如果我没有在课下和这些学生交流过，我一定会认为他们对学习没有兴趣、不够努力，甚至没有做过任何预习。但后来我发现不是这样的。我在工作时间和这些年轻人见面并交谈，也看了他们的作业。毫无疑问，他们和经常在课堂上发言的学生一样聪明。但是如果他们不能找到方法让自己参与讨论、融入课堂互动，我就无法给出让他们满意的成绩。

自研究肢体语言这一课题以来，我开始关注那些此前没有注意到的细节。我观察得越多，发现的问题就越多。在上课之前，当那些积极参与互动的学生在教室里走来走去、打手势、往教室中心走的时候，那些不主动参与互动的学生则直接走到指定的座位上，低头看自己的书或手机。

当积极参与互动的学生举起手时，他们表现得很自信：手臂伸得很直。这不是咄咄逼人，而是在宣称：我相信我的话很有价值、我相信我可以提供帮助。如果不主动参与互动的学生也举起手，他们举手的方式似乎充满歉意：肘部弯曲，另一只手托住肘部，胳膊上下摇摆不定，显然对自己是否应当引起大家的关注有些担忧。

积极参与互动的学生在课堂上坐姿笔直，肩膀向后；不主动参与互动的学生会将双手搭在一起，用手摸颈部、摆弄自己的头发、衣服、首饰，双腿交叉盖住脚踝（这个姿势我称为"曲腿"）。他们通过肢体传达的信息是希望自己缩小，隐藏在一个神奇的隐形斗篷里。在课堂上，他们的动作不多，也不常转过头和其他学生进行目光接触，甚至也不回应其他人的评论。他们似乎很害羞。

读这些学生的文章，我感觉他们求知若渴、充满激情，学习时全力以赴。但他们的肢体语言给我的感觉完全不同：在教室里，他们对自己的想法没有信心，不相信同学会尊重自己；当他们说话的时候，他们感觉自己像是在撒谎。他们不相信自己所说的。

他们身在教室，却不能真正参与到课堂中来。

接下来发生的另一件事情和这些完全没有关系。我的系主任布莱恩·霍尔（Brian Hall）是一名经济学家。他对乔·纳瓦罗（前面我提到过的美国联邦调查局前特工和肢体语言专家）的作品很感兴趣，于是邀请乔来哈佛大学召开一个研讨会，讨论如何将他的作品应用到哈佛大学的工商管理硕士（MBA）课堂上。布莱恩邀请我参加这次研讨会，并在会上做一个简短的报告。我和社会心理学家、当时在哥伦比亚商学院任教的非语言行为专家丹娜·卡尼（Dana Carney）一起做了这个报告。

乔是一名非同凡响的专业人士。他知道，只有把大量的专业经验和科学证据结合在一起来支持自己的论点，才能提供最好的建议和指导。他非常关注最新的研究成果。我则恰恰相反，渴望现实生活中的案例可以为我的研究提供线索。

但乔让我感到紧张。他的肢体语言暗示了他的优势地位，我对他会如何解读我的肢体语言顾虑重重。我参加工作才一年多，资历尚浅。我要在 4 位资深专业人士面前做报告：美国联邦调查局前特工、系主任、丹娜·卡尼，以及另一位受人尊敬的同事安迪·沃辛科祖克（Andy Wasynczuk）——在来哈佛大学商学院前，她曾是新英格兰爱国者队的首席运营官（新英格兰爱国者队是美国国家橄榄球联盟球队）。

因此，我非常希望顺利完成报告，能给大家留下好印象。但是，我一直担心其他人怎样看我，试图让自己迎合他人的期望。如果被某位肢体语言专家发现我的紧张，这将是我最大的噩梦。更讽刺的是，抱有这种想法使我很难进入存在状态。果然，因为我们讨论的议题是肢体语言，乔指出了几点，说明我在谈话中表现出弱势心理并缺乏安全感。如我抚摸自己的脖子，摆弄头发，双臂环绕身体——这些初级错误和我在教室里观察到的非常相似。在压力状态下，我表现得像班里那些不能主动参与课堂互动的学生一样没有自信，尽管我最希望做的事情就是全身心地做好报告。

乔给我们讲述了一次令人印象深刻的审讯。乔说，在审讯过程中犯罪嫌疑人表现出一种主导性的肢体语言。

乔解释说，尽管这名犯罪嫌疑人的虚张声势之举并没有影响审讯人员的判断，却是犯人对自己的心理暗示，是一种鼓起勇气面对严峻考验的方式。我问乔，是否有人采用科学的方式检验过这样的假设，即人们可以通过"伪装的"主导性肢体语言让自己感觉更强大？他回答说："到目前为止还没有，但这需要你去做。"

以上就是两件本不相关却又同时发生的事情。恐惧心理不仅影响了我的正常发挥，也让我的学生们无法在课堂上参与互动，或许我们本可以不受影响。所以，我们无论如何都要做这项研究——研究身体如何与心理对话。

这门科学不仅仅研究他人如何通过肢体语言来了解我们，讲这个故事也不仅仅是为了讨论大学生是否要在课堂上发言。重要的是，我们的日常行为影响了人生轨迹。当我们表现出羞愧和弱势心理时，我们就会屈服于现状，无论现状是什么样的；我们无意改变自己反感的情绪、行为及其结果；我们不会分享真实的自我……所有这些都对我们的真实生活造成了负面影响。

你的行为方式是你个人力量（这种力量对进入存在状态非常重要）的源泉，它可以打开你禁锢自我的枷锁——释放你的能力、创造力和勇气，甚至还有你的心态。它不会赋予你新的技能或者天赋，而是帮助你分享你所拥有的东西；它不会让你变得更聪明或者更见多识广，而是让你变得更灵活、更开明；它不会改变原来的你，而是让你成为你自己。

舒展你的身体、拓宽你的思维，这可以让你找到存在力。这种存在力可以让你到达更远的地方。

控制肢体语言不仅仅是为了摆出高能量姿势，还因为我们实际上使用低能量姿势的频率远远比我们认为的要多，我们必须改变这种习惯。

准备好你的高能量姿势

作为科学家，我们在开展研究之前首先需要做出明确的假设。

如果具有高能量的非语言表达是与生俱来的，那么当我们赢得比赛时，无论我们的文化背景、性别是否相同，无论我们此前是否看到他人做过同样的动作，我们都会本能地把自己的双臂张开呈V字形。如果威廉·詹姆斯是对的，即我们的情绪既是肢体表达的原因，又是肢体表达的结果，那么当我们感觉弱势的时候采用具有扩展性的姿势，情况会怎样呢？既然当我们感到强势的时候会本能地舒展身体，那么当我们舒展身体时是否也会自然而然地感到强势呢？

我一直在寻找方法帮助学生（和其他人）在他们最需要的时候找到存在力，如果实验证明我们的假设是正确的，就可以帮助他们在面临最大的挑战时激发出最勇敢的自我。

我们的假设是，扩展性姿势能让人们感觉更强大。为了尽快验证这个假设是否正确，我们决定先测试两个关键因素：一是强大、自信的感觉；二是冒险的意愿。

但是在我和搭档丹娜·卡尼、安迪·亚普做第一个实验之前，我们必须做一些重要的基本工作——找到正确的姿势进行测试。我们首先对与肢体语言相关的文献进行全面整合，然后分别选择了5个高能量姿势（见图1~图5）和5个低能量姿势（见图6~图10）。这5个高能量姿势都是扩展性姿势（身体占用了很大的空间），而低能量姿势都是收敛性姿势，就如我在车祸之后乘车时的姿势。

200 / **高能量姿势**

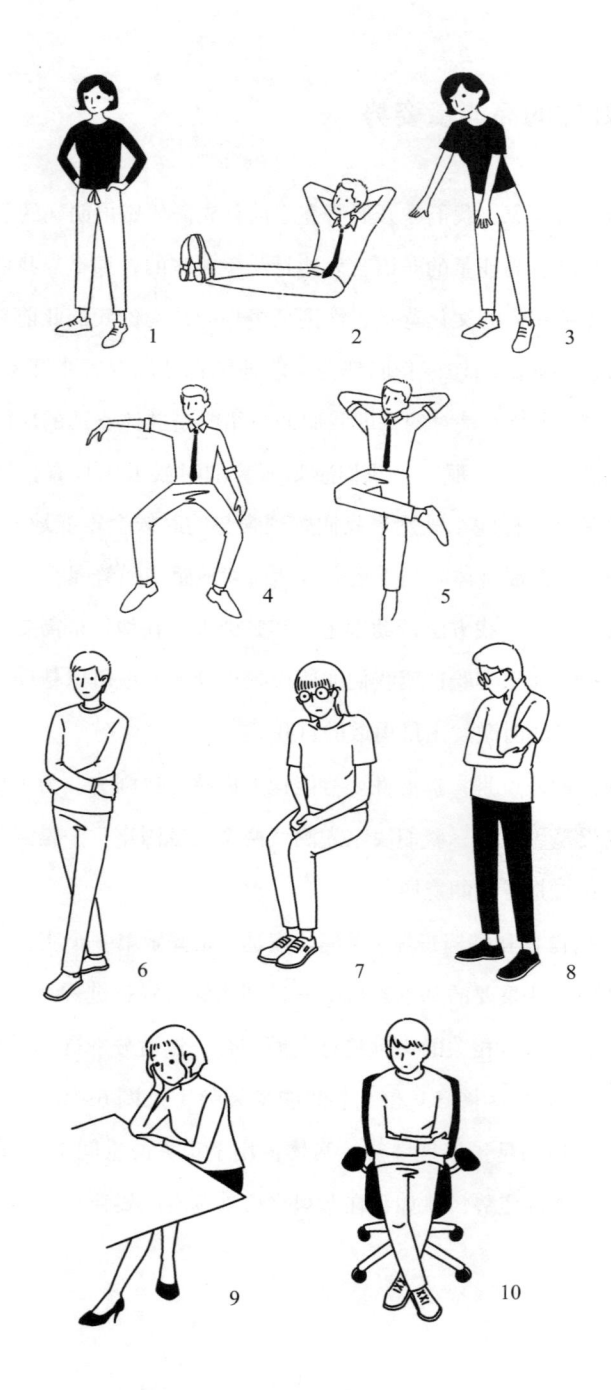

为了百分之百确定普通人（即非心理学家）会把这些姿势和力量联系起来，我们做了一项初步研究。在研究中，我们要求实验对象按照 1~7（从非常弱到非常强）的级别来给每个姿势评分。正如我们所希望的那样，他们给那些具有扩展性的、开放式的姿势所评的平均分数为 5.4 分，远远高于他们给那些具有收敛性的、封闭式的姿势所评的平均分数 2.4 分。我们还希望确保这些姿势在舒适度上没有差异，因为让身体处于不舒适的状态一定会让人情绪低落。于是我们招募了另一组研究对象，让他们摆出这些姿势，并对这些姿势的舒适度、痛苦程度和难度打分。研究对象对这些姿势的舒适度、痛苦程度和难度给出的分数相同。

在做完前期工作之后，我们开始了实验，并尽可能让实验变得简单，易于操作。首先我们招募了一组研究对象，不向他们透露任何与实验目的有关的信息。研究对象来到实验室后，分别被带到了一个小房间里，房间里有一张桌子、一把椅子和一台电脑。电脑屏幕上会展示 5 张照片，每张照片上的人的姿势各不相同。研究人员在离开之前会向研究对象解释，并指导研究对象观看和模仿每种姿势，模仿的时间和照片在屏幕上显示的时间相同——6 秒。这种安排的重点是，研究对象并不知道自己观看和模拟的高能量或低能量姿势是随机分配的。

每一位研究对象都获得了参加研究的标准酬劳。在他们做完一系列姿势之后，研究人员给研究对象 2 美元的额外奖励，并解释说，他们可以留着这笔意外的奖金，也可以用它来冒一次险：要么让奖金翻倍，要么失去奖金。也就是说，他们可以通过掷骰子的方式，或者再赢4美元，或者输掉这2美元（赢的概率是1/6。同时研究人员保证，无论掷骰子的结果如何，他们都能得到事先承诺的参与实验的全部酬劳）。在这种情形下，人们以扩展性的姿势站立几分钟后真的会影响他们的行为吗？此刻，当你知道答案是"会影响"的时候，你应该不会对此感到惊讶：摆出高能量姿势的研究对象更倾向于掷骰子，他们中有33%的人选择了冒险。而摆出低能量姿势的研究对象中只有8%的人选择冒险。

最后，研究人员要求研究对象按照4个简单的级别来评价他们在"强大"和"掌控"方面的感受。摆出高能量姿势的研究对象所感受到的"强大"和"掌控"程度远远高于摆出低能量姿势的研究对象。

第一个实验结果充分说明，肢体语言可以塑造心理状态。姿势本身影响了人们对强势心理和弱势心理的感受以及他们愿意冒险的程度。

但是这一结果同时也让我们想到，这种影响也可能是因为看到电脑屏幕上的高能量姿势产生的。也就是说，可能仅仅是研究对象看到的高能量姿势（而不是模仿）先入为主地给了他们一种强势的印象。这可能表明以上实验中研究对象所感受到的影响是一种心理对心理的影响，不是我们的研究方向，我们希望单独测量身体如何影响心理。

因此，出于谨慎，我们改变了实验的几个细节。在做第二次实验时，研究对象没有看图片，而是由实验人员口头描述姿势，然后确保研究对象以每种正确的姿势保持1分钟。我们把原来的5种姿势减少到2种，摆姿势的时间总共为2分钟。我们通过虚构的故事小心翼翼地隐藏任何与力量相关的线索：我们给研究对象接通了3台假的心电图设备，告诉他们这项研究的目的是检测电极定位对心率的影响。由于在第一次实验中掷骰子获胜概率低，仅仅约 17%，在第二次试验中，我们把获胜概率调整为 50%，使"冒险"显得更为合理。

最后，还有一项重要的变化。这一次，我们不仅测试了研究对象自述的对冒险的感受和意愿，还测试了他们的激素水平的变化。回顾一下第五章我们讲的内容：睾丸素（魄力激素）和皮质醇（压力激素）水平会随着人们对权力和地位变化的感知而产生相应的波动。当权力变大的时候，睾丸素水平上升，皮质醇水平下降。这种激素水平的组合与高度自信和自卑的焦虑情绪有关，是一种理想的搭配，可以帮助人们在面临挑战时找到存在力。

如果高能量姿势真的可以让研究对象感到更强大，也就是说，如果姿势真的可以改变人们内在的生理状态，使他们变得更强（或者更弱），那么这些姿势也同样可以导致激素水平的变化，这种变化我们应该可以测量出来。于是我们假定采用扩展性姿势会导致睾丸素水平上升、皮质醇水平下降；反之，采用收敛性姿势将会导致睾丸素水平下降、皮质醇水平上升。

2004 年，《人类心理学》(*Human Physiology*) 杂志上发表的一项小型研究结果为我们的预测提供了直接的证据。作者测试了摆出一个极具扩展性的"哈他瑜伽"姿势大约 3 分钟对身体的影响。这个姿势被称为"眼镜蛇"式，你也可以尝试一下：腹部朝下，双腿伸直，双脚绷直，两手放在地板上，掌心向下与肩齐宽，肘部弯曲紧贴身体。然后伸直手臂，让上半身（肩膀、胸部和腹部）从地板上立起来，抬起头，视角轻微上扬，这个姿势就像眼镜蛇竖起上身时的样子（你还可以在网上搜索相关图片）。这是一种轻微向后弯曲的姿势，如果不经常这样做，这种姿势会让你感到不舒服。

研究人员对一件事很感兴趣："眼镜蛇"式对循环激素水平产生了影响，包括睾丸素和皮质醇。于是他们在研究对象摆出"眼镜蛇"姿势前采集了血样，动作结束之后立即又采集了一次血样。

研究人员发现，这两种激素水平在数据上都产生了明显的变化：睾丸素平均上升了16%，皮质醇下降了11%。

这些有趣的发现表明，仅仅是摆出一个简单的扩展性姿势就可以使与自信、焦虑相关的激素产生明显的、可测量的变化。前面我们已经见证了瑜伽姿势的良好效果，那么摆出非瑜伽的、简单的高能量姿势也可以产生和瑜伽姿势同样的效果吗？摆出低能量姿势能否产生相反的效果呢？

在实验中，为了检测激素的变化情况，我和同事分别在研究对象摆出高能量姿势前后的15~20分钟内收集了他们的唾液样本。

我们发现，在男性和女性的唾液样本中，摆出高能量姿势的研究对象的睾丸素水平上升了19%，皮质醇水平下降了25%；摆出低能量姿势的研究对象的这两种激素的变化趋势正好相反，睾丸素水平下降了10%，皮质醇水平上升了17%。实验结果和我们的预测相吻合。

此外，和第一个实验一样，因为姿势的影响，研究对象感受到的力量程度也惊人地相似。风险承受能力的测试结果也得出了相同的结论。将获胜概率提高到50%之后，尽管总的来看人们对2美元的冒险意愿都提升了，但在摆出高能量姿势的研究对象和摆出低能量姿势的研究对象中，最终选择冒险的人数比例仍然相差很大：86%的摆出高能量姿势的研究对象和60%的摆出低能量姿势的研究对象愿意冒险（相差26%）。而当获胜概率只有约17%的时候，摆出高能量姿势的研究对象和摆出低能量姿势的研究对象中愿意冒险的人数比例分别是33%和8%（相差25%）。换句话说，在第二次实验中，随着获胜概率的上调，每个人冒险的意愿程度都有所提升，但是摆出高能量姿势的研究对象和摆出低能量姿势的研究对象之间的绝对差仍保持不变。

第一项研究充分证明，采取具有扩展性、开放性的姿势（用身体展示力量）不仅可以促使心理和行为发生变化，而且可以改变研究对象的生理状态。这些都和已知力量的影响一致。

我们并不是第一批研究扩展性姿势和收敛性姿势是否会对人类心理产生影响的心理学家。20世纪80年代，心理学家约翰·拉斯金（John Riskind）做了一系列实验。这些实验尽管没有把姿势与力量或存在力联系起来，但也证明了摆出扩展性姿势要比收敛性姿势有更多的益处。当压力消失后，我们的自信和自控能力就会提升，我们会变得更善于解决长期问题，甚至做出更有建设性的绩效反馈。20世纪90年代初，萨宾·斯戴普和弗里茨·斯特拉克（让研究对象咬着笔微笑的研究人员）发现，在得知自己在某项任务中获胜的时候，如果我们当时以直立而不是收敛性的姿势坐着，我们会感觉更加自豪。

自2010年我们最初发表关于高能量姿势的几份实验结果以来，已经有人做了很多相关研究，这些研究都与身心合一现象密切相关。这些研究都证明了摆出具有扩展性、高能量的姿势以及直立的"积极"姿势具有诸多益处。

此后，拉斯金又做了很多研究，有了惊人的发现：不仅那些明显的高能量姿势有效果，即使非常轻微的扩展性姿势，如简单的"直立"坐姿也可以获得相同的效果。如果进一步分析，我们会发现，扩展性的动作——即使是声音的扩展，比如放慢语速，也能影响我们的思维、感受和行为。

用高能量姿势引导你的情感、思想和行为，让你无论是在通常情况下还是在最具挑战性的时刻，都能感觉强势并找到存在力，甚至发挥得更出色。

让我来解释一下。

我和同事们做了一系列实验来研究象征力量的姿势对激素的影响，结果表明它们之间存在着千丝万缕的联系。从心理学的角度来说，它们之间的关系让人着迷。但是，这些关系仅仅是冰山一角。也许正如我们的实验所揭示的那样，最重要的发现是，通过摆出具有扩展性、开放性的姿势，我们感觉更强大、更自信、更果断，同时我们感觉压力较小，焦虑感减轻，从而变得更开心、更乐观。

在研究中，我和同事们常常要求研究对象在摆出高能量姿势后，通过回答一系列与个人力量相关的问题来描述自己的感受。其他研究人员也采用了类似的方式，多次验证了这一结果：研究对象感觉到了有意识的力量变化。

高能量姿势的益处也体现在无意识层面上。比如，心理学家李晃和她的团队将高能量姿势和传统权力操控（在第五章曾经提到过，如角色分配，经理对于下属的权力）的效果进行了比较。研究人员让每位研究对象分别摆出高能量姿势或者低能量姿势，然后又给他们分配了强者或者弱者的角色。为了不让研究对象察觉到姿势的改变，李·黄说她们正在做一项关于人体工学椅的市场调研，并要求研究对象在随机受到指派做扩展性姿势（即高能量姿势）时，把一只胳膊放在椅子扶手上，另一只胳膊搭在旁边的椅子背上。李·黄还让研究对象交叉双腿，把一只脚的脚踝放在另一条腿的大腿上，膝盖向外。这个姿势和我们此前介绍的实验中图5的姿势相似。在摆出收敛性姿势（低能量姿势）时，研究对象坐在自己的双手上，双腿并拢，双肩下垂。这个姿势和我们前面介绍的图7姿势相似。然后，研究人员指派研究对象分别扮演经理（强势）或者下属（弱势）角色。研究人员告诉"经理"，他们要和下属共同参与解决难题的任务，在此期间要给予下属指导、评估和奖励；研究人员告诉"下属"，他们在完成任务的过程中将会获得经理的指导、评估以及奖励。（需要注意的是，这项任务实际上并没有执行；单纯地为人们指派相应的角色已经能够让他们感觉到操纵权力了。）

　　研究人员为研究对象分配角色之后，会让他们为一系列单词补充缺失的字母，组成与力量相关或者无关的单词，以此来测试他们无意识中对权力的感知程度（权力的概念在认知上"被激活"或者"可使用"的程度）：如L_ad，可以填充字母组成与力量有关的单词lead，或者与力量无关的单词load。研究人员要求研究对象按照最先想到的单词来填字母。

　　尽管摆出高能量姿势和扮演强势角色都可以增强人们的权力意识，但李·黄发现，只有摆出高能量姿势可以影响无意识的权力感，而扮演强势角色则不行。摆出扩展性姿势的人填出了更多与力量相关的词,这反映出人们在无意识情况下的权力感被激发了。正如李·黄指出的:"我们的实验表明,姿势对力量在行为和心理表现方面的影响要强于角色权力……进一步强化了'力量源于肢体语言,或者肢体语言是力量的外在表现'的观点。为了像强势的人那样思考和行事,人们不需要拥有角色权力,不需要把自己想象成一个强势的角色。"简言之,身体只需要做出一个简单的姿势,并坚持几分钟,就可以产生比分配一个强势角色更好的反馈效果……这一发现令人振奋。

高能量姿势对人的影响会跨越文化的界限吗?为了找到答案,心理学家劳拉·帕克(Lora Park)及其同事做了一个跨文化研究来比较美国和东亚地区的研究对象。在很多东亚文化中,在公开场合皱眉通常是一种明显的优势肢体语言,这意味着高能量姿势可能对这种文化背景下的人没有效果。另一方面,由于扩展性姿势和优势地位之间存在普遍联系(整个人类世界,甚至整个动物世界均是如此),我们认为高能量姿势(尤其是我们在私下里摆出的高能量姿势)的效果几乎无处不在。

帕克发现,她的美国和东亚研究对象在做出双手张开放在桌子上的扩展性姿势(我和同事在自己的研究中使用过这种姿势)以及扩展性直立坐姿(李·黄在她的研究中使用过这种姿势)之后,都切实感受到高能量姿势有利于提升自信心。

由于人们对各种肢体语言的认可存在文化差异,我们预料到一些细微的差别:对某些人来说,一些姿势产生的效果可能会更明显。帕克发现，在她的东亚研究案例中，有个特定的姿势（将双腿放在桌子上，双手交叠放在脑后，胳膊弯曲）不会让研究对象感到更加强势或者对研究对象的行为产生导向作用。

为什么不会呢？

这可能是因为东亚人更倾向于使用纵向的身体扩展性姿势，而西方人倾向于使用横向的身体扩展性姿势。比如，东亚人的高能量姿势的强弱程度表现在是站着还是坐着、鞠躬时身体的弯曲程度、庆祝时举杯的高度等。文化心理学家赛能·瑟恩（Seinenu Thein）发现，在缅甸的一些地区，儿童会让自己的头部低于长辈。缅甸的儿童早上在父母起床前应当坐在地上。当有僧侣走进屋子，坐在椅子上的时候，孩子和成年人都应该坐在地上。一个人在社会阶层中的地位决定了他的垂直高度，垂直高度较低则反映出社会地位较低。

而西方人则喜欢横向扩展性的姿势，如把双脚放在桌子上，或者双臂向两侧打开。在东亚文化中，横向的扩展性姿势通常被认为是不适用于社交场合的粗鲁举止。我们在网上简单地搜索"美国首席执行官"和"日本首席执行官"的图片，就可以证实这一点。

因此，帕克的发现不无道理。具有东亚文化背景的人会发现，把脚放在桌子上的姿势（几乎完全是一种横向的扩展性姿势）让人感觉很不舒服、令人费解。正如帕克和她的合著者所说的那样，关于这种姿势，"美国人和东亚人均认为不符合东亚谦逊、克己的文化准则……姿势对人们心理产生的影响取决于姿势的种类和这种姿势在一种文化中象征的意义"。

扩展性姿势同时可以减轻焦虑，帮助我们减轻心理压力。约翰·拉斯金在研究中发现："那些弯腰驼背、摆出受到威胁姿势的研究对象，其口头表达的心理压力要比那些摆出放松姿势的人更大。"摆出扩展性姿势的人相信能掌握自己的命运。当收到负面反馈意见时，他们不易被负面意见左右，也不会轻易动摇自己的想法。

奥克兰大学的研究人员做了另一项研究，旨在研究运动贴布如何影响人们的生理、情绪和表现。然后，他们在研究对象后背贴上贴布，帮助他们保持挺拔或收敛性的姿势。他们要求研究对象在保持这些姿势的同时，完成某个版本的"特里尔社会压力测试"任务。这项任务在本书介绍的几次试验中曾经使用过：每位研究对象以"为什么我是自己梦寐以求工作的最佳人选"为题，准备一次5分钟的讲话，并且在一组表情非常冷漠的面试官面前发表这段讲话。但是和其他高能量姿势的研究不同，人们会把这些微妙的动作运用在实际演讲中。也就是说，在演讲过程中，研究对象会摆出扩展性或者收敛性姿势，比如坐直、双肩向后打开，或者双肩懒散地下垂（见图11和图12）。然后，他们会对自己的情绪、自尊心，以及感知到的潜在危险（在各种受到威胁的场景中的恐惧程度）进行评价。

与摆出收敛性的姿势的研究对象相比，摆出挺拔姿势的研究对象更加热情、自信，表现出更少的紧张感和懒散情绪。他们在自我报告中表现出更强的自我意识、更少的恐惧感。两组对象的演讲内容也各不相同。摆出挺拔姿势的演讲者使用的积极词汇更多，消极词汇更少。这一结果和我们在其他研究中看到的一致，同时他们还较少使用第一人称代词，比如"我"。他们很少谈及自己，这反映出他们更少担心自己，从而能更加自由地应对挑战性时刻。事实上，社会心

图 11　　　　　　　　图 12

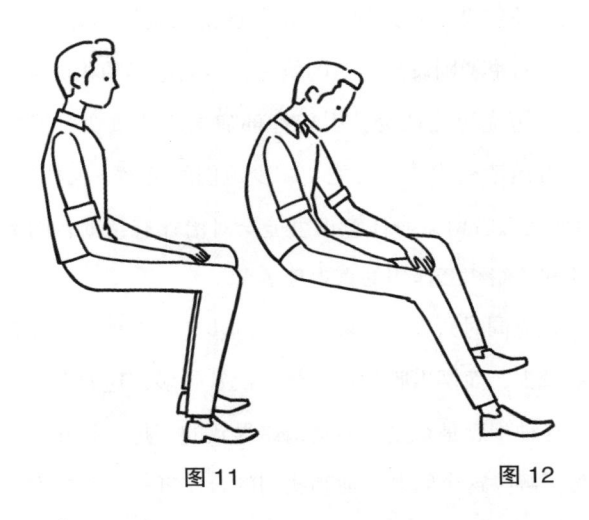

理学家艾娃·卡斯维兹（Ewa Kacewicz）、詹姆斯·潘尼贝克（James Pennebaker）及其同事们所做的一系列研究揭示，人们越频繁地说"我"，就越倾向于心理弱势，越不能肯定自我。正如潘尼贝克在接受《华尔街日报》采访时所说的那样："与地位较低的人相比，那些自信且拥有较高权力、较高地位的人，对于第一人称代词'我'的使用更加频繁……这种说法完全错误。社会地位高的人高瞻远瞩，而社会地位低的人则只关注自己。"

2014 年，心理学教授约翰内斯·迈克拉克（Johannes Michalak）在德国维藤/黑尔德克大学做了一项研究。研究人员随机安排 30 名抑郁症患者分别以收敛性姿势或者扩展性姿势坐下，患者面前的电脑屏幕上显示 32 个单词，一半为积极词汇（如美丽、愉快），另一半为消极词汇（如疲惫、沮丧）。之后，患者们完成了一项针对这些单词的回忆测试。那些坐姿收敛的患者记住的消极词汇明显多于积极词汇，而坐姿挺拔的患者则没有类似的偏见，他们记住的积极词汇和消极词汇一样多。迈克拉克认为，引导抑郁症患者"改变习惯性的……错误姿势或者运动模式……可能会减少他们的负面、偏执情绪"，同时"训练抑郁症患者留意身体意识可能会对治疗有帮助，因为这可以增进对身体和情绪相互作用的直观理解"。

迈克拉克同时研究了抑郁症患者的步态，发现他们摆臂和头部运动的次数较少，而摆出收敛性姿势的次数较多，这并不令人惊讶。他想知道，这种步态是否是由不良情绪导致的，是否是导致不良情绪的原因？为了解决这个问题，他和我们的合作者——指导安大略女王大学生物运动实验室的负责人尼古拉斯·特罗耶联手合作做了以下研究。

研究对象走进实验室后，研究人员将运动传感器连接到他们身体的大多数运动区域，如关节、双脚和双手，然后指导他们在跑步机上行走。6分钟后，研究对象前面的监测仪上会出现一个大的水平标尺，在水平标尺上，光标指明了研究对象的一些运动状态指标……但实验人员不会告诉研究对象这些具体指标是什么。事实上，实验人员只告诉研究对象，这项研究的目的是测试人们能否使他们的走路方式适应"实时反馈"，即"生物反馈"。

水平标尺没有标记，但当研究对象改变走路方式时，光标会左右移动。然后研究人员要求研究对象调整步伐，使光标尽可能远离左边或者右边，但并不解释原因。研究对象不知道，在研究人员要求的两种走路方式中，一种是"开心"的走路方式（扩展性姿势），而另一种是"悲伤"的走路方式（收敛性姿势）。另外，由于有些人对左右的概念存在偏好，因此研究人员对左右两侧的光标进行了平均分配，所以对一部分人而言，光标在左边表示"悲伤"姿势，在右边表示"开心"姿势，而对另一部分人而言，光标在左边表示"开心"姿势，在右边表示"悲伤"姿势。

根据研究人员的指示，大多数研究对象用了一分钟左右的时间就领悟到如何让光标一直保持在左边或者右边（尽管他们仍然不知道标尺所代表的意义）。几分钟后，研究人员要求每位研究对象阅读一系列表示积极或者消极的词语，判定每个单词是否适合描述自己，然后再回到跑步机上走至少8分钟。最后，研究人员要求研究对象回忆读过的单词。猜猜结果如何？当研究对象以"开心"的姿势走路时，他们记住了更多积极的词语、更少消极的词语，这一结果证明了情感记忆存在偏好。与之相反，当研究对象以"悲伤"的姿势走路时，他们则记住了更多消极的词语，而这种记忆的偏好已经在临床抑郁症患者中多次得到证实。

和姿势一样，运动也会引导大脑的感知，甚至会管理大脑的记忆。随着走路的姿势变得更加开放，身体更加挺拔，步履更加轻快，我们关于自我的记忆也会随之变化。

正如我在第六章中提到的那样，当感觉强势的时候，我们的音域甚至会变宽，会比我们感到弱势的时候占据更多的空间。斯坦福大学心理学家露西亚·盖尔利（Lucia Guillory）和黛博拉·格伦菲尔德（Deborah Gruenfeld）称这种现象为"主张社会空间的一种方式"。我们不会仓促地结束发言，也不害怕停顿。我们感觉应该占用一定的时间，甚至在讲话的时候更多地进行眼神交流。盖尔利和格伦菲尔德认为，语速缓慢显示出一种开放的心态："当人们说话语速慢的时候，表明他们不担心被打断。以相对缓慢的语速说话更容易让人听清楚，更容易让人理解。语速较慢的人同时也占用了交流对象更多的时间。"

　　两位科学家还假设，较慢的语速和扩展性姿势一样，在身心合一的反馈方面具有相同的效果。他们做了一系列研究来验证这一假设。研究人员让研究对象按照电脑屏幕上显示的内容，用不同的语速大声朗读一些句子，然后回答一系列问题。这些问题旨在揭示研究对象感受到的力量、自信和有效的程度。比如，研究人员要求研究对象以1~7分的标准来评价自己对诸如"我感觉即使自己讲出来，我的观点也不会改变"的认同程度。最后，研究对象给出的评分和他们所感受到的力量程度正好相反。也就是说，他们读句子的速度越慢，后来感觉越有力量、越自信、越有效果。从某种意义上讲，从容不迫地说话让我们有更多的时间清楚地交流，消除了急于脱逃的社会性焦虑，有利于展示真实的自我。

　　通过姿势、动作和讲话来拓展你的肢体语言，会让你感觉更加自信和强大，不容易焦虑和固执己见，通常会让你拥有更积极的心态。

思考：改善认知过程

　　姿势不仅可以影响我们的感受，还可以影响我们对自身的看法：从自我描述，到对这种观点的肯定和认同。这些自我描述对我们建立良好的人际关系、顺利完成工作，既可以起到促进作用，也可以起到阻碍作用。简单地说，这些看法可以帮助我们找到存在力，或者妨碍我们找到存在力。

全嘉妮（Jamini Kwon）是首尔大学的一名研究生，当她还在哥伦比亚大学上学的时候，她因罕见的药物反应导致身体局部瘫痪，一连几个月卧病在床。此后，她逐渐对研究身心之间的相互关系产生了兴趣。她患有三叉神经疼痛。三叉神经负责将面部的感觉传递给大脑。如果三叉神经受损，即使受到轻微的刺激，比如刷牙、化妆，也会导致剧痛。"我疼得几乎无法喝水，"她说，"我差不多瘦了30磅。"

她在床上度过了一段漫长的时间。原先健康挺拔的身姿突然变成了自我保护性的弯曲、佝偻的姿态，同时伴随着剧痛，这让她很难抑制不断产生的自虐想法，以及因此引发的无助感，"当我躺在床上无法动弹的时候，我感觉身心俱疲，心灰意冷"。

但是，当她逐渐恢复了一些运动功能，并开始小心翼翼地站起来，尝试做点儿事情时，她重新开始画画——此前她不得不放弃这一爱好。绘画迫使她从长时间的收敛性姿势中挣脱出来。"我画的画通常都很大，所以当我开始重新画画时，我必须站起来，舒展我的手臂。"她说。

重新开始运动不仅对她的身体恢复有利，而且有益于她的心理康复。"对我来说，这种'具身认知'（cognitive embodiment）给了我新的生命。我深信，我们的认知过程可以通过肢体动作来改善。"但是我想说明一点，身体的残疾绝不意味着人们一定会陷入一种萎靡不振、绝望和无助的生活状态。全嘉妮所分享的情绪体验是在她的病症出现后不久产生的,这种现象非常普遍,而由于当时的诊断和预后尚有诸多不明确因素,很可能强化了这些情绪。在后面我们将会探讨,身体残疾的人如何运用各种方法来适应身体的变化,调控自己的情绪。

全嘉妮将自己所学到的知识与个人经历相结合,开始痴迷于研究姿势将如何改变自我认知与行为能力,以及这些认知将如何阻碍或者提升创造力。于是她做了一系列关于低能量姿势对心理影响的实验,并习惯性地运用这些低能量姿势与中性姿势(非高能量姿势)进行比较。她在研究中发现,当人们试图解决复杂的问题时,低能量姿势会明显地削弱人们的坚定意志和创造力。这些负面影响是由于人们在不断贬低自我,给自己"我没用""我很容易失去信心"等心理暗示。

换句话说,暂时的低能量姿势增强了人们对自我的负面意识,这种负面意识抑制了他们面对挑战的动力和创造力。而摆出中性姿势的人不会纠结于自己所有的缺点。他们考虑的是当前的任务,他们会活在当下,而不是受困于自己的负面情绪,也不会无端想象自己会因为即将面临的失败而自毁前途。

其他研究人员也发现了类似的结果,即姿势影响人们对自我的认知。旧金山州立大学整体健康学院教授埃瑞克·佩帕尔(Erik Peper)从事身心相互关系的研究已经30多年了。他和运动心理学家维埃塔·威尔逊(Vietta Wilson)进行了一项研究,他们让研究对象以两种姿势(一种是收敛性姿势,另一种是扩展性姿势)分别保持1分钟,同时回忆经历过的美好事情。实验结果显示,92%的研究对象认为以挺拔姿势坐着更容易回忆起愉快、美好的事情。

拉斯金称此现象为"一致性",正如迈克拉克在行走实验中所证明的那样——我们摆出积极的姿势时比摆出消极的姿势时更容易唤醒积极的记忆，即积极的记忆和积极的姿势相关，它们可以达到"同步"。当我们能够轻松唤醒关于自我的积极回忆时，我们也很容易在当前和未来对自我认知进行归纳总结，从而抱有一种乐观的心态。

巴勃罗·布里尼奥（Pablo Briñol）是西班牙马德里自治大学的心理学教授，他和一组研究人员进行了类似的实验。他们安排研究对象摆出两种姿势：或者站直身体、挺起胸膛，或者无精打采地坐着、身体前倾、面部对着自己的膝盖。当研究对象分别摆出这两种姿势几分钟后，研究人员要求他们用3种积极的特质或者3种消极的特质描述自己，这3种特质可能会在未来帮助或者损害他们的职业生涯。实验接近尾声时，研究对象被告知他们可以放松并恢复正常的姿势，他们完成了一项评估自己在未来工作中取得出色业绩潜质的问卷调查。

研究人员发现，在描述自己的特质时，学生们的自我评价基于自己之前摆出的姿势。那些摆出挺拔姿势的学生不仅很容易联想到积极的、高能量的词语来描述自己，而且他们对于自己列出的个性特质深信不疑。相反，那些摆出懒散姿势的学生既不相信自己具有积极的特质，也不相信自己具有消极的特质，他们甚至纠结于该如何描述自己。

正如我们在第五章中指出的那样，研究发现，拥有强势心理的人更善于思考抽象的问题，即更善于提炼信息中的要点，整合信息，对诸多理念进行分类，找到彼此间的相互关系。这对于花几分钟摆出高能量姿势的人来说也同样有效。李·黄做过姿势和角色对比研究，他通过让人们完成一项知觉任务来测量姿势对抽象思维的影响。他要求人们从模糊、零散的物件的照片中找出相关元素，进而拼出完整的照片。和摆出低能量姿势和扮演弱势角色的研究对象相比，摆出高能量姿势的研究对象再次更加出色地完成了任务，并且比扮演弱势角色的研究对象表现得更好。也就是说，摆出高能量姿势的研究对象的抽象思维更敏捷。

抽象思维的概念本身就是抽象的，善于抽象思维的人可能意识不到它的好处，但是如果把它置社会评价的背景下：在紧张的谈判环境中，你需要倾听并整合多种观点和意见（有些你可能从来没有听过），并且有效地回应这些观点和意见。无论是在课堂上、董事会上，还是任何其他地方，快速处理大量不同的信息、取其精华、将它们进行合理整合，绝对是在巨大压力下找到存在力的基本要素。

因此，扩展你身体所占的空间，可以让你以积极的心态来看待自己、相信自己，还可以帮助你理清思路、发掘创造力、坚定自我认知，并提高抽象思维能力。

行为：激活行为取向

高能量姿势激活了行为趋向系统，这个系统让我们更倾向于坚持自我、接近并抓住机会、冒险尝试并持之以恒，它的作用远远胜过在实验室里掷骰子。

卡罗来纳海岸大学的心理学家做了一项研究，旨在测试肢体语言对领导力的影响。研究人员安排研究对象分别以开放、直立的姿势或者收敛性的姿势坐1分钟，然后让他们选择桌子旁边的某个座位以完成一项团队任务。研究人员发现,前面摆出直立坐姿的人总是选择坐在接近首座的座位,而摆出收敛性坐姿的人通常选择远离首座的座位。作者得出的结论是:"在进行重要面谈、参加重要会议、完成重大任务以及做出重大决定之前,保持直立的坐姿可能会增强人们对自身领导力的感知。"情况有时甚至更微妙。日本研究人员发现,使用积极坐姿的学龄儿童在完成包括写作在内的作业时,比其他同学更具创造力。积极姿势强化了我们"能力无限"的意识,使我们做事情更加容易。

心理学家吉尔·艾伦(Jill Allen)和她的同事想知道扩展性姿势是否可以帮助人们克服饮食失调,即人们因为过度关注身材而过分限制热量的摄入。在艾伦的研究中,有饮食失调症状的女性研究对象分别摆出高能量姿势、中性姿势和低能量姿势,并保持了几分钟。实验证明,摆出高能量姿势的人消除了对身材的担忧,能够以相对放松的心态吃东西,并且吃了较多有益健康的食物。研究人员甚至发现,女性自发的扩展性姿势会使人减少节食行为,而自发的收敛性姿势会导致更极端的节食行为。他们把这篇论文命名为"扩展性坐姿有助于增进食欲"。

亲社会行为,即那些对他人有益的行为。但亲社会行为通常需要鼓起勇气采用趋向思维模式。比如,研究人员在研究对象摆出高能量和低能量姿势之后,询问他们在某几个亲社会场景中采取行动的意愿程度,这些场景包括:离开飞机事故现场寻求帮助,为了帮助一个被误判入狱的人获释而参加一场集会。摆出高能量姿势的人更倾向于在这些假设的场景中帮助他人。

正如全嘉妮在她的研究中说明的那样,面临挑战时,摆出收敛性姿势更容易让人们放弃。事实上，低能量和收敛性姿势不仅破坏了人们坚定的意志，而且更容易加剧人们已有的无助感——人们借此逃避先前遭遇困难时的痛苦经历，因为他们认为自己不能有效地解决这些困难。收敛性姿势也许在原始社会能够有效帮助人们躲避捕食者，或者有助于向性情善变、残暴的首领表达屈服之意，但是很难证明这种姿势在 21 世纪仍然对我们有利。

舒展身体可以帮助你心无旁骛地接近目标、采取行动，并持之以恒。

身体：增强自我引导能力

身体影响心态，心态影响行为。身体同时也具有自我引导能力。存在力通常始于身体——身体的存在和停留。当面临挑战或感到焦虑的时候，我们更倾向于进入"战或逃"行为模式，这两种行为模式都会让我们远离存在的状态。"逃跑"模式让我们无法保持专注，因为我们在心理上已经彻底放弃了。而在"战斗"模式下，是因为我们受到惊吓或者过于愤怒，以至于对真实发生的事情无法做出正确的反应。

肢体语言可以帮助身体做好充分的准备以进入存在状态，这是借助由激素构成的身体机能来实现的。同时，正如我在第七章中提到过的那样，简单改变呼吸频率就可以在很大程度上改变神经系统的运作方式，削弱过度活跃的"战或逃"反应能力，增强力量感。但是，摆出高能量姿势对身体的好处并不止这些。

剑桥大学心理学家李恩熙（Eun Hee Lee）和西蒙尼·思科奈尔（Simone Schnall）曾让研究对象举起重达几磅的盒子，并在举盒子之前和之后分别以高能量姿势或者低能量姿势坐下。研究对象在摆出扩展性姿势后，感觉这些盒子非常轻，也可能因为他们已经习惯了盒子的重量（即当研究对象不做高能量姿势或者低能量姿势时，他们也会在第二次举盒子的时候感觉盒子更轻了）。但摆出收敛性姿势的研究对象并不受这种惯性的影响，他们感觉后来举的盒子和之前举的一样重。

运动员如何利用肢体语言提升自己在比赛中的表现呢？当你知道运动心理学家对此特别感兴趣时，你一定不会感到惊讶。2008年，运动心理学家盖尔·乔代特（Geir Jordet）和埃丝特·哈特曼（Esther Hartman）做了一项研究，旨在探求足球比赛罚点球时肢体语言对射门成功率的影响。他们观看了所有世界杯、欧洲冠军联赛和欧洲足球协会冠军联赛的点球大战——共计36场罚点球决胜负、359次罚点球，研究发现，那些在射点球时肢体语言表现得有些仓促，回避与对方守门员目光接触的球员，点球失误的概率非常高。研究结论是，这种回避性的肢体语言可能令球员在压力之下感到畏缩和窒息。

扩展性的肢体语言增强了我们对自身力量和技能的感知，而收敛性肢体语言则削弱了这一感知。

扩展性的肢体语言从生理上为你找到存在力做好了准备，它战胜了直觉上的"战或逃"的心理状态，帮助你脚踏实地，敞开心扉，全力以赴。

痛感：增强疼痛耐受力

高能量姿势除了可以让我们感觉更强大，它还能在其他方面影响我们对身体状况的感知吗？疼痛既是一种心理体验，也是身体体验（这个事实已经在许多科学学科中得到证明），那么姿势和疼痛之间有什么联系吗？

为了找到姿势和疼痛之间的联系，心理学家凡妮莎·博恩斯（Vanessa Bohns）和斯科特·维尔特姆（Scott Wiltermuth）分别在研究对象摆出主导性的、顺从性的或者中立性的姿势之前和之后计算了他们的痛阈值。研究人员在实验室使用"止血带"技术，成功捕捉到研究对象的痛阈值。他们把血压袖带绑在研究对象的手臂上，以固定的速率给血压袖带充气，使血压袖带紧绷，直到研究对象无法忍受的时候停止。在第一次读数完毕之后，研究人员让研究对象立即摆出一个随机分配的姿势并坚持20秒，然后第二次测量他们的痛阈值。正如所预测的那样，与低能量姿势（跪着，臀部坐在腿肚子上，双手放在膝盖上）和中性姿势（仅仅是站起身，双臂放在身体两侧）相比，高能量姿势（双腿分开，双臂向两侧举起）增强了研究对象对疼痛的忍耐力。

这个实验证明，扩展身体可以增强我们对疼痛的耐受力。

电子设备的大小会影响个人能量的高低吗？

所有这些扩展性的肢体语言都让我们感受到了更强烈的力量、自信和乐观情绪，缓解了心理压力，也让我们更愿意树立积极的自我形象，果断采取行动，在重重困难面前坚持到底。这些肢体语言还能够让我们的身体保持强壮，有助于提升我们在经历各种重大困难时找到存在力的能力。

但是，对于那些与我们互动的人来说，我们的存在力是显而易见的吗？存在力真的可以量化地提升我们的表现吗？我和我的合作者们（卡罗琳·威尔姆斯、丹娜·卡尼和安迪·亚普）预测是可以的。具体来说，我们假设在参加紧张的面试前先做几个高能量姿势可以帮助我们增强存在力，那么我们在面试中的表现就会获得更好的评价，受聘用的概率会更大。为什么要在面试前摆这些姿势呢？我前面曾经说过，在社会活动中使用高能量姿势往往会起到相反的效果。这不仅让人感到奇怪，而且让人感到很不舒服。你可以想象一下第一次遇到某些人，他们以胜利的姿势站立，或者坐下的时候双脚放在桌子上、双手叉腰。也可以想象一下你是一位面试官，一位来应聘的女士在面试时摆出这样的姿势……

研究对象来到实验室后，研究人员告诉他们将参加一次紧张的模拟面试，应聘自己理想的工作。这个场景是不是让你联想起我在第一章里介绍过的研究？是的，这里我们使用了一个类似的研究模式。研究人员给研究对象一小段时间做准备，让他们用5分钟回答"我们为什么要聘用你"这个问题。研究对象被告知，他们要在两名训练有素的面试官面前以演讲的方式回答这个问题，同时，他们的演讲将会被录音，稍后由一个相对独立的 6 人评委小组来评判。研究人员还提醒他们不能弄虚作假，并且演讲要持续 5 分钟。

两位担任面试官的研究人员身穿实验室白大褂，手拿写字板，并且事先受过训练，不给研究对象任何反馈，只做出中性的表情。我们在其他研究项目中已经了解到，从倾听者那里得不到任何反馈，通常比得到负面反馈更加让人不安。

研究对象在准备演讲的时候，研究人员给他们分配了我们在前面的研究中用到过的高能量姿势或者低能量姿势，让他们在面试之前而不是面试过程中（这一点很关键）摆出这些姿势。研究人员给每一次面试都录了视频，每一段视频都由 3 组评判人员进行评判，而所有评判人员并不知道我们事先的假设，也并不了解和实验相关的任何信息（这也很关键）。

在 6 名评委中，2 位评委负责评估应聘者的表现和被雇用概率，即评估研究对象"在面试中的总体表现"和"这个应聘者能否获得这项工作"；2 名评委负责评估应聘者回答问题时的语言表达内容，即研究对象的回答是否巧妙、内容是否得当、是否有条理、答案是否明确等；另外 2 名评委则负责对我最感兴趣的可变因素进行评估——应聘者的非语言存在力，即研究对象所表现出的自信、热情、魅力和淡定程度。

正如我们预期的那样，那些在面试前摆出高能量姿势（相对低能量姿势而言）的研究对象在演讲中表现得相当出色，他们更有可能获得这个模拟的工作机会。高能量姿势对他们演讲的内容并没有影响，却让非语言存在力获得了更高的分数——正是非语言的存在力影响了聘用决策。换句话说，是他们的肢体语言为自己赢得了工作机会。

下一次你身处候车室、火车上或者其他公共场所的时候，向周围看一看，有多少人正在埋头使用电子设备？在世界上的大多数地方，答案都是"很多人"。

当我们专心做事情的时候，我们很难关注自己的姿势。同时，我们所使用的家具、居住的场所，以及使用的科技产品也不经意地影响到了我们的肢体语言，而这些因素更难掌控。

新西兰理疗医师史蒂夫·奥古斯特（Steve August）一直在研究和开发他称之为"i–弓背"的治疗方案，我也曾听人们称"i–弓背"为"短信脖"。我和同事们在研究中把这种姿势称为"i–姿势"。在我们讨论这个问题时，奥古斯特说："当姿势正确的时候，人的耳垂应当垂直于肩膀。30多年前，当我开始接诊病人的时候，我在祖母、曾祖母那两代人身上发现了弓背现象，即后背的上半部分向前弯曲并且定型了。现在我在青少年中也发现了同样的弓背现象，从他们身体的侧面就可以看出来，非常明显。最初这只是一种无精打采、松懈的姿势，人们能够自行矫正。但这种姿势一旦定型，形成了弓背，就无法复原了，而这个过程很短暂。现在弓背的问题很普遍，而且范围还在继续扩大。"

当人的头部与肩膀保持垂直、平衡时，头部的平均重量大约是12磅。但是使用手机时，我们的脖子会向前倾斜大约60度，头部的实际重量就变成了60磅。奥古斯特通过扫帚测出了这个重量："伸出手掌垂直握住扫帚，你会发现这并不难，不用费太大力气就可以做到。然后抓住扫帚柄的上端，让扫帚柄倾斜 60 度。"此时要想让扫帚保持平衡，需要很大的力气。他说，当人们看到他拿着倾斜的扫帚费了很大力气时就能理解了。"我们躬身对着笔记本电脑、平板电脑或者智能手机的时候，颈部的肌肉也同样需要更大的力量才能让头部保持平衡。保持这样的姿势 8 个小时，难怪你会痛！"

奥古斯特在看了我的 TED 演讲之后和我取得了联系，因为他想知道，在使用了数小时手机、平板电脑和笔记本电脑之后，是不是会像摆出低能量姿势一样对我们的心理产生影响？这也是我担心的事情。科技的发展让我们专注于电子设备，而不是和坐在身边的人交流，因此我们很难找到存在力。我们回复此前收到的电子邮件，更新自己在网上的状态，让我们自己置身当下之外，和现实生活脱节。从认知角度来讲，电子设备已经偷偷地吸引了我们对当下的注意力，那么这些电子设备还会让我们的身体呈扭曲姿势，从而遏制我们的力量和进入存在状态的能力吗？

奥古斯特说，在我们通信之前，他一直在研究弓背对肌肉骨骼的影响——引起颈部和背部的剧烈疼痛、头痛以及大量相关的健康问题，却没有关注过弓背对心理产生的影响。他说："我还没有考虑过弓背姿势会影响到自信心，让人产生弱势心理。"但是这些实验结果与他的临床治疗经验吻合。"随着使用的电子设备尺寸越来越小，患者的果断程度也越来越低，同时由于患者颈部受到的负担加重，还导致了暂时或者永久性的颈部疼痛和头痛。这是一种非常明确的（逻辑）关系：电子设备越小，（为了使用它们）人们的弓背情况越严重，果断程度下降，颈部负担加重，颈部疼痛和头痛加剧。"

原来如此！

这种关系似乎值得进一步研究。我和社会心理学家马腾·博斯（Maarten Bos）设计了一个实验，以检验"i–弓背降低了人们行为的果断性"的假设。我们给研究对象随机分配了 4 种不同尺寸的电子设备：iPod Touch（便携式移动产品）、iPad（平板电脑）、苹果笔记本电脑或者苹果台式电脑。

每位研究对象独自在一间屋子里使用 5 分钟分配到的电子设备。经研究对象的同意，研究人员为他们录制了视频，所以我们可以确定他们是按照要求来做的。研究对象都填写了调查问卷——问卷的作用是在规定的时间内分散他们的注意力。

随后我们对关键的行为测试手段进行了伪装。在研究对象使用电子设备执行填空任务大概 5 分钟后，实验人员进来取走了电子设备，并指着时钟告诉他们："我 5 分钟后回来和你简单沟通一下，并付费给你，之后你就可以离开了。如果我没来这里，请到前台去找我。"他们要等多久才会主张自己的权利？这是我们测试实验对象果断程度（这可能是力量心理行为的重要组成部分）的一种方式。另外，在研究对象刚到实验室的时候，他们的电话就被没收了，所以在他们等待研究人员返回的过程中，只能看着实验室的时钟。

正如我们预期的那样，电子设备的尺寸在很大程度上影响了研究对象对于寻找实验人员这一行为的舒适度。10分钟后实验人员返回实验室。在他们返回之前，使用智能手机的研究对象中只有50%的人出来告诉实验人员他们想离开。

相比之下，使用台式电脑的研究对象中有94%的人去找实验人员。你还可以在下文中看到其他数据结果：研究对象使用的电子设备尺寸越大，表现得越果断。事实上，那些较大尺寸电子设备的使用者不仅在实验过程中停止等待，而且他们停止等待的时间相对较早。因此我们得出结论：电子设备越小，为了使用它，我们对身体的压缩程度越大，而我们保持这种压缩姿势（收敛性姿势）的时间越长，在心理上感觉到的弱势程度就越大（见图）。

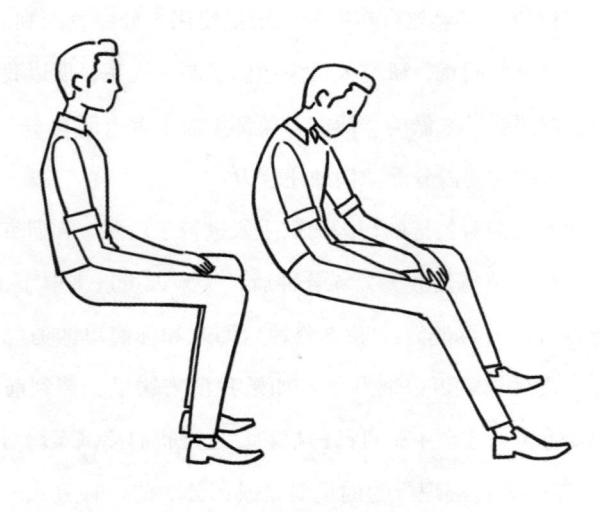

"i弓背"和果断程度

我们的发现揭示了一个残酷而具有讽刺意味的事实:很多人每天把大量的时间用在小型移动设备上,通常的目的是提升自己的生产力和工作效率。然而,哪怕短时间使用这些小型设备与人进行互动,也可能降低我们的果断能力,并且可能影响我们的生产力和工作效率。

如果你不得不长时间在电脑屏幕前工作(很多人都是这样),一定要仔细选择电子设备,并安排好你的空间,以确保采取挺拔和扩展性的姿势。

力量就在你的大脑中

克莉丝汀在一家非营利组织工作,帮助残疾人摆脱束缚他们的看法。我的演讲发布后,她很快就写信给我。她说:

> 我的高能量姿势并不是通过身体来表现的,没有人能看见我的姿势,没有人知道我在摆姿势——我在想象中摆姿势。我的身体瘫痪,虽然我的感知一切正常,但我只有一根手指可以自如活动。即使是这样,我仍然会想象自己在用双手做着各种手势。当我准备做课堂演示的时候,我会构想一个高能量姿势,因为你必须真正拥有高能量姿势。
>
> 我认为,当人们看到我的时候,他们通常会想:女人——这是第一个打击,坐在轮椅上的残疾人——这是第二个打击。人们会认为我非常弱。事实上,我非常有力量,

这和我的身体行为无关。现在我想象着自己正在走动并且拥有整个房间。我果断、有能力，有时也无所畏惧（也许还有点儿鲁莽，但这无关紧要）。我想这一切都源于我创造的这种力量。我甚至可以通过我的眼神来表达我的所有手势和身体姿势。

我想知道，我们是否可以鼓励那些身体残疾的人通过发挥想象力而变得更加自信。

克莉丝汀不是第一个想知道答案的人。我收到了很多身体严重残疾、行动受限的人写来的信。他们都说了同样的事情：我想象自己摆了一个高能量姿势，于是我感觉自己变得强大了。你做过相关的研究吗？

当时我还没有做过相关的研究，但是我有理由相信，仅仅通过想象自己在摆出高能量姿势，就会提升决断力。多年来人们所做的研究表明，就大脑的活动和行为效果而言，大脑对运动的想象类似于实际身体运动的效果；在大脑中做一系列的动作可以提升人们在现实中将其付诸实施的能力。研究还表明，当身体有某些特定行为的时候，大脑中的相关区域（运动皮质层及其周围的区域）就会被激活，而当我们在想象中模拟这些行为的时候，大脑中的很多反馈区域与身体在出现这些行为时的反馈区域相同。另外，以下两个事实为模拟行为和实际行为的神经重叠提供了间接的证据：我们构想完成一个动作的时间和我们事实上完成这个动作的时间大致相同；帕金森患者行动迟缓，而他们在想象中模拟运动的速度也很缓慢。

最近的研究表明，使用磁共振成像评估瘫痪病人在"大脑想象练习"过程中的大脑活动，可以检测出他们在想什么，以及他们想要做什么肢体活动。一项研究发现，我们可以通过观察功能性磁共振成像（fMRI）扫描来辨别一个人是否正在想象穿过一间房子或者打网球。（这项研究也被用于筛查"闭锁综合征"患者——患者意识清醒但因为全身瘫痪而不能移动，在给他们的脑部做扫描的时候，有意识地让他们想象打网球的动作。）在另一项研究中，研究人员在为一名四肢瘫痪的病人做脑部扫描的时候，要求他想象伸出手臂抓取东西时的动作。当患者想象这些动作的时候，安装在患者后顶叶皮层区域的设备"微电极阵列"（MEAs）开始工作。患者使用传感器来控制机器人手臂，仿佛机器人手臂是他们自己的。虽然当你在想象中做某个动作的时候，你的身体没有任何变化，但是仅仅构想自己在摆出高能量姿势，也许足以引领你进入更有力量的状态。

这些残障人士的信给了我很大的鼓舞，我的实验室已经开始实施一系列实验，以测试"只要想象摆出高能量姿势就可以赋予自己力量感"的假设是否正确。在第一个实验中，我们在线上招募了大约200名研究对象，通过生动的描述，促使他们想象自己在一间屋子里，摆出一个高能量或者低能量的动作，并保持这种想象2分钟。为了防止他们感到无聊，我们还指导他们想象几个陌生人在他们摆姿势的同时进出房间，以形成对这些陌生人的印象。

在他们想象自己摆了这些姿势后，研究人员要求他们描述在这一过程中的感受，我们没有给他们任何提示。同时请记住，这些研究对象来自不同国家，属于不同种族、不同年龄段、不同宗教，处于不同的文化背景中。

在那些想象自己摆出高能量姿势的人中，70%的人使用了我们称为"适度自信"的语言。让我们感到吃惊的不仅仅是以这种方式描述感受的人比例之高，还有他们选择描述感受所用措辞的一致性——很多人几乎使用了完全相同的词语。他们在陈述自我感觉的时候，使用了用来描述想象中的自我形象的词语，如：

  坦率而坚强

  坚定而自信

  泰然自若

  坚定、自信、值得信赖

而那些想象自己摆出低能量姿势的研究对象在这一过程中的愉悦体验相对较差：72%的人使用了我们称为"受到社交威胁"的词语。这些词语也反映了研究对象想象中的自我形象：

  尴尬和紧张

  恐惧和孤独

  愚蠢和尴尬

  自我封闭

  恐惧和脆弱

  极不舒服

有些描述甚至更极端，包括"感觉快要窒息了"以及"非常可怕，感觉在受折磨"。

我们也要求研究对象描述他们在想象的场景中发生的事情。这又是一个自由回答的问题，没有任何具体的提示或指导。还记得为了让这次任务更有趣，我们曾让他们想象摆姿势的时候有几位陌生人进出这间屋子吗？我们也没有提供这几个陌生人的任何细节。如果我们摆出收敛性、低能量的姿势，我们会感觉受到威胁、感觉自己很脆弱，那么你认为这会对我们的回忆产生什么影响呢？我们会怎样描述随机走过我们身边的陌生人呢？

如果你猜的是"当陌生人走过来的时候，想象自己摆出低能量姿势的研究对象会更加机警"，那你猜对了。在回答"当你在想象中摆姿势时，你还想到了什么内容"这个开放式的问题时，82%摆出低能量姿势的研究对象提供了对陌生人的详细描述，他们的描述非常有趣，比如：

- 一位骑摩托车的男士、一位女医生和一个嬉皮士进来了。
- 有一个身穿蓝色格子衬衫、戴着帽子、穿靴子的牛仔进来了。有一位梳着马尾辫、穿T恤的金发女孩说"我爱纽约"，后面跟着头戴圣诞老人帽子的棕熊，等待施舍。有一个身材高大的男人拿着一大袋汉堡包，我能闻到屋子里弥漫着汉堡包的味道。
- 几个高个子的男人进来盯着我看。他们问我在做什么，我告诉他们在做瑜伽。他们哈哈大笑，并试图把我推倒，我倒下了。我告诉他们如果他们也尝试着做，他们就不会发笑，并且能看到瑜伽的效果。

• 进来一个画着眼线、穿着海盗裤，并且长得很像杰克船长的男人；一个扎着辫子、穿着蓝色连衣裙的小女孩；一个留着白色胡茬的老头儿，他看起来像"金快活"（Jose Cuervo，龙舌兰酒）广告里的家伙。

即使是我刻意让研究对象在回答过程中提供细节描述，也不可能做到让他们描述得如此详细。这么多的研究对象都自发地提供了详尽的心理描述，这并不常见。他们是在给我们找麻烦吗？显然不是，因为摆出高能量姿势的研究对象并不关注非特定的陌生人：只有16%的研究对象对陌生人进行了细节描述，当要求他们讲述想象中自己摆姿势时的情形时，他们平静地描述了自己的姿势和周围的环境，并做了客观的描述，不做任何评判。他们只是：

• 站在一个有白墙、木地板的房间里，双手叉在腰间，看着陌生人走进来，记下他们的样子。

• 我站在一间屋子里，双脚分开20英寸[①]，双手叉腰，胳膊肘向外打开。我正要构想进入房间里的人给我的第一印象。

• 我坐在桌子旁边，一个陌生人进来在房间里转了一圈。

[①] 1英寸=2.54厘米。——编者注

- 我站在一个有白墙、木地板的小房间里，双手叉腰，胳膊肘向外打开，双脚分开 20 英寸。有几个人进入这个房间。
- 我站在一间屋子里，双手叉腰，胳膊肘向外打开，双腿分开 20 英寸，屋子很宽敞，有木地板。

处于存在状态的人不太关注其他人是否会评判他们或者对他们构成威胁。我们应当能够注意到其他人，并对他们做出回应。但是过分关注他人可能适得其反，也会破坏我们的自信心，妨碍我们的专注力，让我们无法顾及当下正在变化的环境。即使在想象中摆出高能量姿势，人们也能够完全融入环境——专注而不评判环境，既不会感觉受到威胁，也不会对进出房间的陌生人展示自己的主导性地位。

你可能想知道，这些发现和奥克兰大学的研究发现是否相符？即摆出低能量姿势的人在讲话时是否更多地使用第一人称代词？这两个实验最重要的区别是：一个实验通过口头互动来完成，另一个实验则通过书面反馈来完成；在想象摆姿势的研究中，研究对象不和他人进行交流，也不受他人的评价，而在演讲的研究中，研究对象演讲的时候会收到实时的评价。摆出低能量姿势的人使用第一人称代词更倾向于自我保护以避免收到负面评价。他们试图通过口头方式促使评委用某种方式来看待他们，而不是通过慎重考虑得出自己的结论。而当某一时刻只需反映在书面上而不涉及社交性的评价时，存在力会表现为自我意识——人们会像做想象训练的研究对象那样，只关注自己的身体和心理状态。在这种情况下需要使用更多的第一人称代词。

正如克莉丝汀在她的邮件中所说的那样，我们自己的研究和他人的研究结果也表明：残疾人也可以获得高能量姿势带来的好处。事实上，我们发现，无论身体健康或者残疾，在迎接重大挑战之前，我们没有足够的空间或者足够的隐私权来做高能量的姿势，但是我们通常可以在自己的大脑中把自己想象成为神奇女侠或者超人。

高能量姿势的益处不仅仅体现在身体或者精神层面，这些益处也可以延伸到虚拟的空间，甚至在视频游戏或者虚拟现实的场景中，虚拟化身的身体特征也可以改变你在现实生活中的行为方式。研究表明，当人们感觉虚拟化身代表自己的时候，他们倾向于表现化身的特性。这种现象被称为"身体转移错觉"（body transfer illusion），这种错觉甚至可以跨越性别（例如，男性拥有女性化身）。

一个人的虚拟身高会对他在虚拟环境中的谈判产生什么样的影响呢？斯坦福大学的研究人员尼克·叶（Nick Yee）和杰里米·拜伦森（Jeremy Bailenson）就此做了一项调查。在现实世界中，如果某个人占用的垂直空间比周围人平均占用的垂直空间大，那么这个人更容易获得社会权力和地位。尼克·叶和杰里米·拜伦森为研究对象分配了较高的、中等的和较矮的身高的化身，结果发现，即使在虚拟世界中，身高也可以赋予人们优势。分配到较高化身的研究对象比分配到中等身高或较矮身高的研究对象更善于谈判。事实上，分配到较矮身高的研究对象接受不公平交易的次数大约是其他研究对象的2倍。尼克·叶和杰里米·拜伦森将这种人们表现化身特性的现象称为"普罗透斯效应"（Proteus effect，以希腊神话中善于变身的神普罗透斯命名）。

测试"沉浸式虚拟现实"（immersive virtual reality）对行为的影响是我最喜欢的实验之一。在实验中，将研究对象随机分配到视频游戏中参加两种虚拟体验中的一种。在其中一种体验中，他们被赋予像超人那样可以飞翔的本领（研究人员监控他们的手臂动作，以控制其飞行姿势）。在另外一种体验中，他们作为乘客搭乘直升机。另外，研究人员随机抽取每组研究对象中的一半人完成视频游戏中的一项帮助性任务（为一个患糖尿病的儿童找到胰岛素），同时分配另一半人完成一项非帮助性的任务（从空中游览城市）。所以，现在出现了4种角色：超能力帮助者、直升机上的帮助者、超能力游客、直升机上的游客。就在人们认为实验已经结束的时候，实验人员"不小心"打翻了一个装有15支笔的杯子，笔散落在地。研究人员想知道谁最有可能将笔捡起来。

结果发现，参加虚拟的观光或者帮助任务并没有影响到研究对象捡笔的意愿，但是虚拟飞行任务对此有影响。与乘坐直升机的乘客相比，被赋予超人飞行能力的研究对象更愿意帮助研究人员捡起这些笔，并且也更快地行动起来；他们在游戏中感受到了更强的存在力，他们对执行虚拟任务的过程有更真实的感觉。

士兵们常常听到"立正"的命令，这个命令通常意味着做出抬头、挺胸、双肩稍向后张、收腹的动作。立正就是身体挺直、站稳且一动不动的姿势。这种姿势不仅表示尊重，还是给人感觉最机警、最强大的姿势。训练士兵保持这种姿势的原因很简单：当发令官下达生死攸关的命令时，士兵们必须在心理上处于存在状态。立正的姿势把士兵们带入了存在状态。

若注意力不集中，我们容易受到扩展性姿势和收敛性姿势的潜在破坏性影响。当我们低头看手机或者仅仅是懒散地坐在座位上时，漫不经心的状态就会对我们造成伤害。当我们不再关注自己的姿势时，就背离了自我。

而且，在很多充满诱惑的情况下，不注意自己的姿势还可能让我们误入歧途。因为个人力量可能会失控，所以自我约束对我们非常重要。当力量增强但我们没有察觉到的时候，我们就可能会失去原则而变得急功近利。比如，在我和同事安迪·亚普主导的一项研究中，我们让研究对象玩一款逼真的驾驶视频游戏，游戏配有方向盘和脚踏板。游戏的目的很简单：赢得比赛。在练习一次之后，如果研究对象能在 5 分钟之内完成整个游戏，他们可以额外赢得 10 美元的奖励，前提是他们不能违反交通规则。

研究对象并不知道，我们设计了两种驾驶员座位。一种座位允许研究对象最大限度地舒展身体，座椅高，视野开阔，方向盘和踏板的位置可以让双臂和双腿舒展；另一种座位的座椅低，视野受限，同时需要研究对象缩着身体、弯曲双臂和双腿才能使用方向盘和踏板。我们发现，扩展驾驶员肢体的座椅使研究对象在视频游戏中表现得更加自如——撞到更多的物体，在发生事故之后并没有暂停，而是继续驾驶。

实验结果表明，认识到并且控制自身的个人力量，对进入存在状态至关重要，同时，在日常生活中，我们需要留意自己的站姿或坐姿。

有一次我在机场洗手间洗手，洗手池旁边的女士转身对我说："您好，请问您是……"她停顿了一下，没有说完问题，而是伸出双臂向上举起。我说："我想是的。"（其实我更习惯说"您是……"，然后双手叉腰。）她的名字叫香农，她告诉我，她不仅把高能量姿势融入了自己的生活，还和自己的家人、朋友及同事分享。她和丈夫以及4个孩子还给这个双臂上举的姿势起了属于他们自己的口号："海星站起来！"当孩子们感到紧张时，她就会提醒他们："海星站起来！"我喜欢香农和她的家人所做的姿势练习，这种练习非常有效。为了说明这个姿势对她产生了多大的影响，她让我看她最喜欢的首饰——一枚非常精致的海星型钻戒，那是丈夫送给她的生日礼物，以此提醒她，她永远可以拥有自己的力量。

活动家麦吉·库恩（Maggie Kuhn）说过（我想大多数人都会认同这一点）："权力不应当集中在少数人手里，而多数人手里不应当没有力量。"这对于个人力量和社会权力都是适用的。我们中有太多人缺乏个人力量。我们总是让自己处于弱势心理状态——这是阻止我们前进的致命弱点，尤其是在我们应当奋力一搏的时刻。如果认定自己弱小，我们只会变得更懦弱，从而逃避现实。

但是我们可以借助自己的身体来获得个人力量。大量的证据表明，身体可以影响思维、塑造情感、引导行为。客观地讲，肢体行为影响心理状态是不可辩驳的，它或者促进或者阻碍我们在面临最大挑战时发挥最佳状态。

这是否意味着"海星站起来"的姿势或者像神奇女侠那样的站姿在任何情况下对每个人都有用呢？当然不是，没有一个解决方案是万能的。我最想让你们明白的一点是，你的身体在不断地向大脑传输信息，对它施加影响，因此你要控制这些信息。研究人员做了几百项（也可能是几千项）研究来测试身心之间的联系。这些研究所采用的方式也各不相同，从调整呼吸方式、练习瑜伽姿势、降低说话的声调，到让人们想象自己摆出高能量姿势或者仅仅是让人们身体坐直，等等。我们有无数种方式可以舒展身体。无论身心之间的相互影响是通过迷走神经张力、血压、激素，还是其他我们尚不知晓的身体机能来实现的，结果已然十分明确：舒展肢体可以改变自我的感知方式，形成良性循环。因此，我认为最重要的是，你要找到最适合自己的方法来舒展身体。如果你不能做到这一点，你将错失改变自己的良机。

舒展身体最终将会带给你存在力，提升你的个人表现。肢体语言不仅影响着他人对我们的感知，也影响着我们对自身的感知，以及我们如何通过自身的行为、互动甚至生理机能进一步强化这些感知。

我们为什么不能同时拥有自信和个人力量呢？当拥有自信和个人力量的时候，我们面对最大的困难时，就能从容不迫，沉着面对。总之，你如何运用你的肢体语言，你就会拥有怎样的生活。

肢体语言可以影响你的心态，心态可以影响行为，行为可以影响未来。让身体告诉你，你是强大的、你值得拥有，你就会变得更从容、更热情、更真实，所以请你找到自己的方式让"海星站起来"！

—09—

小姿势，
大改变

身体坐直!

——祖母

我们应该在什么时候摆出高能量姿势呢？多数人在下列活动之前如果感到力量充裕，一定会受益无穷：参加面试、与权威人士会面、进行课堂讨论、讨论沉重的话题、谈判、试镜、参加体育比赛，或者是在一群人面前做报告。人们也写信告诉我在以下情形中，高能量姿势对他们有很大的帮助：

- 进入一个新的环境、会见新朋友、在异国他乡说非本地语言的时候。
- 为自己和他人辩护的时候。
- 请求帮助的时候。
- 结束一段关系的时候——无论是工作关系还是私人关系。
- 辞去工作，并且在收到（或者给予）重要反馈信息的时候。

我们不会总是面对同样的挑战，也无法预料让人感到恐惧的经历。我们要注意的是，某些环境（和人）会触发我们的低能量肢体语言，因此我们要知道何时使用高能量姿势来做准备。如果你能养成习惯，无论在具有挑战性的环境中还是在通常情况下，随时检查自己的姿势，你都会受益无穷。

面对挑战时，以扩展性的姿势"热身"

在进入重大的具有挑战性的环境之前，可以使用扩展性姿势暗示自己。在挑战来临之前，尽可能多地占用让自己感到舒适的空间，也就是在告诉自己——我很强大。这样可以让你放松心态，以最勇敢、最真实的自我来迎接挑战。同时，你在优化自己的大脑，以一种处于存在的状态进入有挑战性的环境中。因此，你可以把扩展性姿势作为一种赛前的热身练习。

- 从某种意义上讲，每一天都是一个新的挑战。早上就要用高能量姿势为新的一天做好准备。起床后练习几分钟你最喜欢的姿势。
- 在家里、办公室或者其他私人场所，不要让自己受到文化习俗、刻板印象或者等级地位的束缚。换句话说，你可以随心所欲地让自己看起来处于优势地位，充分利用这些私人空间摆出扩展性姿势。
- 如果你能在公共场所找到私人空间，就充分利用它，比如在电梯里、洗手间、楼梯井等地方摆姿势。
- 不要在等候室里低头摆弄手机，要站起来走一走。
- 如果你不能用身体摆姿势，就用大脑来做。想象自己正在摆出最有力量、扩展程度最大的姿势。在大脑中把自己想象成超人。

• 如果你即将步入具有挑战性的环境，如果除了坐着别无选择，那么把手臂放到椅子后面，双手紧紧握在一起，这个姿势会迫使你打开双肩，挺起胸膛。

• 如果可以的话，在观众到达之前你就应该到达现场。占据报告厅的空间，使身体充分舒展开来，让自己感觉舒适。把这里当成自己的地盘，那么你的观众是来你"家"，而不是你去他们的"家"。

正确使用肢体语言的力量

在进入有挑战性的环境之前摆出高能量姿势非常重要，而在具有挑战性的环境中保持不太强势但仍然有力、挺拔的开放性姿势也同样重要。比如，当你为一个具有挑战性的会面做准备的时候，摆出高能量姿势固然重要，但是在会面的过程中，高能量姿势就不那么重要了。因为正如我前面所说，在实际的互动中使用高能量姿势很可能适得其反，如破坏社会行为规范、致使他人退缩等。另外，在电脑前工作一整天如果始终保持一个姿势也很难做到。幸运的是，你做一些像银背大猩猩那样的小动作也无妨。

• 在你做报告、与人互动的过程中，坐直或者站直。

- 向后打开双肩，挺起胸膛。

- 缓慢地做深呼吸——正确的呼吸方式对我们集中精力非常重要（在双肩无力下垂、胸部下沉的状态下，很难做到集中精力）。

- 抬起下巴，但是不要抬得过高，以免让人感觉你看不起人。

- 当你长时间坐着或者站立的时候，保持双脚着地（不要用一只脚盖住另一只脚的脚踝）。你会感到非常坚实而稳固，即使有人轻轻推你或者不小心撞到你，你也不会失去平衡。

- 如果可能的话，尽量走动一下。说到在公开场合演讲，过去几十年来最大的变化趋势是从演讲台前走出来。为什么呢？因为运动不但能更加吸引观众的注意力，而且可以让演讲者在这个房间里占据更多空间，从而感觉精力更充沛、更有力量。

- 如果空间允许，就走几步，然后停在某个点继续你的讲话。但不要踱步，来回踱步会让人感觉你很紧张、情绪激动。运动轨迹应当清晰而明确，既不能不稳定，也不能连续不停。

- 使用小道具。如果你说话的时候身体习惯于保持低能量姿势，尝试使用支撑点来强迫你舒展肢体。当你站立时，把手放在桌子上、椅子背上或者白色书写板上；当你坐下时，身体前倾，把双手放在桌子上或者将双臂放在椅子扶手上，而不要放在大腿上。如果你身边没有大的支撑点，可以使用小的：端一杯水或者拿一支激光笔，或者遥控器——任何可以帮你防止双臂松懈、双手握拳或者十指交叉的姿势都可以。

• 使用扩展性姿势让人感到强大、温暖。比如，伸出双臂、张开双手表示欢迎和信任。

• 避免"企鹅臂"姿势。当人们感到焦虑和弱势的时候，他们通常会压抑上臂（从腋下到肘部），只用手臂的下半部做手势。这是另一种收敛性姿势，它会让我们感觉尴尬和焦虑。这是我的两位好朋友给我的建议，非常有用。他们是作家及肢体语言专家约翰·尼弗格（John Neffinger）和麦特·柯哈特（Matt Kohut）。

• 不仅要占用物理空间，还要占用时间。本书已经详细阐述了这个建议的重要性（除非你是在需要快速抢答的游戏节目中），无论你是做报告、发表演讲、参加面试、进行一次艰难的谈话、和医生交谈，还是回应他人对你工作的批评意见。当感觉心神不定、注意力分散时，我们会担心占用他人太多时间而希望尽快结束谈话，这让我们看起来似乎急于逃跑。

• 停顿！由于害怕沉默，我们无法利用停顿带给我们的巨大力量。

• 尝试一下放松喉部的肌肉，这样你的声调就会比平常低一些。

- 如果你犯了一个小错误，不要慌张，不用沮丧，这是所有人都难以避免的。但如果你感觉自己已经开始沮丧，就要尽力克制自己的情绪。把双肩向后打开，挺起胸膛，你马上就会感觉自己又充满活力了。

时刻注意自己的姿势

避免习惯性、无意识的低能量姿态，这非常重要。但是如何避免呢？

- 当你收敛身体、萎靡不振、想要消失时，请留意此刻发生了什么事情，是什么样的情况让你开始收敛身体？是什么特别的事情让你感觉处于弱势心理状态？这种意识会帮助你在下一次陷入类似困境时抗拒收敛身体的冲动。
- 为自己设置姿势提醒：

　　——让手机变成你的盟友而不是敌人；

　　——为手机设定程序，每隔1小时提醒你注意姿势；

　　——不要长时间低头看手机；

　　——把便利贴贴在门上、办公室和家里的墙上，以及电脑屏幕上方；

——向你信任的朋友、家人和同事寻求帮助，请他们在你低头垂肩时提醒你（同时询问他们是否也愿意让你这样帮助他们）。

- 规划你的各种空间，使之适合你摆正确的姿势。

——我的合作者尼可·桑利把他的鼠标放得尽可能远一些，这样可以迫使他舒展身体来使用鼠标；

——把让你开心的人和物的照片高挂在墙上，这样可以吸引你舒展身体，向上看。

- 如果你想以胎儿的姿势睡觉，入睡前舒展四肢。如果你睡醒的时候身体呈胎儿的姿势，在起床前舒展肢体。
- 将多种高能量姿势相结合并应用到日常生活中，比如，我的研究助理安娜站着刷牙时会把一只手叉在腰间。
- 如果你每天要打很长时间的电话，用戴在头上的耳机或者听筒，在打电话时舒展自己的身体，手臂不要一直举着电话放在耳边。
- 通过前面的学习，我们已经了解到站着工作比坐在电脑前工作更有益于身体和心理健康。如果可以的话，你不妨试一试。
- 在一天的工作中，休息几次，四处走走。考虑一下"散步会议"，一定会让你的情绪高涨，还会让你工作更投入，更好地和他人交流，提高你的创造性地解决问题的能力。

- 你可以购买能戴在身上的姿势矫正器，对很多人来说它的价格并不高，但它可以监督和提醒你纠正不良姿势。姿势矫正器的更新换代速度非常快，所以我不会特别推荐任何一款，但是有很多品牌和样式可以选择。

- 在有冷气的办公室总是感觉很冷吗？不要再用披肩、围巾、毛毯、超大的开衫或者其他东西把自己包裹得像个球一样。别怪我像你的妈妈那样唠叨：多穿点儿！

如果你想抓住社交机会，你必须采用舒展肢体的方式。比如去健身房、跑步、学习瑜伽、跳舞等。设法利用一切舒展身体的机会！

10

习惯的力量：
从量变到质变

如果夜晚不降临，无论压力有多大，每个人都能承受；如果只需工作一天，无论工作有多难，每个人都能完成。如果太阳不下山，每个人的生活都可以过得单纯、甜蜜，每个人都可以富有爱心、宽以待人，这也是一切生活的真正意义。

——罗伯特·路易斯·史蒂文森（Robert Louis Stevenson）

通常在某种压力下，我会变得惊慌失措。例如，如果我提交给某个学术期刊的论文得到负面评论，或者被拒绝发表，我会完全进入"一定要做点儿事情来改善目前的状况"的模式。我会马不停蹄地投入到这件事中去，立即着手分析编辑和审稿人的评论，字斟句酌，反复修改，再附上一封委婉的回信和修改稿一并送回给编辑。我这样做完全是因为感到焦虑和不安。

很多时候，我的朋友霍莉都会理性地提醒我："你不必今天把所有的事情都做完。"大多数情况下，她都是对的：我不必当天就把所有的事情都做完。至少我可以留到第二天再解决。（我此前曾经提到过，心理学家已经证明，第二天做出的决定通常会更周全。）

在后来的几年里，我有两点心得：第一，放慢决策速度是一种有力量的行为。就像说话时放缓语速、稍做停顿，以及占据空间都与力量相关一样，花点儿时间考虑如何回复，即使压力很大，也不仓促做决定，这也是一种力量。安妮·拉莫特（Anne Lamott）在书中指出，"完美主义"是压迫者的声音，是人民的敌人，它会让人的一生都受到束缚，让人发狂。放慢速度是另一种形式的扩展。霍莉是在提醒我掌控已经属于自己的时间，不要操之过急。

当我仓促地做出回应的时候，我感觉自己的身体似乎缩着了，这是一种心理弱势的表现，而事情的结果通常会事与愿违。既然压力倾向于阻止我全力以赴地做事情，为什么我还会仓促地做出那个可能很糟糕的决定呢？这不是因为我勇敢，这是一种本能的反应。

至少可以这样理解，根据牛顿的理论，一辆失控的火车会继续向前行驶，直到有外力迫使它停下来。放慢决策的速度（让我大脑中失控的火车停下来），我需要力量。也就是说，我必须感觉自己有权这样做。而在面对巨大的压力时，弱势心理让我迫不及待地做出了决定，也迫使我让出了更多属于自己的空间权利——这样做对任何人都没有好处。所以我必须停止自己对弱势感的认同，开始利用我的个人力量，虽然这样做很难。

第二点可能听起来有点儿矛盾：无所为即有所为。首先，什么都不做缓解了我的焦虑，提醒我至少自己还有力量为失控的火车减速。其次，不做任何事情可以让我放松心态，全身心（更好的工作记忆力、分析能力和更强的随机应变能力）地去了解和回应环境。至少对于我之前一直在做的这类事情而言，"无所为"不仅很有成效，而且反而比做了事情要强很多。

相反，当我带着惶恐的心情立刻着手"修正"感知到的问题时，我永远不会满意自己的行为，因为结果远远不是我期望的。我在第一章曾经说过，找到存在力不是为了赢得胜利。虽然找到存在力后，你可能会获得更好的结果，但期待获得某种结果的愿望本身并不能激发存在力。存在力就是在无所畏惧的状态下迎接最艰巨的挑战任务，在执行任务的过程中不焦虑，完成任务之后不遗憾。

同时，仅仅有改变自己的想法还不够，我们还需要逐步小幅度地自我助推，通过一次次助推取得新的进步。每当我感到压力大、风险高的时候，我不得不提醒自己不要急于求成、不要期望过高，我做不到说改就改。但是每一次助推自己的时候，我都会形成一种记忆。下一次我感到惊慌的时候，我可以调用这种记忆，我可以对自己说："我之前能够克服，为什么不能再克服一次呢？"放慢决策速度逐渐成为一种自我意识的强化。由于不再感到威胁，我可以平静下来，站在理性的立场回应，我的行为也得到了他人的认可。

我的脑外伤的康复也是一个极其缓慢、循序渐进的过程。

当人们问我"你是怎么康复的呢"，我真正的、唯一的答案是：我进行了自我助推。在那段艰难的日子里，我不断地自我助推，一点一滴的进步都是我灵感和信息的来源，提示我可以继续尝试。当我还没有从脑外伤造成的认知障碍中完全恢复的时候，每次我能够心情平静地听完讲座对我来说都是一个小小的胜利。随着时间的推移，我做事情也越来越轻松，从其他人给我的反馈来看，他们似乎认为我真的很能干、很坚强，这一点甚至连我自己都不敢相信。

我从来没有想过有一天会成为哈佛大学的教授。1992年，我唯一的希望就是每个星期都能够坚持下来，不要放弃，直至顺利完成学业而非中途辍学（我曾因为大脑不能适应学习生活而不止一次辍学）。我那时也没有具体的目标，只是希望能自我感觉再好一点儿，反应再灵敏一点儿，不再感觉自己好像是从玻璃气泡中看世界，希望多一点儿对当下的参与感。我甚至都没有察觉到有什么变化。

助推就是通过让人几乎察觉不到的方式来实现改变的。在每一个充满挑战的环境中，我们可以这样自我助推：鼓励自己更勇敢一点儿，更大胆一点儿，走出自我营造的层层壁垒——克服焦虑、恐惧和弱势心理，找到更多的存在力。随着时间的推移，我们逐渐达成了自己的目标，即使在最开始的时候这个目标并不清晰。

有效助推心理

大约在 2005 年，一批经济学家和心理学家以一系列的研究成果为基础开始研究助推这个概念。许多研究结果显示，改善人们行为的最佳方式可能不是要求人们在态度上或者偏好上做出重大改变，而是潜移默化地助推他人向积极的方向前进。助推策略并不追求戏剧化的大幅转变，而是在一开始非常保守，变化幅度很小，但随着时间的推移，变化范围不断扩大，变化幅度逐渐增强。随着变化的逐步递增，最终导致了人们的行为、观点，甚至社会规范都发生了相应的变化，这些变化又进一步引起了整个社区和跨社区的行为变化，直至这些行为、观点和社会规范成为新的现状。

2008 年，芝加哥大学经济学家理查德·塞勒（Richard Thaler）和哈佛大学法学院教授卡斯·桑斯坦（Cass Sunstein）出版了畅销书《助推》[①]（Nudge），这本书使世界各地的政策执行者受到了启发，他们开始反思此前对人类行为的假设。2010 年，英国首相戴维·卡梅伦（David Cameron）委托行为洞察小组（也被称为"助推工作组"）测

[①] 《助推》中文版已由中信出版社于 2009 年出版。——编者注

试并将这一项新的科学发现应用于社会服务,其目的是提升和利用公众服务,制定更有效的政策。在一个助推项目中,助推工作小组仅仅通过提醒英国纳税人"许多英国公民都能及时纳税",就使得英国的实时税收额显著提升,纳税总额达到约 2.1 亿英镑。这项低成本的干预措施回报颇丰。2013 年,美国政府开始组建自己的行为科学家团队(又称"助推小分队"),以解决诸如不良饮食习惯、学生毕业后不能走上工作岗位而滞留学校等社会问题。

我们再看一下这个关于助推的真实故事:降低家庭能源消耗的老办法是鼓励人们做出一些重大决定,如给他们的屋子做隔热处理、让他们购买节能设备。这样做错在哪里呢?这个要求过高了,结果只有很小一部分人同意这样做,而这一小部分人本身支持节能,各方面都符合鼓励的条件。也就是说,只有当一个人满足以下条件,才会考虑购买一台新型洗碗机:拥有一套自己的住房(而不是租房),是一名环保主义者,愿意重新装修自己的厨房,并且有足够的资金。尽管这些节能措施可能帮助少数购买相应服务的人节省大量的能源,但多数人不愿意花费上千美元的燃气费和水电费来响应空泛的节能口号。人们没有响应号召,是因为这些节能措施对此前不关心节能的人来说代价太大了。

2006 年,两名年轻人决定尝试一种完全不同的方法。他们创建了欧帕尔(Opower),这家公司旨在帮助人们减少能源消耗。他们没有明确地呼吁人们做出重大的、代价高昂的改变,只是通过笑脸的形式将人们与邻居使用能源的情况进行比较,以轻微的、渐进的方式助推人们改变。人们获得的笑脸越多,他们就比邻居在节能方面做得越好。这一项小小的干预，使与他们保持联络的家庭中有75%的家庭降低了1.5%~3.5%的能源消耗。这个统计数字反映的不只是一两个城市的情况，而是全美国范围内人们的能源消耗变化。这种方法和此前使用的老方法（那种大手笔的方法）相比，节能效果有显著的提升，而此前的老方法仅仅改变了家庭能源消耗的很小一部分。

早期研究助推的研究人员，如心理学家丹尼尔·卡内曼（Daniel Kahneman），将助推定义为能够获得"中等收益"的"微投资"。这种方法成本低廉，通过行为经济学家称为"选择架构"（choice architecture）的机制来运作，即设定明确的助推环境以做出正确的决策。

以下几个因素决定了助推的有效性。

第一，助推只需要最少的物质条件，因此给人们造成的心理压力很小。欧帕尔公司发现，即使是非环保人士，当得知自己的邻居在小幅度降低能耗时，也乐意做同样的事情。

第二，助推通过捷径心理产生影响。我前面曾多次提到过，我们的认知资源是非常有限的，在做每一项决定的时候，我们无法同时处理所有的信息。一种便捷的方式就是在他人行为的基础上，做能让我们感到最少的羞愧感和尴尬的事情。在欧帕尔公司的案例中，人们的行为受到了标准行为（基于社会认可的情况决定如何行事）而不是信息（基于对客观事实的评价决定如何行事）的助推。通常，人们的行为更容易受前者的影响，即我们通常会通过他人正在做的事情来推断什么行为是恰当的，尤其是当我们认同这些人的时候。我们和他人越相似，他们对我们行为的影响越深。尽管很多人对此很困惑，但事实上，我们的自我意识越强，我们越愿意做恰如其分的事情。这并不是说我们看到朋友跳崖，就会跟着跳下去；这仅仅意味着当一种行为对我们来说代价很小的时候，我们宁愿随大流而不是花大量的时间和精力来弄清楚什么是"正确"或者"最好"的事情。

第三，大多数人认为我们的行为取决于态度（例如，我们购买某一件产品是因为我们对它有一种积极的态度），但事实上，态度和行为之间的因果关系正好相反——态度取决于行为。例如，我们对某一产品持积极的态度是因为我们已经购买了它，或者是因为这个产品正在打折，或者仅仅是因为把它从货架上取下来非常容易。

研究人员花了很多精力研究我们多么容易受到他人的影响，但是我们会怎样影响自己的呢？

2013 年，我开始考虑如何将这 3 个原则应用于自我驱动的个人改变，即最小的身体和心理承诺原则、使用捷径心理原则、行为引导态度的原则。正如组织可以助推很多人的行为一样，个人也可以通过自我助推养成更健康、更具创造性的行为习惯。

其理念是，基于小幅度的助推、递增的变化，最终不仅可以获得职业上的成功，还可以获得自信和安慰，提升自我效能、人际关系、健康状况和幸福指数。人们对于助推并没有寄予太多的希望，所以当他们感觉到助推的效果、看到变化时，通常都会很惊讶："嘿，真的很有用！"

正如我最初给它们命名的那样，自我助推是人在短时间内通过对自己的身体语言以及（或）心态的微小改变，小幅度改善心理和行为。这种细微的改变随着时间的推移，将会引发较大的变化。和那些庞大的、计划性强的变化和长期的目标不一样，自我助推不需要对我们事实上并不相信的事情进行自我肯定，它唤醒了我们内在的、本能的趋向。当你助推自己的时候，如果现实和目标之间的差距很小，你就不会感到气馁，也意味着你也不容易放弃。结果是，你的行为变化更可信、更持久，且更容易自我强化。

持续成长心态

谈到改变自我，卡罗尔·德韦克（Carol Dweck）和她的合作者们所做的心理研究最为重要。德韦克通过对成千上万名学生所做的多次实验证明，当儿童确立了一种被她称为"成长心态"（growth mindset）的心态时，进步会很快。"成长心态"是一种与"固定心态"（fixed mind set）相对应的理念，这一理念认为学生们的学习能力可以在既定的领域中获得提升。而"固定心态"理念则认为学生的学习能力是一成不变的。当儿童（和成年人）关注过程而不是结果的时候，他们会取得戏剧性的进步。德韦克在一次TEDx[①]演讲中说道：

我听说，在芝加哥的一所高中，学生们必须通过一系

[①] TEDx 为 TED 的衍生项目，是指那些由本地 TED 粉丝自愿发起、自行组织的小型聚会。TED 是 Technology、Entertainment、Design（科技、娱乐、设计）的缩写，它是美国一家非营利私营机构，以其组织的 TED 大会著称。——编者注

列的课程考试才能毕业，如果不能通过某项课程的考试，他们就会被评定为"未通过"级别。我认为这种做法非常好，因为如果单纯给你一个"不及格"的成绩，你会认为自己已经被完全否定了，不知道自己下一步该怎么办。但是如果给你的成绩是"未通过"，你会感觉自己目前尚处在学习进程中，只是尚未达到合格的标准，也就是说，"未通过"的成绩单给你指明了未来努力的方向。

德韦克说，大多数美国学校都在无意中培养了一种固定心态的思维模式，引导学生关注成绩、考试和在学校的表现，表扬他们卓越的智力水平和天赋。她认为，学校应当有意识地鼓励成长心态的思维模式：表扬学生们在学习过程中付出的努力，以及为了实现目标持之以恒的精神，激发他们学习的热情，培养他们的计划能力、专注能力和自我提升的意识。德韦克说："这种鼓励的过程可以培养孩子们坚强的性格和对环境的适应能力。"鼓励孩子们专注于过程而不是结果，可以培养一种信念：把艰巨的任务当成一种挑战来尝试，而不是视为一个证明自己失败的机会。

这种原则并不局限于学术上的成就。得克萨斯大学奥斯汀分校的戴维·斯科特·耶格尔（David Scott Yeager）希望找到防止青少年患抑郁症的方法，因为抑郁症在高中前期很普遍。他认为，问题之一是孩子们认为人的个性是一成不变的，这种心情和我们很多人对自己不满意时，或者在感觉自己被划分在了层次较低的社会阶层时的沮丧心情是一样的。因此，他在3所高中的600名9年级学生中做了一项研究。实验的内容仅仅是让孩子们读一段关于"个性并非一成不变""没有任何欺凌他人和受到他人欺凌的人源于其特定性格"的文章以及读一篇关于大脑可塑性的文章。后来,研究人员让孩子们用自己的语言描述性格是如何改变的。9个月之后,平均而言,那些读过这段文章的孩子没有出现抑郁症加重的迹象。然而,那些在受控状态下的孩子(读关于运动能力的可塑性的文章而不是关于性格的文章的孩子们)的抑郁症指标提升了大约39%,这个比例和此前研究中青少年患抑郁症的比例一致。

从某种意义上说,助推是一种选择架构,即营造一种有利于人们做出正确选择的环境。你既可以成为自我助推架构的设计师,也可以成为它的设计对象。为自己创造一个强大的选择架构,你就是在为自己的生活创造一个健康行为的空间。

强化积极效果

从某种程度上说,简单调整姿势就是一种小小的助推。但人们通常会这样问我:我们如何能够保证持续的效果呢?这是一个棘手的问题,因为如果我们让研究对象一直待在实验室,什么也不做,无法与他人交流,我确信摆出高能量姿势产生的所有积极效果很快就会消失。因此,为了获得持久的效果,我们需要让这些积极效果生根发芽、茁壮成长,并且不断被强化。这一过程是这样的:

首先,在自我助推的过程中,我们的行为通过多种方式进行自我强化，使助推的积极效果得以延续。

前文提到，通常行为决定态度，而不是态度决定行为。这个理念类似于威廉·詹姆斯提出的获得广泛支持的假说——情绪是肢体表达的结果。

一旦有勇气或者有能力做某事，下一次当我们遇到类似的挑战时就会回想起这段经历，再次做好这件事就会变得更容易。同时，我们对力量和自我能效的感知增强，自我价值感提升，我们就不再焦虑，而是更加镇定。我们开始从认可成功源于外部因素（如运气、他人的帮助）转向认可成功源于个人的内在因素（如毅力、智慧）。

使用非语言干预措施时，如深呼吸、微笑、坐直身体以及摆出高能量姿势，我们就不会受到那种实时的、令人困惑的自我评判的干扰，正如在第一章中玛丽亚·波波娃所描述的："不断地权衡利弊、自我评估，各种想法、预测、焦虑、评判掺杂在一起，思绪沸腾，同时不断地探求体验的本质。"相反，我们在那一刻找到了存在力并发挥出最高水平。我们注意到自己在采取了非语言干预措施后的表现发生了变化，获得了积极的反馈（不再反复揣摩）。摆出高能量姿势可以逐步提升你的初始点（set point），经过一段时间以后，你的行为就有了较大的改变。也可能在最初变化的基础上，随着变化的逐步加强，引起一系列其他变化。

伴随着姿势的变化，生理方面的变化（如激素水平随着摆出高能量姿势而变化）也强化了相应的行为。例如，当我们焦虑时，皮质醇达到峰值水平，我们会采取对抗威胁的行动，而下一次我们面对类似的威胁时，我们会更加焦虑。但是若睾丸素水平比较高，我们便更容易取得成功，这也进一步提升了我们的睾丸素水平。

身心合一的助推方式可以避免在实施心理对心理的干预方式过程中遇到的关键心理障碍。口头上对力量做出自我肯定是心理对心理干预方式的一种，如告诉自己"我很自信"。但心理对心理的干预方式通常不奏效，为什么呢？因为这种方式需要你告诉自己根本不相信（至少现在还不相信）的事情。当你对自己持怀疑态度时，尽管你一再告诉自己自我怀疑是错误的，即使事实上你的怀疑真的没有任何根据，你也不会相信自己的话。特别是当你面对社会评价而承受了巨大压力，导致过度敏感的时候，自我肯定可能会变成一种自我批判，最终强化了对自己的不信任感。身心合一的助推方式（如摆出高能量姿势）需要依赖身体来完成。由于身心之间存在更原始的、更直接的关系，所以通过身体来告诉自己"我很自信"，可以避免这些心理障碍。

其次，自我助推通过其他人对我们行为的认可产生持续的影响。

非语言表达不仅仅是一个人说，另一个人听。由于一个人的非语言表达会促使另一个人以类似的方式回应，因此非语言表达是一种双向的谈话方式。这些互动强化了我们对彼此以及对自己的印象，故而不但会影响我们实时交流中的行为，还会影响我们下一次遇到类似情形时的行为。

在史上最著名的一项心理学实验中，研究人员在开学之初告诉加利福尼亚小学的老师们，基于此前的一项测试结果，专家们确定一组特定的学生本学年的学习成绩将会突飞猛进。老师们拿到了这些学生的名单，但他们并不知道自己得到的消息是假的。事实上，尽管所有学生都参加了这个测试，其中一部分学生被随机分配到"智力飞跃提升"组，但这些学生和那些被随机分配到条件受控组的学生之间没有实质性的差别。（请注意，这次实验实施于20世纪60年代，尽管符合当时的实验标准，但不符合当今以人为实验对象的基本道德标准。所以不用担心，你的孩子不会被拉入这类研究。）

你认为接下来会发生什么事情呢？如果你被告知你的一名学生的智力水平将会有飞跃式的提升，你会用不同的方式对待他吗？如果换成你的员工、你的朋友呢？

接下来发生的事情是，老师们对这些"智力飞跃提升"组的孩子采用了有利于他们智力水平更快增长的教育方式。

老师们更加关注这些孩子，给予他们更多鼓励、更多肯定，给他们创造了更多的学习机会……结果，"智力飞跃提升"组的孩子原本在年初与那些被分到受控条件组的孩子学习成绩不相上下，而在年底的考试中，"智力飞跃提升"组的孩子的成绩远远超过了受控条件组的孩子。这就是自我实现预言的功效：我们对某人有什么样的期望，我们就有可能用有利于实现这种期望的方式对待他，从而也证实了我们最初的预期。

普林斯顿大学的心理学家们在1974年发表的一篇论文中列举了两项研究肢体语言为自身提供力量的实验。研究人员想知道，大学里的白人面试官为黑人申请者面试的时候，无意识地摆出冷漠、不专注、不鼓励的姿势（例如，刻意与申请人保持距离、双臂交叉、不点头等），这些姿势会对申请者的表现产生怎样的影响？在第一项实验中，研究人员随机指派白人面试官为白人或黑人申请者面试。当白人面试官面试黑人申请者时，他们表现出冷漠、不专注、不鼓励的肢体语言，最后黑人申请者在面试中的表现确实比白人申请者差。在第二项实验中，实验人员将受过训练的白人面试官分成两组，并要求在面试过程中，一组面试官使用冷淡、不专注的肢体语言，另一组面试官使用热情、专注的肢体语言。然后研究人员分配面试官随机面试黑人申请者和白人申请者。实验表明，当面试官表现出热情、专注的肢体语言时，黑人和白人申请者表现同样出色，而当面试官表现出冷淡、不感兴趣的肢体语言时，两种肤色的申请者的表现同样不佳。

此外，在这两项实验中，申请者的肢体语言和面试官的肢体语言相匹配，他们无意识地模仿面试官的行为——通常我们在社交场合也会这样做。总之，我们的肢体语言通常带有偏见，会影响与我们互动的人的肢体语言。如果我们希望他人表现得更差，我们可以使用一种令人不快、不感兴趣的肢体语言。人们会很容易领会到，并且会如我们预期的那样糟糕地回应我们。在这种情况下，有谁能够在面试中表现出色呢？

当我们的肢体语言表现出自信而开放的时候，其他人会以友善的态度回应，这种肢体语言在无意识中强化了他人对我们的感知，也强化了我们对自我的感知。

为什么要自我助推？为什么不能承诺改变自己的行为，然后坚持下去？正如早期为了降低能源消耗而鼓励人们做出巨大改变的计划以失败告终（比如为屋子做隔热处理），我们鼓励自己做出大幅度改变的计划也会落空。最大的问题是，年复一年无疾而终的新年计划对我们来说无异于一种心理欺骗，至少在美国是这样。

第一,"宏伟的新年计划"好高骛远,设定了一些宏伟的目标,比如"每周在学校连续获得3次'全优'的成绩,或者每周锻炼3次",理论上讲,设定目标就意味着迈出了积极的一步,但这些目标不切实际,因为实现它们需要完成上百次小小的改变,但计划没有指导我们一步一步达成目标的详细说明。

我们拟订这些计划时,预想的结果与现实的差距过大。我们并不理解这些目标的真正含义,或者没有认真考虑过这些目标,因而它们实现起来就更加困难。在朝着目标努力的漫长进程中,我们有很多失败的机会,这也意味着我们有更多的机会放弃。于是我们告诉自己已经没有必要继续努力了,因为我们已经失败了。如果我们仓促决定每周去健身房3次,那么很可能多数情况下都做不到。这对我们的自我效能感、自信心、情绪和意志力都是一种打击。

卡罗尔·德韦克在其作品中已经证明,注重过程可以激励我们不断努力,继续前进,把挑战当成成长的机会,而不是失败的威胁。新年计划是以结果为导向的,总是让我们感觉到威胁而不是鼓励。另外,助推的方法有效果是因为它专注于如何实现目标而不是实现什么目标。

第二,"宏伟的新年计划"还关注消极的事情,那些我们希望避免的事情,而不是积极的、可以改善的事情。我们不愿意每天都想着自己的缺点,因为这使人不悦、令人沮丧。但如果想到我们可以把好事变得更好,我们会非常兴奋并乐意去实现这些想法。

第三,"宏伟的新年计划"可能会破坏我们固有的内在动机(做事情时个人的、内在的欲望),促使我们使用外部动机来替代内在动机。几十年的相关研究表明,这种做法会起到相反的作用,因为外部动机（如金钱和避免受罚）不会永远奏效。事实上，当一个目标包含了我们真正愿意做的事情时，外部动机最终会破坏内在动机。

例如，我总是希望把跑步当成锻炼的方式。我喜欢跑步时的优美姿态——只需要简单重复一个优美的姿势，不需要太多的装备，不用去健身房，可以在户外几乎所有的地方跑步……总之，它对我很有吸引力。以往几乎每个新年我会都下决心跑步。我印象中跑步的人需要自我约束、速度要快，并且跑的路程要足够长。但是如果你从零开始，你需要很长时间才能达到这些标准，这一点让我不能接受。由于我关注的是结果（按照我定义的方式跑步），从而忽视了现实状况，即要达到我想要的结果需要一个漫长的过程。每次我跑步的时候，路程都很短，速度很慢，感觉很痛苦。因此，我每次跑步都感觉是一次失败的经历。我从一开始就没有享受到跑步的乐趣，因而每次在我下定决心跑步之后，很快就会厌倦跑步。这个问题很严重。由于外在的动机太少、太过遥远，我的内在动机很快就消失。由于我专注的是遥不可及的外在动机，放弃了认同和发展内在动机的机会，因而每年我都在1月底就彻底放弃了跑步计划。

最后，我尝试了另一种方法：我决定只跑一次。如果我喜欢，我会再跑一次。同时，我会在一个让自己感觉舒适的范围内跑步。我不会尝试跑到我的腿抽筋，也不会尝试追上那些速度很快的朋友。我完全放弃了长期目标，因为它们过于遥远。我还找到了一种积极的跑步方式：把跑步和喜欢做的事情（旅游）结合起来，这样我就找到了自己的内在动机。我喜欢旅游，但每次出差总是来去匆匆，没有时间游览或者了解我去的地方。而通过短距离的跑步，我可以在此过程中真正地体验并且了解一些当地的事情。我还发现自己喜欢越野跑——在野外自然环境中奔跑。越野跑时,我不会跑得很快,而是尽情享受在野外的时光。所以,其实这根本谈不上是跑步。我并没有把重点放在我做不到的事情上(如快跑和赛跑),而是放在我力所能及的事情上(如丰富我的出差经历、和大自然亲密接触)。我完全颠覆了一直以来为了兑现"宏伟的新年计划"所做的努力。我跑过马拉松吗?当然没有。我可能永远不会去参加马拉松比赛,但这也没什么大不了的。而我并没有放弃跑步,这一点很重要。

建立长期习惯

身心合一的干预方式是一种强大的自我助推方式,但并不是唯一的助推方式。世界各地的研究人员正在研究其他助推方式,我们可以借助它们改善心理健康状况和行为方式,让我们坚持到底。

2014年,在"人格与社会心理学学会"的年度会议上,我和同事艾丽森·伍德·布鲁克斯(Alison Wood Brooks)组织了一次题为"自我助推:如何改变人们的认知、情感和行为"的座谈会。

布鲁克斯也是哈佛大学商学院的教授,她对阻碍人们良好表现的心理问题非常感兴趣。这种兴趣部分源于她是一个有着丰富舞台经验、才华横溢的歌手。她不仅发现自己在台上的镇定自若令人羡慕,还发现这种镇定有利于树立威信。她意识到我们多数人在表演时很难做到。于是,她开始寻求一些简单的干预措施,以帮助人们克服怯场心理。

如果你是具有超级影响力的"保持冷静"的追随者,你很可能会对她的发现感到惊讶。

很多人都知道,怯场让人感觉焦虑过度、不知所措。当我们焦虑的时候,人们会让我们做什么呢?他们会善意地提醒我们要冷静。事实证明,这是他们最不应该说的话。我们知道,心理学家描述焦虑为一种高度唤醒情绪(high-arousal emotion)。我前面说过,当我们焦虑的时候,生理上会处于一种高度警觉状态,会变得超级敏感。我们心跳加快、大汗淋漓,皮质醇水平可能会急剧升高——我们的神经系统自动控制了这些反应。大多数人无法降低或者关闭这种自动唤醒功能,因此我们不仅无法平静下来,并且当有人告诉我们应当保持冷静的时候,他们也同时提醒了我们当时有多么不冷静,从而让我们变得更紧张。

但是,还有一种并不消极甚至非常积极的高度唤醒情绪——兴奋。布鲁克斯曾经假设,我们或许不能克制情绪的唤醒,但是我们可以改变自己诠释它的方式。如果我们不再徒劳无功地试图降低情绪的唤醒程度,而是尝试将其消极的一面转变为积极的一面——将焦虑转变为兴奋,结果会怎样呢?

为了测试她的假设,布鲁克斯做了一系列实验,把研究对象安排在几个容易让人产生怯场心理的环境中:唱歌比赛[让他们唱旅行(Journey)乐队的《不要放弃信仰》(*Don't Stop Believin'*)]、公开演讲比赛、难度很大的数学考试。在每一次实验中,让研究对象在"表演"前告诉自己以下3句话中的一句:(1)保持镇定;(2)兴奋起来;(3)没什么大不了的。

在唱歌、演讲和数学考试这3个场景中，那些将焦虑转化为兴奋的研究对象的表现都强于其他研究对象。布鲁克斯解释说，当你兴奋的时候，"激发了一种机会心态模式，于是你会憧憬所有可能发生的美好事情。你更倾向于做出决断，采取可能带来良好结局的行动"。

我很幸运，我的办公室离布鲁克斯的办公室只有大约18米远，我们经常在一起探讨这项研究。她说："尽管到目前为止，我们还没有长期地研究过这一假设的合理性，但我推测，在做任何能引发人们焦虑情绪的事情之前说'我很兴奋'，或者尽最大努力'兴奋起来'，都不会引起边际效益递减。也就是说，这种自我心理暗示一定不会时间越长效果越差。相反，随着时间的递增，对人们的积极影响可能会越来越强。你将焦虑转变为兴奋的次数越多，你就会变得更快乐，更容易成功。"这也是一个自我助推的过程：通过专注于你面对的每一个新时刻，不关注表现的结果，你慢慢地、逐步地自我助推，从而变得越来越大胆、越来越真实、越来越有成效。

"将焦虑重构为兴奋，有利于我在众人面前唱歌、演奏乐曲，展示我的研究成果、演讲我的创业理念，给大学生、工商管理学硕士、高层管理人员上课，以及每天和同事们互动。"当一位心理学家能把她的研究成果真正应用到自己的日常生活当中，你就知道你也会因此受益了。

我们通过简单重构情绪的意义（从焦虑到兴奋的自我助推）转变心理定位，利用所需要的认知及心理资源在压力状态下获得成功，这一方法可以有效地将怯场心理转变成舞台存在力。

那么我们如何利用其他的助推方式来改善生活呢？加利福尼亚大

学洛杉矶分校的哈尔·赫什菲尔德（Hal Hershfield）教授已经找到一种简单的自我助推方式，这种方式能更好地帮助你为明天（或者今后的 50 年）存多少钱做出决定。

该研究的背景是，2014 年，哈尔·赫什菲尔德问 1 000 名来自全美各地的研究对象："谁是你最大的敌人？" 500 人给出了同样的答案："我自己。"

这说明，我们对待自己并没有比我们对待陌生人有更多的恻隐之心。当谈及省钱的时候，问题就变得很严重。可以想象，如果我们并不同情我们需要为之节省的人，那么我们为什么要为他缩衣节食、省出一大笔钱呢？我们为什么不现在就把这些钱花在自己身上呢？

为了做出为明天而储蓄的正确决定，尤其是为未来的退休生活做准备，我们必须喜欢并尊重自己，特别是未来的自己，只有这样做，未来的我们才能拥有充足的退休金。我们要未雨绸缪，为将来的生活做出具体的规划。例如，人们为一些组织的大型项目筹措资金，当他们把市场定位于某个特定的、实名的受助人（遭遇自然灾害，或身患恶疾，或受到犯罪行为侵害的人），而不是成千上万需要救助的对象时，他们会得到更多的赞助资金。这听起来有悖常理对吗？如果我们知道是要帮助成千上万的人，我们不是应该增加捐款的数额吗？是的，但是要了解并同情成千上万的人难度较大，完全了解并同情某一个人却相对简单，并且这个人给我们的印象越深刻，我们就越同情他。

赫什菲尔德和他的同事做的神经影像研究显示，人们想象自己目前的样子和想象自己未来的样子时，反映在神经影像上的差异很大。当人们想象自己 10 年后的模样时，他们的大脑活动看起来更像是在想象另外一个人，比如马特·达蒙和娜塔丽·波特曼。

赫什菲尔德还发现，当给研究对象看自己随着年龄增长的照片，然后给他们一个假设的机会在储蓄账户上存钱时，研究对象会比没有看到照片时多存一倍的钱。也就是说，当他们能辨认出未来的自己时，他们认为那个人对存钱会更感兴趣。

赫什菲尔德建议我们打印一张自己老年时的照片——无论你是否相信那是你老了以后的样子。你可以在线制作，并将它放到当你为将来做某个重大经济决定时可以看到的地方。他还建议我们可以在理财时给未来的自己写一封深思熟虑的信，目的是缩小当前的自己和未来的自己之间的认知差距，把未来的自己带到当前，这样我们就可以在两者之间建立联系。

自我助推甚至可以通过改变穿着来发挥作用。我们穿的衣服可以改变我们看待事物的方式，以及我们的感觉、思考和做事的方式。例如，在美国西北大学做的3项实验中，实验人员要求研究对象穿上白色实验室大褂。在第一项实验中，穿上实验室大褂增加了研究对象专注的时间——这对在快节奏的、陌生的环境中找到存在力非常重要。但第二项实验又有了进一步的发现：当研究人员告诉研究对象他们穿的是医生的白大褂时，研究对象专注的时间更长了。而在第三项实验中，当研究人员告诉对象他们穿的是油漆工的白大褂时，研究对象专注的时间较穿上之前并没有改善。

我们可以通过多种方法慢慢地、逐步地改变自己与当下的互动方式，以改变自己的未来。比如重构一种情绪，和自己未来形象的照片交朋友，穿上适合未来形象的衣服等。关于自我助推的研究才刚刚起步，心理学家们已经开始致力于探索更多的自我助推方式。

玛丽亚因患有抑郁症而无法全身心投入工作中。下面是她写给我的邮件：

> 我曾经以自己的"聪明"而颇为自豪，但自从我患了抑郁症并反复发作之后，每当我换一份新的工作，我的冒名顶替综合征症状就越严重。
>
> 昨天，我给主管写了一封邮件，说明了我最终不能接受新职位的原因。5分钟之后，此时距离我第一天上班还有45分钟，我挣扎着从床上爬起来，摆了高能量姿势，并且风驰电掣般地洗漱完毕，钻进车里，把车开到了新的办公地点。

这个故事并不能说明玛丽亚今后就不会再次被困难吓到，不会再度怀疑自我。但是她将会有一个新的记忆：除了对自己有了新的认识、感知到了自我效能和个人力量，她还获得了主管和同事们的肯定。

这个故事给我们的启发是：我们可以在今天、下一个小时甚至下一刻改变自己。

回想一下伊芙·费尔班克斯（那个学习冲浪的记者），以及她对所发生的事情的描述："快乐衍生快乐。在经历了一次又一次新的考验之后，我越来越自信。"每一次的自我助推，都会在原来的基础上带来新的快乐、新的力量和新的存在力。

结语

有一套自己的方式

我比想象中的自己更强大,我从来都不知道自己竟然有如此多的优秀品质。

——沃尔特·惠特曼(Walt Whitman)

成千上万的人和我分享了他们的故事，我真希望也能与你们分享。让我感到惊讶的是，有那么多人都以"我想告诉你，你是如何改变了我的人生"作为故事的开头。但事实上，我没有改变任何人的人生，是他们改变了自己的人生。他们只是学习了我提出的简单理念，并用我可能永远想象不到的方式进行了调整和发扬。我只是选择了其中的几个故事和你们分享。这些故事的主人公都是面临重大挑战的人或者在帮助他人克服重大挑战的人。他们根据自己对肢体语言塑造心理这一理念的新认识，引领自己和所帮助的人激发出最勇敢、最真实的自我。有很多故事讲的是，人们如何在各种情况下通过假装自己成功直到真正成功。

我希望你能在这些故事中找到自己的影子。我这样说是因为我相信，我的TED演讲中影响最大的部分不是我的研究成果，而是我承认在人生中的很长一段时间里我都认为"我不配待在这里"。尽管当时我并不明白为什么这一点很重要，但现在我知道：我的这一席话让人们感觉他们在这个世界上并不孤单，因为他们知道至少还有一个人也曾经这样想过，并且她在大多数情况下克服了"我不配待在这里"的想法。一个真实的故事，一段真诚的告白，力量可以非常强大。

我们先从威尔的故事开始吧。威尔写信告诉我，他 21 岁的时候，是一名俄勒冈州的大学生，同时还是一名兼职演员。

威尔的经纪人打来电话说为他物色到一个非常适合他的角色。这是一个将在俄勒冈拍摄的一部大型电影里的角色，导演和制片人正在物色几名热爱户外运动的青年男演员。威尔当时认为他的经纪人简直是异想天开，因为这个角色和自己差距太远。他此前确实拍过一些电视广告，也在几部小影片中客串过几个小角色，还在一剧中露过几次脸，但他真的没想过要成为演员，因为他认为自己没有实力和专业演员竞争。

威尔认为自己是一个敢于冒险的人，他同意去试镜。但当他到达试镜地点后却并不自信。他在等候室里一边四处张望一边后悔："我怎么会来这里了？"就在他感到焦虑的时候，他突然想起一位朋友曾告诉他：如果你在面试之前感到紧张，你应该找个隐蔽的角落，摆出一个像神奇女侠那样的姿势并坚持 2 分钟。

于是他走进洗手间。"我打开小隔间的门，自嘲了几秒，然后双手叉腰，抬起下巴，挺起胸膛，面带微笑，安静地站了 2 分钟，并做了几次深呼吸。"他忘记了为什么要这样做，但是他很钦佩那位朋友，他说："当我和他分享一些新奇的事物、畅谈理想的时候，他从来没有让我失望过。"威尔相信朋友的建议有效，他愿意尝试一下。"我走回了等候室，笔直地坐在椅子上，等待叫我的名字。"他说，当叫到他的时候，"我毫无顾虑地走进试镜室，感觉即使试镜不成功，也没什么大不了的"。

威尔的试镜非常顺利。他不仅没有感到焦虑，还很享受试镜的过程，一点儿都没有被导演的知名度吓到。威尔从来没有感到自己如此真实、如此重要、如此"在状态"。

威尔走出试镜室的时候，他的爸爸在等他。"试镜情况怎么样？"威尔愉快地大声说："非常好！我搞定了！""那你获得这个角色了？"

威尔停了一下，说："哦，不是……这个我不知道。但是面试非常顺利！非常有意思。我以前试镜从来没有过这么好的感觉。"

在试镜的过程中，威尔完全忘记了自己，他完全进入了存在状态，注重过程、全力以赴，试镜的结果成为次要的考虑因素……或许根本无关紧要。

巧合的是，威尔也姓卡迪（我们不是亲戚）。你会在获得奥斯卡提名、瑞茜·威瑟斯彭（Reese Witherspoon）主演的电影《走出荒野》（Wild）的演员表中看到他的名字。在整个试镜过程中，他热情洋溢、信心十足、充满激情。俄勒冈州的卡迪家族和波士顿的卡迪家族一直保持着联系。在《走出荒野》首次公演的那天晚上，威尔和父亲乘飞机来到波士顿与我们一家人一起观看了这部电影。

威尔的故事完美地体现了拥有存在力的理想效果：

> 如果你做事情时轻松、自信、身心同步，结束时就会感到非常满意、很有成就感，你不会关心结果如何。就如威尔的案例，他几乎忘记了还有人会对他的表现进行评价。

我听过的很多故事都和学习或者工作方面的挑战有关。学校和公司的竞争最为激烈，我们通常会感受到巨大的压力，从而引发焦虑情绪。于是人们想出各种办法，将存在力的科学理论应用到找工作和面试的过程中。梅兰尼是这样做的：

> 我在失业后的几个月里一直四处奔波，寻找工作机会，感觉就像在没完没了地参加游戏节目，让人情绪低落。我儿子指着你演讲的视频对我说："你一定要试试这个方法！"
>
> 于是我照做了。在接下来的3次工作面试前，我都会练习几分钟高能量姿势。我不再把双手放在膝盖上，而是把胳膊肘放在椅子扶手上。这3位雇主中，有2位愿意聘用我。我选择了其中较好的一份工作，（当我获得新工作的时候）星期一就去上班了……我不再把身体蜷缩起来让自己变得更渺小。当我们的心理状态和不安全感让我们变得不重要的时候，肢体语言真的可以提醒我们，我们其实生来就是当明星的料。

托马斯则把存在力的理念应用到了他的商务谈判中：

> 我的商贸公司和很多全球品牌都有业务往来。多年来我一直致力于向客户准确传达自己的专业优势，尤其是向主要负责人表达我的独到见解。直到看了你的TED演讲，我才意识到自己在肢体语言表达方面存在的问题：当我和对方谈生意的时候，我一直扮演着弱势角色。

在过去的两个月里，我一直在忙一个大订单，这个单子已经让我精疲力竭。每一次谈判都是通过视频会议，我发现自己的姿势一直很糟糕，我通常会让肩膀下垂，一只手托着下巴。

所以……今天，我受到你的启发，在办公室里摆出双手叉腰、双脚分开的姿势。然后我给关键的决策者打了一个视频电话。这时，我突然发现自己说话的时候就像在厨房向一个朋友解释这个订单那样自然。

我想说的是，在过去的六七次会议中，我第一次能够向客户准确地展示我的专业水平和看法……我签订了合同……我将会把高能量姿势作为全公司的行为，我们公司将被称为"会面时双手叉腰的公司"。

布林来自尼日利亚，在加拿大上学，他此前觉得自己难以融入新的学习环境。

我一向都不习惯参加课堂讨论。我认为自己像多数大一新生一样有点儿恐惧。我的一位好朋友把您的TED演讲视频发给我看。现在，我可以肯定您的演讲视频完全改变了我的大学生活。在课堂上我开始主动回答问题，主动参加会议并在会议上发言。感谢您提醒我们：没有任何事情（尤其是自我怀疑）可以阻止我们发挥自己的潜能。

布林找到了一种方法来战胜对自我的怀疑，不仅成为一名优秀的学生，还成为大学里的学生干部和校园创业者。

我也收到了很多忧心忡忡的家长和老师们的来信，他们正努力帮助、指导孩子和学生完成课堂作业、参与社会实践，解决儿童和青少年面临的各种重大问题。例如，一位叫诺亚的父亲帮助他的女儿运用存在力的科学理论克服恐惧感。

>我是一名高管培训师和作家，我渴望做神经可塑性和大脑方面的研究，但您的演讲让我不用局限于职业兴趣。看完您的演讲后，我让妻子和两个女儿（8岁和10岁）都看了您的演讲。从此以后，我们一直在做高能量姿势练习。时间飞逝，转眼几个月过去了。上四年级的大女儿班里要选一名学生星期五做演讲。时间大概30分钟，内容自定。我的女儿索菲被选为学生代表（实际上她非常不自信），但出于某些原因，她最终自告奋勇去演讲。让我很吃惊的是，她没有听从我的意见，而是一直在大脑中练习星期五的演讲。在演讲开始前10分钟，她开始紧张，根据她后来向我描述的情况，她当时的感觉就像是恐慌发作的前兆。于是，她在没有任何人指点的情况下使用了您教她的方法。她在准备过程中保持高能量姿势，她说这种姿势让她镇定下来，并帮她做好演讲的准备。
>
>她说，她做了"非常棒"的演讲。

我们花了一整年的时间说服她主动在讲台前讲话，而高能量姿势帮助她站在讲台前讲了整整30分钟，而且现在她还想再演讲一遍。

瑞贝卡是一名高一学生的母亲，她说自己的女儿将存在力的知识应用到了学术竞赛中。

我喜欢您关于高能量姿势的TED演讲。幸运的是，我上高中一年级的女儿和我一起看了您的演讲。她一直对考试很焦虑，于是以试试看的心态开始在考试前练习高能量姿势，于是她在过去的3个月中再也没有焦虑过。一开始她的朋友们都以为她疯了，现在她的朋友们也在这样做，并获得了成效。女孩们已经将这个方法推广到她们所在的足球队。这个看起来像神奇女侠一样的姿势已经在整个社区的年轻人中流行起来。我还不能确定，这是不是一个类似"小飞象的羽毛"的故事。即使这是一种心理欺骗（当然我不认为它是心理欺骗），它仍然带给我女儿极大的自信，让她有能力在巨大的压力下表现良好，人们应当关注这个奇迹。非常感谢您和我们分享您的独到见解。

下面是芭芭拉老师写来的信，她把肢体语言的科学带到了课堂上：

去年春天，我向一些学生们介绍了高能量姿势，这些学生在学习大学预修课程（AP）中的物理专业。其中一名学生在平时的测验中总是表现得很紧张，因此他很难发挥出正常水平。我在课堂上播放了您的演讲视频，让学生们试一试。虽然我们都知道因果关系的说法，也知道这不是一次科学研究，但是从那天起，这名学生在每次物理考试前都摆出高能量姿势，他的成绩从C一直上升到他的真实水平B——成绩中等，比A稍差一点儿。然后他在5月初参加了AP考试，并获得了4分（满分5分）。尽管很难验证，但我仍然坚信高能量姿势带给他很大的帮助。

我最喜欢的一个故事是《疯狂妈妈和孩子们》（*Crazy Mom with Kids*），这是C. G. 罗尔斯（C. G. Rawles）写的一篇精彩的博客文章。罗尔斯是一名作家、艺术家和平面设计师。罗尔斯6岁的女儿萨奇看了一部恐怖电影后就变得恐惧不安、心神不宁，她认为她的玩具娃娃们会在她睡觉的时候攻击她，午夜她会因噩梦惊醒、大声尖叫，无论罗尔斯怎样安慰她都不行，甚至把她屋子里的玩具娃娃、毛绒动物全都拿走了也无济于事。

罗尔斯在博客中写道：

> 后来，我偶然看到艾米·卡迪的TED演讲：《肢体语言塑造你自己》。我觉得很神奇，于是我决定和我的女儿们（尤其是萨奇）尝试一下。接下来，我告诉她们，我们要"假装成功直至真正成功"（引用艾米·卡迪的话）。

我按照卡迪的建议，每天都让孩子们摆出一种高能量姿势，并保持2分钟。萨奇非常喜欢神奇女侠的姿势，于是我让她在单独进入一间屋子之前双手叉腰，双脚与肩同宽站立，昂着头。

高能量姿势越来越受欢迎。有时萨奇在帮我把东西从屋子的一边拿到另一边之前，或者一个人在自己房间里的时候，她都会双手叉腰摆这个姿势，或者高举双臂，就像自己第一个冲过了终点线。

她的焦虑逐渐消散，自信心也恢复了。

时间已经过去一年了，萨奇的状况有了惊人的改善。现在只需要召唤她心里的神奇女侠，摆出一个高能量姿势就可以了。

同时，把玩具娃娃锁在衣柜里也有帮助。

下面这封邮件来自一名小学教师。他描述了自己如何应用"假装成功直至真正成功"的理念帮助一名患有"选择性缄默症"的五年级学生。选择性缄默症是一种儿童因焦虑而导致的心理失调，患者在某些特定社会场合中无法与人正常交流。

今年我几乎每天都在和这名学生通过日记交流，他在日记中逐渐向我敞开心扉，同时在教室里也不再那么拘束。我和他一起看了您的TED演讲视频的最后一段，并告诉他，我希望在每天我留在教室的那段时间里（大约一小时），他能练习一次高能量姿势。在看您的演讲视频期间，我轻轻地告诉他，我渴望有一天能看到他取得成功、出类拔萃、拥有超强的非语言领导技巧，其他人都愿意与他一起工作。他开始哭泣，几乎和您在视频上哭泣的时间一致（虽然当时我忍住了哭泣，但回到家里再也忍不住了）。从此以后，他每天都会回答一两个问题。最近，我让他负责回答阅读训练小组的第一个问题，他毫不犹豫地答应了。

我们前面已经了解到高能量姿势和体育运动是一种自然搭配——所有表达胜利的姿势都和我们在实验室中用来提升自信心与存在力的姿势相同。我收到了无数运动员和教练写来的信，这些运动员和教练来自各种不同的领域，如田径、滑雪、赛艇、棒球、篮球、水球、足球、体操、排球，甚至是冲浪。

我的TED演讲视频发布一个月后，我收到了一位奥运会游泳队教练的来信，他告诉我，他多年来一直使用高能量姿势策略，效果非常好，他鼓励一些运动员在比赛当天早上开始摆出胜利姿势。他说，尽管游泳运动员们因为比赛前使用霸气的肢体语言而恶名远扬，有时候他们还会像大猩猩那样捶打自己的胸膛，但他们这样做不仅是想震慑竞争对手，也想通过这种方式放松肌肉、为自己打气。因此，这位教练鼓励运动员们比赛当天一睁眼就摆出"首领式"姿势，这种方法对那些比赛失利、心态不稳、自我怀疑的运动员最有效果。

凯尼恩学院的游泳和跳水教练杰斯·布克（Jess Book）偶然观看了我的TED演讲，他认为这个视频可能有助于提升他的团队的表现。

他告诉《游泳世界》杂志:"高能量姿势增强了我们希望自身强壮有力、充满自信的意识。尽管不是所有团队成员都这么想,但很多成员会这样想。受益最大的是那些给自身过大压力的运动员。运动员利用姿势不仅增强了自身的体能,还可以与团队的其他成员建立一种可感知的联系——对其他成员产生积极的影响。"

凯尼恩学院的游泳运动员莎拉·劳埃德(Sarah Lloyd)写信描述了在一场比赛前,包括教练在内的整个游泳队摆出"X"形姿势时的情景:

> 你看到这个情景可能会忍俊不禁。我们全部看起来很傻气,但我想这个姿势对我们非常有效。我们激情高涨,以前所未有的方式团结一致。所有人都进入了最佳战备状态,并且最终将个人水平发挥到极致。

下面是在美国中西部一所高中任教的史蒂夫(Steve)老师写来的邮件:

> 今天,我给所有班级的学生看了您的TED演讲,学生们非常认真,并且不用督促就在一天内练习了多种高能量姿势。最有意思的是,今天晚上,当我们的排球队输掉了本地季后赛的首场比赛后,队员们来到球场,摆好了高能量姿势迎接第二场比赛。后来他们赢了接下来的3场比赛,并进入了总决赛。我想这离不开赛前的充分准备、高强度

的训练，但更直接的因素是，孩子们对你传达给她们的理念深信不疑，用它来战胜艰难的环境。赛后，女孩子们向我走过来，问我是否对她们的高能量姿势感到骄傲。我太骄傲了！您的高能量姿势理念已经融入我们的"周二TED演讲日"，您的演讲对我的学生们意义重大，我由衷地感谢您！

让我最受鼓舞的是那些面对重大困难的人写给我的信。写信的人有的遭受了家庭虐待和家庭暴力，有的无家可归，还有的经历着其他痛苦的煎熬，但他们已经成功地重新掌控了自己的生活和未来。每次读到这些故事，我都深受感动。

我收到了很多从战场退役的老兵写来的信，比如，罗伯托：

我是一名患PTS的退伍战斗军人，目前正在学习心理学。我偶然发现了您的演讲视频……长话短说，我对您的相关信息和个人经历非常感兴趣。自从观看了您的高能量姿势视频后，我开始时刻关注自己的肢体语言，每当我的潜意识感觉思绪脱离现实，就会提醒自己注意姿势。您的演讲帮助我走出从前的自我封闭状态，克服了因患PTS而表现出的焦虑、高度警觉等症状。自从我在处理问题的过程中有意关注姿势，在此前并不自信的领域，我也能超常发挥了。

CJ是一名外联协调员，在一家名为"转折点"的家庭暴力救助机构工作，其主要工作是在女子监狱里上课。她和我分享了下面的故事：

> 我曾经是一名家庭暴力的受害者。在摆脱了受虐关系之后，开始在一家家庭庇护所工作。我做了很多事情来治疗自我和提升自我，通过非常规的方式自学。这些年来，我发现自己在某种程度上有点儿"极客"，我喜欢读论文，尤其是关于社会科学方面的论文。
>
> 在家庭暴力领域工作了20多年之后，我开始给一所女子监狱的罪犯授课。她们如饥似渴地学习知识，尤其是当她们学到"人们在受到惊吓的时候身体发生的一系列化学变化会如何影响我们的肢体语言"，以及"旧的心理创伤会对肢体语言造成何种影响"的时候。
>
> 我一直在课堂上播放您的演讲视频，我真希望您能看到她们眼前一亮时的神情。看完视频后我们进行讨论，我问她们高能量姿势如何能帮到她们？
>
> 我的学生们认为在以下情况下使用你的高能量姿势对她们有帮助：
>
> 1. 在假释评审委员会召开之前的司法听证会上；
> 2. 接受监狱内调查时；
> 3. 参加考试时，如普通教育水平考试（GED）；

4. 出狱后接受随访时；

5. 为申请狱内特权委员会委员资格而接受审查时。

我非常认同您揭示的关于高能量姿势的原理，以及这些姿势让我们找回真我的方式。我由衷感谢您"分享科学"的倡议。

我将会继续把您的研究成果带到监狱的高墙内，与那些最需要帮助的人分享。

麦克住在加利福尼亚，他每天面对着很多人没有经历过的那种磨难。他抽时间写下了练习高能量姿势的心得与我们分享：

我于2012年9月就开始流落街头了。这不是一个有趣的故事，所以我不想在这里提及。我想告诉您的是，您和您的高能量姿势给了我莫大的帮助。当然，我并没有因此而扭转乾坤，获得一份很有保障的工作，但我完全能够直面作为流浪者所遇到的无数困难和通常会产生的恐惧。部分原因是去年冬天在一家御寒收容所里，我在平板电脑上看到了您的TED演讲。在此之前，我通常会因为强烈的耻辱感而感觉被边缘化；同时，由于长期患抑郁症，心情焦虑，更是让我的流浪生活雪上加霜。我认为，由于我当时污秽不堪、蓬头垢面，一副穷困潦倒的样子，人们通常一眼就能看出我是个流浪汉。

但现在，即使我今晚会睡在一块纸板上，别人也不会认为我是一个流浪汉。甚至其他看到我睡在大街上的流浪汉还会把我叫起来，向我乞讨。我通常会笑着回答说："我和你一样也是流浪汉。"我认为他们误会的原因是我刻意使用了高能量姿势，最大限度地拓展了自己占用的空间，并且当我的姿势和高能量姿势相反的时候，我会立刻停止。我不是在不着边际地闲扯，但是当我听您说收到小提琴家以及其他人的来信时，我猜您从来没有收到过流浪汉的来信。那么，至少在这件事情上，我们彼此都有收获。

非常感谢您抽时间读我的信，希望您一切安好。

安妮可来自瑞士，最近刚刚大学毕业。她向我描述了自己如何鼓起勇气，结束了一段长期受虐待的恋爱关系并逐渐找回自我的历程。

"他肆意践踏我的尊严，剥夺我的业余爱好和所有乐趣，"她写道，"我已经失去了自我。"在去爱尔兰探望朋友期间，安妮可偶然发现了我的TED演讲视频，她和朋友一起观看了演讲。她的朋友凭感觉认为这段视频也许可以帮助她，于是就发生了下面的事情：

从那天起，我的朋友每天都会给我发短信，要一张我摆出高能量姿势的照片，无论那时我在哪里。也许这听起来有点儿俗气，但我想我的生活因此发生了改变。我按照你说的那样——假装成功直至真正成功，并坚持了很长时间。我不断地在脑海中回想您的指导，慢慢地找回了原先

> 的自我。我成功地和男朋友分手，并逐渐认识到自己的优秀之处。无论在什么情况下，当我开始感到不安的时候，我就会摆出高能量姿势。
>
> 现在，我甚至定期尝试跳出自己的舒适区，因为我知道如何让自己感觉良好。尽管我一周前才开始学习博士学位课程，但是昨天我就在一群研究人员面前做报告，他们是我的大学里同领域的顶尖人物。如果是在以前，我会找借口放弃，但昨天我非常顺利地做完了报告。他们把我当成他们中平等的一员，我甚至可以说服他们与我合作。我重新开始相信自己，我为自己感到自豪。

不久之后，安妮可迎来了最大的挑战：

> 两天前我在校园里遇到了前男友。我已经一年半没有见到他了，我很担心再次遇见他。当我看到他在走廊里时，我挺起腰板，让自己更高一些，向他走过去。我有史以来第一次主导了谈话，我能看出他对我表现出的自信非常惊讶。这也是很多年以来我第一次感到开心。当然，是您的演讲帮助我做到了这一点……虽然很简单，但非常有效。

我也收到了治疗师、门诊医生和内科医生的来信，他们正在寻找简单的方法借助高能量姿势治疗病人。下面是迈拉的做法：

我是来自南非的临床心理学家，我正在利用高能量姿势让我的病人改变负面思维模式。我让他们在感到困扰时使用高能量站姿。他们都说，以高能量姿势站立，他们无法再坚持负面的思维。

戴维是澳大利亚的一名残疾人教员，下面是他写给我的信：

我是一名残疾人教师，帮助残疾人在特定的工作环境中学习某种技能，以使他们能够达到主流工作的要求。教授身有残疾的人们学习技术很容易，但帮助他们获得自信有点儿难——当然这是在我向他们介绍您的高能量姿势之前。现在他们变得更积极，不再那么焦虑，这种变化非常明显。同时，高能量姿势还帮助他们中的大多数人成功争取到了全职工作。

高能量姿势能否应用在动物身上呢？很多人正在使用高能量姿势的理念帮助动物。我收到的最不寻常的一封邮件来自一个名叫凯茜的驯马师。她多年来一直在从事一个项目的研究，即"鼓励马找到内在的行为驱动因素，以此恢复马的身体和心理健康"。

我们的研究项目取得了惊人的成效（当然，尽管您可能不会感到吃惊）。您的演讲已经为我们的项目打好了理论基础，于是我在一匹马"瓦飞"身上做了一个小小的实验。

尽管瓦飞身材比其他马都高大、健硕，但一直处于马群阶层的底层。它很内向，尽管现在它越来越敏捷，天赋也逐渐显露出来，但它仍不愿和其他马一起玩耍，在玩耍时也从来不愿炫耀自己的力量。

因此，在考虑了您的研究之后，我为瓦飞设计了一套训练方案，让它"扮演"一匹烈马（比如像食肉动物那样追逐某匹马，力图打动或者引起那匹马的注意，这是马儿们在嬉戏玩耍或者调情时的举动）。结果远远超出了我的预期。一连3天，它都在牧场上做着同样的动作，并试图和其他马嬉戏。其他马有些吃惊，因为瓦飞从来不这样。但瓦飞并没有因此变得暴躁，尽管看上去的确如此。这就是当一匹马的睾丸素水平上升、皮质醇水平降低时的状态。

几个月后，凯茜写来邮件说：

我们社区里的所有人（冰岛驯马爱好者和驯马师们）一直认为，瓦飞只适合家庭驯养，绝对无法适应高强度的竞争环境。因为能适应高强度竞争环境的马通常都是那些最有天赋、最健壮而且最骄傲的马。

冰岛一年一度的春季马赛在上周末举行。瓦飞进入了最高级别的赛组，这一赛组共有10匹马与骑手组合参赛，其中包括目前世界排名第一的马和骑手。

您可以想象比赛有多么激烈。

我们成功地进入了决赛，瓦飞和其他4匹马获得了将在柏林举行的世界锦标赛的参赛资格，这让在场的所有人都感到震惊。许多人都想知道我用了什么魔法或者巫术改变了瓦飞，场面非常壮观。

在这次参赛的驯马师中，有些人在我买瓦飞之前也曾考虑过买它，但没有人认为它适合参加比赛，人们认为它只适合给孩子们骑着玩耍。当时人们发现自己错得离谱，但他们更惊讶于让瓦飞彻底改变的"秘密武器"：不是因为它现在变得更健壮、更矫健了，而是因为它想表现自己……表现自己的速度、力量和魄力，这在冰岛马的王国中是一件非常重要的事情。这些冰岛马是斯堪的纳维亚人的马，而斯堪的纳维亚人的精神深深影响着整个社区的人和裁判……这也是我们赛马的原因。

再一次感谢您，您的工作为我和我的马带来了意想不到的收获。

一年之后，当凯茜开始训练另一匹马"卓牧儿"的时候，她写道：

冰岛马世界锦标赛选拔赛将在10周以后举行，我在训练我的两匹马参赛。如果是几年前，驯马界会认为这绝无可能。在这期间，瓦飞和卓牧儿都在练习高能量姿势，它们把烈马的"做派"演绎到了一个新高度。两匹马的主动性还在不断提升、体型也更加健壮，到目前为止，它们还在不断进步，状态还没有达到峰值。马科动物生物力学专家开始注意到这一点，目前冰岛排名世界第一的驯马师也专程乘飞机过来向我取经。在马的世界里，您为马儿们改变自己的命运做出了贡献。

凯茜在最近的来信中写道：

> 我最近一直在和驯马界的人们谈论一个事实，即对马进行高能量姿势的训练似乎可以无限挖掘马的潜力。我做这项工作已经几年了，而马儿们还在不断取得新的突破。总之，这是一个非常好的良性循环，它们的进步越来越快。对这些马采用高能量姿势的方法训练后，它们好像本杰明·巴顿（Benjamin Button）一样返老还童了——它们的动作越来越有冲劲儿了。
>
> 到目前为止，我的马通过高能量姿势的训练一直在快速进步！

这件事情在某种程度上是最有说服力的经验之谈，因为没有人告诉瓦飞、卓牧儿或其他马高能量姿势意味着什么。我和凯茜发现，事实上，2 000多年以来，驯马师一直在对马做高能量姿势的训练：

> 训练马……昂起头，弓起脖子……通过训练它做出这

种优雅、趾高气扬，同时展示自己最大优势的姿势，你就有了……一匹英姿飒爽、让观者雀跃的超级骏马……感觉自由而愉悦……它气宇轩昂、四条腿轻盈矫健、自信地向前飞奔，就如在奋力追逐其他马，将马的豪迈气势发挥得淋漓尽致。

——色诺芬（公元前430年—公元前354年）

不久以前，克莉丝汀和我分享了她的故事，让我不禁潸然泪下。我刚刚做完演讲，有很多人等着跟我打招呼、提问题。我注意到一位年轻女士在耐心地等着我。当人们需要隐私的时候，我很快就能察觉到：从他们的眼中我能看到强烈的期待，因此我知道他们有很隐私的、不便在陌生人面前谈及的事情要和我分享。

有两位朋友站在这个年轻女士两侧，轻轻地抚摸她的肩膀，柔声地安慰她、鼓励着她。她走到我面前，眼里噙着泪水，哽咽着说不出话来。她沉默了很久。这段时间里我们并没有感觉尴尬，我们更像是在彼此适应，为下一步的交流做准备。她打起精神，深吸了一口气，然后说："我来这里见您，是因为我一定要告诉您，您给我的生活带来了多么大的变化。"

而那天晚上她告诉我的事情也许同样改变了我的生活。她的故事完美地印证了我们可以通过肢体语言与最真实的自我进行交流、释放个人力量，我们可以借助肢体语言和个人力量，让自己在应对重大挑战的过程中找到存在力，同时帮助他人找到存在力。这件事情也确切地说明，人们能够在社会权力和社会地位微乎其微的时候运用这项研究成果，找到自己的个人力量，激发自己的勇气和魄力，改变自己的命运，在帮助自己的同时也能帮助他人。

我问她是否愿意将她的故事分享给所有人，她说："我非常愿意，因为这样其他人会感觉受到了支持和鼓励，也会愿意做同样的事情。"

于是，我们谈了一个下午，下面是克莉丝汀的故事：

  由于一时冲动，我搬到了南美洲。我结婚很早，但30岁就离婚了。离婚后，我感觉自己只有换一个环境才能重新开始新的生活。于是我决定搬到南美洲。我和另外几个人合住在一起，我们称那个地方为"树屋"。屋子建造在木桩之上，全部是用回收的木料制成的，结构简单而优美。

克莉丝汀在当地一家咖啡馆工作。

  一切似乎进展得十分顺利，但事实并非如此。没过几个星期，我的老板开始对我的身体品头论足。他不断给我一些保养胸部的建议，且乐此不疲。我的第一反应是很失望：他已经是两个孩子的父亲，他家离我住的地方又很近，他不应该对我如此无礼。这是一个小镇，打听一个人很容易，我以前了解到的他不是这样的。但是我不得不自我安慰——也许事情并没有我想象的那样糟糕（这也许导致了后面的事情发生）。孤身一人在异国他乡，我很害怕，极度缺乏归属感。当你搬到一个陌生的国家，努力去适应新环境的时候,你就脱离了心理上的舒适区域,完全被剥夺了安全感。

由于我的忍让,性骚扰逐日升级。

于是我告诉自己要坚强,对他的骚扰置之不理。我只当"他是个混蛋"。我感觉自己变得越来越渺小,但并没有意识到他会更加肆无忌惮……后来有一天,他给我起了一个非常粗俗的名字。从那天以后,他就一直用那个粗俗不堪的名字称呼我。

我痛恨他这样侮辱我,感觉他实在太过分了。但之后我又开始问自己:"这有什么大不了的吗?"现在回想来看,这种做法让我感觉非常荒谬。

在那之后不久,克莉丝汀的几位好朋友请她吃晚饭。她说自己当时"感觉很自卑、无助,差一点儿就不去了",但是她最终还是去了。

我那时想,如果告诉朋友们我对老板的侮辱性语言听之任之,我会非常羞愧。但我随即想到了自己为什么要来这里、我所经历的一切,以及我的本性……于是我决定告诉他们所发生的事情。这些朋友给了我莫大的支持,他们的话促使我下定决心必须对我的老板说点儿什么。我必须要维护自己的尊严,为了我自己,也为了所有经历过和将来可能会经历类似事情的人,我必须这样做。

在几个月前,我的朋友和我分享了您的演讲,令我感到非常震撼。但我意识到，是时候将从您那里学到的理论付诸行动了。于是我用了几天的时间思考如何与老板面谈，最后我决定在一次员工晨会之前做这件事。我自己一个人待在树屋的时候（这种情况很少），播放了一首歌，穿上了自己喜欢的衣服……然后笔直地站在这间由木桩建造的屋子里，双手叉在腰间，双肩向后打开。我站了几分钟，我真的希望能多站一会儿！当我离开树屋，往镇里走的时候，我感觉自己变得越来越高大——这是一种久违了的感觉。我一边体会高大的自我，一边想："我必须要找到全新的自我。我不但要为自己这样做，更重要的是要为其他人这样做。"无论是选择继续忽略他的存在或者写个纸条告诉他我不干了，对我来说都不是问题；我也可以通过其他方式来逃避这种境况，但是我知道，只有勇敢面对才可以提升我自身的力量……当我走到咖啡馆的时候，我感到自己很强大，同时我意识到咖啡店老板其实并没有我从前想象中那样高大。他看起来小多了。我觉得自己从他那里夺回了自己的力量。我并没有夺走他的力量，我只是夺回了我曾默许他从我这里拿走的力量。我告诉他我要辞职，并且告诉他我辞职的原因。

　　我对他说："你知道吗，你对我所做的事情是错误的。你应该知道，因为你也爱你的两个女儿，你永远不会希望任何人用你对待我的方式对待她们。"我告诉他，我无意伤害他，也不想破坏他的生意，我希望他能改过自新，不再伤害其他人。他说:"你是对的,我非常抱歉。我不知道自己为什么会这样做。"他不停地向我道歉。我们谈了整整20分钟。我感到自己慷慨激昂、非常强大,但并不是那种高高在上的方式。我发现自己已经强大到可以对他产生同情心。我甚至希望录下自己所说的话,因为这完全超越了我本来的状态——让人感动!

我对克莉丝汀说:"你的话让人感动,是因为它表达了你真实的自我,也是最佳的自我——最强大、最宽容的你。"

我在开始的时候曾经说过,这是一本关于时间点的书,它告诉我们在面临重大挑战时如何找到存在力。这本书还告诉我们,只要我们通过自我助推不断进取,强化思维模式、情感和生理机能,就会在这些时刻有所建树,从而最终改变我们的人生。

在我的TED演讲中,人们引用次数最多的一句话是:"不要仅仅伪装到成功的那一刻,而是要伪装到成功已经成为你的特质的那一刻。"这句话说的是:你要循序渐进地进行自我助推,直至成为最优秀的自己。这里的"伪装"与一些人为了达到自己的目的而不断伪装自己去欺骗他人是不同的。我们说的"伪装"是指你对自己的一种小欺骗,直到你感觉更强大、更镇定。即使这是一个漫长的过程,你也要坚持下去。

一位年轻的女士莫妮克在写给我的信中说:"虽然我还处在'假装成功直至真正成功'的阶段,但是'假装能克服困难'的确要比

'逃避困难'好得多。"

回想起我深深敬仰的威廉·詹姆斯曾经对我们说过的："你想将来成为什么样的人，就要从现在开始做起。"

当所有想法在我脑海中翩翩起舞的时候，我想起了具有传奇色彩的舞蹈编导、舞蹈家艾格尼斯·德·米尔（Agnes de Mille）曾经说过的话："跳舞就是要跳出自我的局限，让自己变得更高大、更美丽、更有力量。这就是个人力量，它是世上的一种福利，它属于你。"

用你自己的方式找到存在力。拥抱最高大、最美丽、最有力量的自我——也是你最热爱、最笃信的自我，因为它真正属于你。

致　谢

准备"致谢"部分是一项复杂而艰巨的任务。因为这本书能够顺利完成更是一种祝福，它意味着许许多多的人对我的支持、帮助和指导，于我而言也是一种挑战。无数人贡献了自己的时间和智慧，才使本书得以出版，这让我万分感激。

我知道，很少有人以援引他人的话作为"致谢"部分的开头，但除了苏珊·凯恩的话，我实在找不出更贴切的语言来描述理查德·派恩（Richard Pine）了："所有作家都希望能与之合作的、最聪明、最睿智、最受人尊敬的文学经纪人。"理查德·派恩思路清晰，具有远见卓识。对与之合作的作家及其理念，他会从始至终给予真挚而不遗余力的支持。我还要感谢理查德和英克威尔管理公司的大力协助。

对于布朗出版社，我首先要感谢里根·阿瑟（Reagan Arthur）对这个项目的信任，感谢他为我组建了一个我梦寐以求的团队来完成这个项目。优秀编辑特雷西·比哈尔（Tracy Behar）知道如何帮助我整合书中的内容，并为本书付出了很多心血。她在工作中从容不迫、泰然自若，表现出了非常强大的存在力。能与她合作，我感到无比荣幸。特雷西，感谢你给我的支持，在我对自己产生怀疑的时候，你从来没有放弃我。感谢布朗团队的所有成员，你们每个人都才华横溢、卓尔不群：妮科尔·杜威（Nicole Dewey）一步一步地引导我如何与他人分享自己写作本书的心得；琼·加内特（Jean Garnett）热爱文字编辑工作，是一位无与伦比的文字处理高手（琼，我不知道用这个词来描述你是否恰当）；米丽娅姆·帕克（Miriam Parker）为这个项目创建了一个非常棒的网站。同时，感谢布朗梦想团队的马里奥·普利切（Mario Pulice）、朱莉·埃特尔（Julie Ertl）、贝齐·乌里希（Betsy Uhrig）、吉尼维夫·尼尔曼（Genevieve Nierman）以及其他所有成员。

　　在哈佛大学，我的几位同事对本书的出版做出了卓越贡献，他们不仅非常有责任感，而且友善、大方。我的上一任实验室经理尼可·桑利（Nico Thornley）将琐碎、庞杂的研究项目安排得井井有条：他招聘了一群优秀的大学生研究助理，培训和管理他们；他对书中的理论、问题、研究方法做出了实质性的贡献，并且很轻松地完成了所有任务。凯莉·安娜里奥（Kailey Anarino）详细地记录了我的工作，一丝不苟地组织和协调我的研究工作及进程。我真的不知道她是怎样做到的。杰克·舒尔茨（Jack Schultz）是我的现任实验室经理，工作非常努力，高效地管理着我的实验室团队和很多研究项目，包括与合作者、研究助理进行沟通，组织实验室会议，收集数据、实验分析等。除此之外，他还做了大量的文献综述工作。在重大挑战面前，他总是尽力寻求创造性的解决方案。我要感谢多年来一直兢兢业业地辅助这个研究项目的助理和大学生们。感谢布莱恩·霍尔（Brian Hall）和乔·纳瓦罗（Joe Navarro）为项目顺利进行付出的努力。感谢哈佛大学商学院谈判部、组织部和市场部聪明、热情的同事们，能和你们共事是我最大的荣幸。感谢我的MBA学生、博士生，以及学习高级管理课程的学生们，还要感谢我在全世界各个企业工作的学生。

我非常幸运，遇到了很多优秀的女老师和导师，她们每一位都尽职尽责，辛勤地教导我，给予我阳光和雨露，让我茁壮成长。感谢我的3年级老师——宾夕法尼亚州乡村学校康拉德威斯小学的艾莎·沃茨（Elsa Wertz），她培养了我的自信心，让我相信自己的能力，也培养了我勤于思考的习惯（她同样培养出了两个杰出的女儿安妮和玛丽——她们现在是我的合作伙伴）。感谢我的高中英语老师凯茜·莫恩（Kathy Mohn），她激发了我对写作的热爱。感谢我高中的历史和社会学老师芭芭拉·奥康纳（Barbara O'Connor），教会了我如何以幽默的方式勇敢地向现状发问。

我在科罗拉多大学上学期间，伯纳黛特·帕克（Bernadette Park）教授和当时的博士生珍妮佛·奥维贝克（Jennifer Overbeck）教我社会心理学，指导我完成了一篇荣誉论文，论文探讨的课题非常重要。她们对我充满信心，又把我推荐给我研究生学院的导师苏珊·菲斯克（Susan Fiske）。我特别感谢苏珊，因为在我刚上研究生课的时候，我除了心态乐观、心理素质好，似乎毫无可取之处。迄今为止，我从来没有遇到过比苏珊更敬业、更严谨的博士生导师。是的，虽然我不知道她为什么会接受我，但对此我将永远感激。我刚刚成为哈佛大学一名初级教员的时候，得到了其他女教员的不断鼓励、支持和激励，她们是凯瑟琳·麦克金（Kathleen McGinn）、罗宾·埃利（Robin Ely）、特瑞莎·阿玛贝尔（Teresa Amabile）、简·哈蒙德（Jan Hammond）、扬米·穆恩（Youngme Moon）、弗朗西斯·弗莱（Frances Frei），以及罗莎贝斯·莫斯·坎特（Rosabeth Moss Kanter）等。感谢你们，正是因为你们，我才有了今天的成就。我也将尽我的绵薄之力为那些需要土壤、水分和阳光的年轻教员们提供帮助。

没有深入的研究，我一定写不出这么多有价值的内容。很多睿智的科学家都为这项研究做出了贡献，后面长长的名单中罗列了他们的名字。但是首先，我要隆重感谢一丝不苟、尽职尽责的科学家丹娜·卡尼，她是本书中很多研究项目的真正策划者，我和她一起工作，学到了很多东西，我将永远感谢她为此付出的努力。感谢安迪·亚普，一位做事周全，极具感召力的合作者，能与其合作，我非常开心；感谢苏珊·菲斯克和彼得·格里克，尽管我们共同的研究并不是本书的重点，但它在某种程度上奠定了我所有心理学观点的基础。感谢你们愿意让我加入你们的科研队伍，并和你们风雨同舟15载。感谢不可或缺的合作者丽兹·贝利·沃尔夫（Lizzie Baily Wolf），帮我完善了这些理念的诸多细节。同时感谢我的其他合作者，他们为这项研究做出了卓越的贡献：马滕·博斯、詹姆斯·格罗斯（James Gross）、凯莉·霍夫曼、爱丽丝·赫兰德、克里斯蒂娜·卡丽萨恩西（Christina Kallitsantsi）、朱莉娅·李、珍妮弗·勒纳、克莉丝汀·卢萨尔、布莱恩·卢卡斯（Brian Lucas）、克里斯·奥维斯（Chris Oveis）、乔纳森·任尚（Jonathan Renshon）、杰克·舒尔茨、加利·舍曼、尼可·桑利、尼古拉斯·特罗耶、阿比·瓦兹拉威克（Abbie Wazlawek）、安妮·沃茨和卡罗琳·威尔姆斯。

下面还有一大批没有直接与我合作的研究人员，但是他们杰出的研究成果深刻地影响了我对存在力、力量以及身心合一关系的理解。这些研究人员包括（但不限于）：杰西卡·特雷西、帕梅拉·史密斯、乔·麦基、亚当·格林斯基、黛博·格伦菲尔德、凡妮莎·博恩斯、李·黄、斯科特·维尔特姆、鲍勃·约瑟夫（Bob Josephs）、普兰贾·梅赫塔（Pranj Mehta）、拉克希米·巴拉钱德朗、琳妮·腾·布林克、南茜·艾考夫、丹·卡伯、艾丽森·伍德·布鲁克斯、弗朗西斯卡·吉诺、艾丽森·兰登、劳拉·摩根·罗伯茨、克劳德·斯蒂尔、杰夫·科恩（Geoff Cohen）、戴维·舍曼、罗伯特·萨波尔斯基、贝塞尔·范·德·科尔克等。感谢他们，同时感谢所有曾为该领域的研究做出贡献的研究人员。

感谢写作朋友圈里亲爱的朋友们，当我手忙脚乱打电话给大家，大多数人都很耐心地帮我找到恰当的词句。我非常感谢下面这些非同寻常的朋友：苏珊·凯恩、亚当·格兰特（Adam Grant）、尼尔·盖曼、阿曼达·帕尔默、西蒙·斯涅克（Simon Sinek）、亚当·阿特尔（Adam Alter）、比尔·尤里和布林·布朗（Brené Brown），你们具备了我所欠缺的那种淡定和乐观。写作圈子里朋友们的支持和鼓励对我来说意义重大。此外，还要特别感谢肯沃雷·比尔兹（Kenworthey Bilz）、莫利·克罗基特（Molly Gockett）、利兹·邓恩、艾丽·芬克尔（Eli Finkel）、朱恩·格鲁伯（June Gruber）、伊丽莎白·海恩斯（Elizabeth Haines）、莉莉·詹普尔（Lily Jampol）、迈克尔·莫里斯（Michael Morris）、凯茜·菲利普斯（Kathy Phillips）、珍妮弗·里奇森（Jennifer Richeson）、明迪·洛克（Mindi Rock）和托德·罗斯（Todd Rose）。

在写作本书的过程中，很多朋友和支持者以不同的方式帮助我、鼓励我。他们是：迈克尔·惠勒（Michael Wheeler）、香特尔（Chantal）和米歇尔·布莱斯（Michelle Blais）、玛瑞娜·米契尔（Marina Mithell）、莫尼卡·莱温斯基（Monica Lewinsky）、盖·拉兹（Guy Raz）、乔安娜·科尔斯（Joanna Coles）、米卡·布热津斯基（Mika Brzezinski）、珍·麦格尼格尔（Jane McGonigal）、凯利·麦格尼格尔、肯·凯恩（Ken Cain）、戴维·霍齐曼（David Hochman）、爱琳·洛林（Eileen Lorraine）、克莉丝汀·维加拉（Kristin Vergara）、肯德拉·劳伦（Kendra Lauren）、"阿斯彭市长"格罗斯、佩吉·菲茨西蒙斯（Peggy Fitzsimmons）、杰森·温布利、温迪·贝里·门德斯（Wendy Berry Mendes）、殷·派克（In Paik）、托尼·施玛德（Toni Schmader）、戴维·戈根（David Gergan）、派珀·科尔曼（Piper Kerman）、山姆·萨默斯（Sam Sommers）、凯蒂·斯图尔特·辛格勒（Katie Stewart Sigler）、布雷特·辛格勒（Bret Sigler）、维拉·桑德斯托姆（Vera Sundström）、奥尔加（Olga）和谢尔盖·德米多夫（Sergei Demidov）、亚历克斯（Alex）和艾米·迈尔斯（Amy Myles）、艾普尔·瑞尼（April Rinne）、劳瑞（Laurie）和约什·卡塞尔伯里（Josh Casselberry）、帕特（Pat）和杰克·卡塞尔伯里（Jack Casselberry）、克莉丝汀·盖特曼（Christine Getman）、麦克·麦吉尔（Mac McGill）、尤恩·阮（Uyen Nguyen），以及许多我的全球青年领袖社区里的成员。

我还要特别感谢那些帮助我挖掘演讲潜力的人，没有你们，我也许没有机会开发自己的写作潜力。利兹·邓恩，感谢你为了让我了解如何在众多观众面前做优秀的心理学演讲，邀请我作为嘉宾参加2010年举行的美国流行科技年会。安德鲁·佐利（Andew Zolli）、埃里克·赫斯曼（Erik Hersman）以及PopTech团队的成员，感谢你们邀请我在2011年的美国流行科技年会上发表演讲。布鲁诺·朱萨尼（Bruno Giussani）和克里斯·安德森（Chris Anderson），感谢你们邀请我在2012年的TEDGlobal（TED全球）大会上演讲。衷心感谢整个TED团队——包括朱恩·科恩（June Cohen）、本·莉莉（Ben Lillie）、艾米丽·麦克马纳斯（Emily McManus）在内的众多成员。

我永远感谢那些为了本书而愿意花上数小时与我见面的朋友，感谢他们的无私奉献（以及他们所表现出来的存在力），他们的故事和观点对本书非常重要，他们是：杰佛雷·布朗牧师、保琳·罗斯·克朗斯、威尔·卡迪（Will Cuddy）、尼尔·盖曼、嘉妮·全、朱丽安·摩尔、米克·诺谢南、卡利达·加西亚·罗尔斯（Calida Garcia Rawles）、艾玛·塞佩莱和凯西·希拉（Kathy Sierra）。

感谢那些允许我在本书里分享他们的故事却不能提及他们名字的朋友：我想告诉你们，我将永远感激你们、敬仰你们。你们教会了我很多东西，我非常荣幸能和他人分享你们的故事，而其他人也将从你们的故事中受到启发。

感谢那些勇敢地和我分享自己故事的人。虽然你们看似是陌生人，但你们教给我的知识与我在实验室中一直研究的课题密切相关。你们把科学应用到了生活之中，我现在提出的研究问题来源于你们，本书的每一页都有你们的功劳。是你们让我每一天都激情饱满，让我对人类永远保持乐观，这也是我能够坚持下来的真正原因。我对你们致以最诚挚的感谢，希望我已经在本书中完全表达了我对你们的崇高敬意。

　　最后我想说，因为完成了本书的写作，我现在真正理解了为什么作家们会感谢他们的家人，因为写一本书就像是家里突然收养了一个需要夜以继日照顾的家庭成员……即使你不在写作，你的大脑也会不断地思考写作的内容；即使你没有思考写作的内容，你想的也是如何构思写作的内容。听家人讲见闻的时候，你也会想这个故事和书中的素材有什么关系。坦白地说，全力支持一个人的写作需要一个家庭付出巨大的爱和耐心。感谢我的丈夫保罗·科斯特（Paul Coster）和我的儿子乔纳·卡迪（Jonah Cuddy）给予我的爱和耐心，以及他们对我完全的信任，他们也应当获得某种奖励。我不知道换作是我，我能否做到他们所做的一切。乔纳，感谢你聪慧、温柔的灵魂，你的存在力通常会让我感到震惊，我怎么会如此幸运能够拥有你的爱。感谢保罗，你跨越了半个地球和我相聚，给了我最大的鼓舞和最纯洁的爱……天啊，我真的很高兴你买到了那条蓝裤子！我衷心地感谢你们，亲爱的保罗和乔纳！

扫码进入中信书院页面查看注释部分